项目评价方法论

李金海 著

南开大学出版社
天 津

图书在版编目(CIP)数据

项目评价方法论／李金海著．—天津：南开大学出版社，
2009.6(2012.2 重印)
ISBN 978-7-310-03111-5

Ⅰ.项… Ⅱ.李… Ⅲ.项目评价 Ⅳ.F224.5

中国版本图书馆 CIP 数据核字(2009)第 030970 号

版权所有　侵权必究

南开大学出版社出版发行
出版人:孙克强
地址:天津市南开区卫津路 94 号　　邮政编码:300071
营销部电话:(022)23508339　23500755
营销部传真:(022)23508542　邮购部电话:(022)23502200

*
天津市蓟县宏图印务有限公司印刷
全国各地新华书店经销
*

2009 年 6 月第 1 版　2012 年 2 月第 2 次印刷
787×960 毫米　16 开本　15 印张　290 千字
定价:30.00 元

如遇图书印装质量问题,请与本社营销部联系调换,电话:(022)23507125

摘　要

在科学技术、社会生产力高度发达的现时代，项目的广泛性、多样性、复杂性越来越显著。《国际项目管理杂志》的主编罗德尼·特纳在 1995 年预言："进入 21 世纪，基于项目的管理将会扫荡传统的职能式管理"。随着人们认识能力的提高，人们征服自然、改造自然的能力不断增强，项目的选择范围愈加广泛，实践的规模越来越大，由于项目评价不当所造成的负面影响也越来越严重，为此，项目评价研究越加重要并十分必要。

项目评价方法论研究是基于项目评价问题的一般途径和方式方法的体系结构的研究。方法论作为认识世界和改造世界的方法理论，经历着向广度和深度两个方向发展延伸的过程。一方面，方法论研究正在经历着不断分化的过程，对具体科学的方法论研究；另一方面，又在进行着综合的过程，对具体科学方法论进行概括归纳，探索研究各种具体科学方法论的共性问题。本书的重点是：从哲学层面上，剖析评价的哲学内涵，提炼人们对评价本质的认识；从科学层面上，分析项目的评价机理，探讨项目评价系统的逻辑模型；从技术层面上，构建项目评价方法体系，提供项目评价应用规范等。本书主要分为以下几个部分：

1．项目评价相关理论回顾及其现存问题分析

本书的第二章对项目评价相关理论的发展进行了梳理、回顾与分析。主要包括对东西方价值思想发展的演进剖析，评价方法论的发展历程透视，以及项目评价理论的发展与实践的述评；并通过对项目相关理论的回顾、梳理与反思，归纳出项目评价理论与方法的现存问题，即项目评价的认识问题、项目评价方法论失范问题和项目评价的实践问题。通过理论回顾与问题分析，领会前人研究的思路和脉络，为项目评价方法论的深入研究提供可借鉴的思路。

2．项目评价方法论的哲学层面剖析

本书的第三章，主要从价值论的角度分析了价值形成的前提条件、过程和结果，以及价值形成的过程机理，提出和构建了价值形成过程动态逻辑结构模型；从认识论的角度分析了认知、评价与决策的关系，提出和构建了认识过程动态逻辑结构模型；从评价论的角度分析了评价构成要素和评价活动过程，构建了评价活动过程动态逻辑结构模型；基于三论的关联分析，提出和构建了包括主客体及三论的评价逻辑结构模型。为项目评价方法论研究，提高和规范人们对评价的认识奠定基础。

3．项目评价系统的构成分析

本书的第四章，首先对评价的本质内涵和基本特征进行了描述；其次，对项目评价的主客体要素和评价情境要素进行了分析；最后，提出和构建了项目评价系统的逻辑结构模型和项目评价系统评价水平层次结构模型。本章为项目评价方法论研究提供理论基础。

4．项目评价方法论结构体系

本书的第五章，首先，基于对一般方法论的层次结构分析，提出和构建了项目评价方法论的层次体系结构；其次，结合项目评价方法论范式的转变研究，并借鉴霍尔三维结构的研究思想，提出和构建了项目评价方法论结构体系模型，即依据三个基础，即哲学基础（认识论、价值论、评价论）、理论基础（系统论）、方法论基础（系统集成）；运用三个支撑（专家系统、机网系统、数据信息系统）；生成三个维度（时间、知识、逻辑）的项目评价方法论结构体系。为项目评价方法论研究提供结构框架。

5．项目评价过程集成

项目评价过程作为项目评价方法论的重要内容，本书第六章，首先基于对项目评价流程分析和项目评价程序分析，构建了项目评价过程逻辑模型，并对项目评价过程进行优化处理分析。本章为项目评价方法论的应用提供规范。

6．项目评价方法集成

本书第七章，基于项目评价方法论体系研究和方法集成研究，对项目评价方法进行具体的有序安排和优化选择。主要从四个方面进行：其一，项目时间维度评价方法；其二，项目内容（知识）维度评价方法；其三，物—事—人的系统评价方法；其四，提出了基于项目评价三维结构的项目评价方法总体逻辑安排及其综合集成模型。本章为项目评价方法的选择提供支撑。

7．常用项目评价的主要方法及其案例应用

无论基于时间维度的前评价、中评价、后评价，还是基于项目评价内容的专项评价、综合评价，项目评价所涉及的评价方法分为三类，即定性评价方法、定量评价方法、综合集成评价方法。不同方法有其不同的适用条件，第八章结合第七章所提及的评价方法，重点阐述项目评价的常用方法及其案例应用。

关键词：项目评价、方法论、概念模型、逻辑模型

ABSTRACT

This dissertation is a study on methodologies of project evaluation. As the era in which we are now living becomes more and more subject to the impact of such rapidly developed technologies and productivity, it is obviously necessary that the projects we need to assess become more extensive, varied, and complicated. In 1995, Rodney Turner, editor-in-chief of *Journal of International Projects Management*, foresaw that "in the new 21st century, management of projects will likely replace the traditional methods of operational management." With the extenssion of project size, the negative impact caused by improper evaluation becomes more obvious in terms of sociality, environment, and humanity. In the light of this reasoning, it is thus necessary and important for both scholars and managers to pay more attention to the field of projects evaluation.

Project evaluation methodology is the system of general pattern, ways and means, and orderly arrangement of methods based on project assessment. As methodology is defined as the theoretical approach to understand and improve the current world, it is expanding on both horizontal and vertical aspects. On one side, methodology develops in the direction of dealing with particular subjects. On the other side, it explores the principle of common issues through generalization and synthesis. Due to this, this treatise will focus on three levels to approach the subject of this study. Firstly, on the philosophical level, the intention of evaluation is analysed to increase the perception of people. Secondly, on the scientific level, the evaluation principle is refined and the logical model of project evaluation system is built up. Thirdly, on the level of technology and method, the method system of project evaluation is designated. The main parts of the dissertation are as follows:

1. A theoretical review of project evaluation and an analysis of the current problems

Chapter 2 begins with a theoretical review and an analysis of the current project evaluation theory and practice, such as, the evolution of value theory of the East and the West, the processing of evaluation methodology and practice. It summarizes the current problems of project evaluation, such as, cognitive issues of evaluation, the impropriety of evaluation methodology and the problem of evaluation practice.

2. The philosophical basis of project evaluation

Chapter 3 analyses project evaluation based on cognition, axiology and evaluation theory and thus puts forward their respective dynamic logical models. Based on relative analysis of cognition, axiology and evaluation theory, the logical structure model is raised. The models and conclusion of this chapter provide the philosophical basis of human cognition on project evaluation.

3. The construction of project evaluation system

Chapter 4 analyses the following four issues: subject, object, environment elements and the nature of project evaluation. The logical structure model and level structure model of project evaluation are built up for the purpose of application in the theoretical basis of evaluation methodology.

4. The structure system of project evaluation methodology

Chapter 5 puts forward the framework of level system structure for project evaluation methodology based on analysing general methodology at first. Then, the general structure of project evaluation methodology is mapped out with the aid of three-dimension structure by Hall and paradigm analysis of evaluation. The general structure of project evaluation methodology is a system that has three bases, three pillars and three dimensions.

5. The processing integration model of project evaluation

Chapter 6 builds the processing logical model, which is based on workflow analysis, program analysis, and processing optimisation of project evaluation. Therefore it supplies the normal way for project evaluation practice.

6. The total integration and orderly arrangement of project methods

Chapter 7 gives the orderly arrangement and selection of project methods based on three dimensions, including time dimension (formative, implement, outcome evaluation), knowledge dimension and logical dimension. At the same time, the synthetic integration model is put forward in order to support the practical evaluation.

7. The principle methods of project evaluation and case study

Whether pre-evaluation, middle-evaluation, post-evaluation based on time dimention, or special evaluation and comprehensive evaluation on project contents, all evaluation methods are divided into three types. They are qualitative, quantitative and integrative evaluation methods. Different methods are fit for different conditions. Chapter 8 focuses on several principle methods and their applications.

Keywords: Project evaluation, Methodology, Conceptual models, Logical models

目 录

第一章 绪论 ······ 1
第一节 项目评价方法论问题与写作背景 ······ 1
1.1.1 项目评价方法论问题提出 ······ 1
1.1.2 本书的写作目的 ······ 2
第二节 写作的具体目标与主要研究内容 ······ 3
1.2.1 写作的具体目标 ······ 3
1.2.2 主要研究内容 ······ 4
第三节 项目评价方法论研究思路与本书结构 ······ 5
1.3.1 研究方法 ······ 5
1.3.2 技术路线 ······ 6
1.3.3 章节结构 ······ 8

第二章 项目评价相关理论回顾及其现存问题分析 ······ 10
第一节 评价思想与价值哲学的演进 ······ 10
2.1.1 西方价值哲学的发展演进 ······ 10
2.1.2 东方价值哲学的追踪评述 ······ 15
第二节 一般性评价方法论的理论回顾 ······ 20
2.2.1 方法论的理论进程透视 ······ 21
2.2.2 东西方评价方法论述评 ······ 22
第三节 项目评价理论与方法回顾 ······ 25
2.3.1 项目理论与方法的产生和发展 ······ 25
2.3.2 项目评价理论与方法的演进 ······ 29
2.3.3 项目评价的作用与发展分析 ······ 32
第四节 项目评价理论与方法的现存问题分析 ······ 39
2.4.1 项目评价的认识问题及其分析 ······ 39
2.4.2 项目评价方法论失范问题及其分析 ······ 45
2.4.3 项目评价实践中的问题分析 ······ 46

第三章 项目评价方法论的哲学层面剖析 ······ 50
第一节 基于哲学层面的项目评价方法论 ······ 50

1

3.1.1　项目评价方法论哲学层面的内涵分析……………………50
　　3.1.2　项目评价方法论的哲学基础分析……………………54
　　3.1.3　项目评价方法论的理论体系结构……………………55
　第二节　基于价值论的项目评价方法论……………………………56
　　3.2.1　基于价值论的项目评价……………………………56
　　3.2.2　价值形成的动态逻辑模型及其分析……………………59
　第三节　基于认识论的项目评价方法论……………………………64
　　3.3.1　基于认识论的项目评价……………………………64
　　3.3.2　基于认识论的逻辑模型及其分析……………………68
　第四节　基于评价论的项目评价方法论……………………………69
　　3.4.1　基于评价论的项目评价……………………………69
　　3.4.2　评价活动过程逻辑结构模型构建及其分析……………70
　第五节　基于三论集成的项目评价方法论…………………………71
　　3.5.1　三论与项目评价的关系分析……………………………71
　　3.5.2　基于三论的项目评价结构逻辑模型构建………………75

第四章　项目评价方法论系统的构成………………………………76
　第一节　项目评价的本质和特点描述………………………………76
　　4.1.1　项目评价的本质内涵……………………………76
　　4.1.2　项目评价的主要特点……………………………78
　第二节　项目评价系统的构成要素分析……………………………79
　　4.2.1　项目评价主客体要素分析……………………………79
　　4.2.2　项目评价情境要素分析……………………………84
　第三节　项目评价逻辑与层次模型…………………………………86
　　4.3.1　项目评价系统逻辑结构模型的构建……………………86
　　4.3.2　项目评价系统评价水平层次结构模型的构建……………91

第五章　项目评价方法论结构体系…………………………………94
　第一节　一般方法论的结构体系……………………………………94
　　5.1.1　一般方法论的内涵与外延分析……………………………94
　　5.1.2　一般方法论的层次结构分析……………………………96
　　5.1.3　一般方法论的逻辑结构……………………………101
　第二节　项目评价方法论的范式转换………………………………105
　　5.2.1　项目评价方法特征比较分析……………………………106
　　5.2.2　项目评价方法论的范式转换……………………………112

第三节 项目评价方法论结构体系构建ᅟᅟᅟᅟᅟᅟᅟᅟᅟᅟᅟᅟᅟᅟᅟᅟᅟᅟᅟᅟᅟᅟᅟᅟᅟᅟᅟᅟᅟᅟᅟᅟᅟᅟ 119
ᅟᅟ5.3.1 项目评价方法论结构分析ᅟᅟᅟᅟᅟᅟᅟᅟᅟᅟᅟᅟᅟᅟᅟᅟᅟᅟᅟᅟᅟᅟᅟᅟᅟᅟᅟᅟᅟᅟᅟᅟᅟᅟ 119
ᅟᅟ5.3.2 项目评价方法论结构体系模型构建ᅟᅟᅟᅟᅟᅟᅟᅟᅟᅟᅟᅟᅟᅟᅟᅟᅟᅟᅟᅟᅟᅟᅟᅟᅟᅟᅟ 122

第六章 项目评价过程集成ᅟᅟ 126
第一节 项目评价工作流程的分析ᅟᅟᅟᅟᅟᅟᅟᅟᅟᅟᅟᅟᅟᅟᅟᅟᅟᅟᅟᅟᅟᅟᅟᅟᅟᅟᅟᅟᅟᅟᅟᅟᅟᅟᅟ 126
ᅟᅟ6.1.1 立项阶段的评价工作流程及其分析ᅟᅟᅟᅟᅟᅟᅟᅟᅟᅟᅟᅟᅟᅟᅟᅟᅟᅟᅟᅟᅟᅟᅟᅟᅟᅟᅟ 126
ᅟᅟ6.1.2 项目实施阶段的评价工作流程及其分析ᅟᅟᅟᅟᅟᅟᅟᅟᅟᅟᅟᅟᅟᅟᅟᅟᅟᅟᅟᅟᅟᅟ 128
ᅟᅟ6.1.3 项目投入运行阶段的评价工作流程及分析ᅟᅟᅟᅟᅟᅟᅟᅟᅟᅟᅟᅟᅟᅟᅟᅟᅟᅟᅟᅟ 130
第二节 项目评价全过程的分析ᅟᅟᅟᅟᅟᅟᅟᅟᅟᅟᅟᅟᅟᅟᅟᅟᅟᅟᅟᅟᅟᅟᅟᅟᅟᅟᅟᅟᅟᅟᅟᅟᅟᅟᅟᅟᅟ 132
ᅟᅟ6.2.1 项目评价过程及其分析ᅟᅟᅟᅟᅟᅟᅟᅟᅟᅟᅟᅟᅟᅟᅟᅟᅟᅟᅟᅟᅟᅟᅟᅟᅟᅟᅟᅟᅟᅟᅟᅟᅟᅟᅟ 132
ᅟᅟ6.2.2 项目评价流程程序分析ᅟᅟᅟᅟᅟᅟᅟᅟᅟᅟᅟᅟᅟᅟᅟᅟᅟᅟᅟᅟᅟᅟᅟᅟᅟᅟᅟᅟᅟᅟᅟᅟᅟᅟᅟ 134
第三节 项目评价过程逻辑模型构建ᅟᅟᅟᅟᅟᅟᅟᅟᅟᅟᅟᅟᅟᅟᅟᅟᅟᅟᅟᅟᅟᅟᅟᅟᅟᅟᅟᅟᅟᅟᅟᅟ 136
ᅟᅟ6.3.1 项目评价过程逻辑模型ᅟᅟᅟᅟᅟᅟᅟᅟᅟᅟᅟᅟᅟᅟᅟᅟᅟᅟᅟᅟᅟᅟᅟᅟᅟᅟᅟᅟᅟᅟᅟᅟᅟᅟᅟ 136
ᅟᅟ6.3.2 项目评价过程逻辑模型分析ᅟᅟᅟᅟᅟᅟᅟᅟᅟᅟᅟᅟᅟᅟᅟᅟᅟᅟᅟᅟᅟᅟᅟᅟᅟᅟᅟᅟᅟᅟᅟ 138
第四节 项目评价过程优化方法ᅟᅟᅟᅟᅟᅟᅟᅟᅟᅟᅟᅟᅟᅟᅟᅟᅟᅟᅟᅟᅟᅟᅟᅟᅟᅟᅟᅟᅟᅟᅟᅟᅟᅟᅟᅟ 139
ᅟᅟ6.4.1 项目综合评价指标的选优ᅟᅟᅟᅟᅟᅟᅟᅟᅟᅟᅟᅟᅟᅟᅟᅟᅟᅟᅟᅟᅟᅟᅟᅟᅟᅟᅟᅟᅟᅟᅟᅟᅟ 139
ᅟᅟ6.4.2 项目评价指标体系的优化ᅟᅟᅟᅟᅟᅟᅟᅟᅟᅟᅟᅟᅟᅟᅟᅟᅟᅟᅟᅟᅟᅟᅟᅟᅟᅟᅟᅟᅟᅟᅟᅟᅟ 142
ᅟᅟ6.4.3 项目综合评价数学模型的选择ᅟᅟᅟᅟᅟᅟᅟᅟᅟᅟᅟᅟᅟᅟᅟᅟᅟᅟᅟᅟᅟᅟᅟᅟᅟᅟᅟᅟᅟ 146

第七章 项目评价方法的集成ᅟᅟᅟ 151
第一节 基于时间的项目评价方法逻辑安排ᅟᅟᅟᅟᅟᅟᅟᅟᅟᅟᅟᅟᅟᅟᅟᅟᅟᅟᅟᅟᅟᅟᅟᅟᅟᅟ 151
ᅟᅟ7.1.1 基于项目时间的评价方法的分类ᅟᅟᅟᅟᅟᅟᅟᅟᅟᅟᅟᅟᅟᅟᅟᅟᅟᅟᅟᅟᅟᅟᅟᅟᅟᅟᅟ 151
ᅟᅟ7.1.2 项目前评价、实施评价和后评价的关系分析ᅟᅟᅟᅟᅟᅟᅟᅟᅟᅟᅟᅟᅟᅟᅟᅟᅟ 155
ᅟᅟ7.1.3 基于时间的项目评价方法体系构建ᅟᅟᅟᅟᅟᅟᅟᅟᅟᅟᅟᅟᅟᅟᅟᅟᅟᅟᅟᅟᅟᅟᅟᅟ 157
第二节 基于知识的项目评价方法的逻辑安排ᅟᅟᅟᅟᅟᅟᅟᅟᅟᅟᅟᅟᅟᅟᅟᅟᅟᅟᅟᅟᅟᅟᅟ 159
ᅟᅟ7.2.1 基于知识的项目评价分析ᅟᅟᅟᅟᅟᅟᅟᅟᅟᅟᅟᅟᅟᅟᅟᅟᅟᅟᅟᅟᅟᅟᅟᅟᅟᅟᅟᅟᅟᅟᅟᅟ 159
ᅟᅟ7.2.2 基于知识的项目评价方法选择ᅟᅟᅟᅟᅟᅟᅟᅟᅟᅟᅟᅟᅟᅟᅟᅟᅟᅟᅟᅟᅟᅟᅟᅟᅟᅟᅟᅟ 165
第三节 基于"物—事—人"的项目评价方法体系安排ᅟᅟᅟᅟᅟᅟᅟᅟᅟᅟᅟᅟᅟᅟᅟ 169
ᅟᅟ7.3.1 基于"物—事—人"的评价过程分析ᅟᅟᅟᅟᅟᅟᅟᅟᅟᅟᅟᅟᅟᅟᅟᅟᅟᅟᅟᅟᅟᅟ 169
ᅟᅟ7.3.2 基于"物—事—人"的项目评价方法体系ᅟᅟᅟᅟᅟᅟᅟᅟᅟᅟᅟᅟᅟᅟᅟᅟᅟᅟᅟ 170
第四节 项目评价方法综合集成ᅟᅟᅟᅟᅟᅟᅟᅟᅟᅟᅟᅟᅟᅟᅟᅟᅟᅟᅟᅟᅟᅟᅟᅟᅟᅟᅟᅟᅟᅟᅟᅟᅟᅟᅟᅟ 172
ᅟᅟ7.4.1 项目评价方法集成体系的构建ᅟᅟᅟᅟᅟᅟᅟᅟᅟᅟᅟᅟᅟᅟᅟᅟᅟᅟᅟᅟᅟᅟᅟᅟᅟᅟᅟᅟ 172
ᅟᅟ7.4.2 项目评价方法综合集成过程模型的构建ᅟᅟᅟᅟᅟᅟᅟᅟᅟᅟᅟᅟᅟᅟᅟᅟᅟᅟᅟᅟ 174

第八章 常用项目评价主要方法及其应用案例 178
第一节 几种常用评价方法比较分析 178
8.1.1 定性评价方法 178
8.1.2 定量分析方法 184
8.1.3 综合集成评价方法 189
第二节 应用案例 191
8.2.1 基于灰色层次评价法的软件企业综合能力评价 191
8.2.2 区域创新能力综合评价 195
8.2.3 基于灰色系统理论的物流企业绩效评价 207

第九章 结论、启示与展望 214
第一节 结论与创新点 214
9.1.1 结论 214
9.1.2 创新点 215
第二节 启示与展望 216
9.2.1 启示 216
9.2.2 展望 217

主要参考文献 218

后记 229

第一章 绪 论

项目评价方法论是基于项目评价问题的一般途径和方式方法的研究。随着自然科学方法论和社会科学方法论研究的深入发展，方法论的研究也经历着向广度和深度两个方向发展延伸的过程。一方面，方法论研究正在经历着不断分化的过程，进而深入到自然科学、社会科学、人文科学等各个具体学科之中，总结各学科的方法论原理，建立各种具体科学的方法论科学；另一方面，方法论研究又在进行着综合的过程，对各门具体科学方法论进行概括归纳，探索研究各种方法论共性问题。本书研究重点是项目评价方法论的哲学基础、结构体系、逻辑关系、集成模型的分析，对项目评价问题的规范、指导具有现实的重要意义。本章主要内容包括：项目评价问题的界定、评价方法论的界定、写作目的与内容、写作路线说明以及章节结构。

第一节 项目评价方法论问题与写作背景

项目评价方法论问题的界定是本书写作的关键，主要回答评价方法论界定问题的必要性、重要性和可行性。本书基于一般项目评价方法论的结构、逻辑、集成模型的研究，所针对的研究问题主要包括：项目评价的认识问题、项目评价方法论失范问题以及项目评价实践中的问题。

1.1.1 项目评价方法论问题提出

技术的进步、社会的发展、体制的变革、竞争的加剧，使得人们生活在一个变革的时代，人们所生活的社会是基于项目导向型的社会，人们从事的工作由以往的运营转向项目。《国际项目管理杂志》的主编罗德尼·特纳在 1995 年曾预言，"进入 21 世纪，基于项目的管理将会扫荡传统的职能式管理"，[1] 世纪之初的几年已经验证了其预言的正确性。随着人们认识能力的提高，人们征服自然、改造自然的能力增强，项目的选择范围愈加广泛，项目规模日趋增大，项目活动的影响（正面影响和负面影响）也随之加大。这就迫切要求人们提高对自身行为的预见力，提高评价和选择的能力，特别是预测性评价的能力。这也说明了研究评价、评价方法、评价方法论的重要性和必要性。

---

[1] 克利弗德·格雷，埃里克·拉森著. 黄涛等译. 项目管理教程. 北京：人民邮电出版社，2003. 第 1 页

针对项目评价问题，不同学者在相关领域进行了深入的研究，主要表现在价值哲学领域评价研究的兴起和具体评价方法的不断涌现，如关于评价论的专著有乌尔班的《评价及其法则》、杜威的《评价理论》和拉蒙特的《价值判断》等；评价研究在一些具体的应用学科中有所体现，如伦理学、美学、逻辑学、经济学、心理学、价值工程、管理理论、决策理论、教育学等；数学中的运筹学、优选论、排队论、对策论等直接涉及评价的理论；同时，零零散散的评价方法不断地产生，有定性方法、定量方法和混合方法。所有这些，给评价方法论研究提供了一定的基础。

本书研究的问题主要针对项目评价理论与方法的现存问题，包括项目评价的认识问题、项目评价方法论失范问题以及项目评价实践中的问题。通过项目评价方法论的概念模型的研究，试图使现存问题得到进一步的解决。

1. 项目评价的认识问题

认识是项目评价的前提和基础，要提高项目评价和项目评价方法的合理性、科学性和准确性，提高人们对项目评价的认识水平，必须分析以下问题：其一，项目评价在哲学层面上认识的争论与分歧，涉及价值与评价的关系问题、认知与评价的关系问题；其二，对现代项目评价的新特点（系统综合、决策预见、评价协同、方法适应）认识不足；其三，项目评价重"物化"轻"人本"，重科学轻人文的价值取向，带来社会的负面影响，滋生了诸多社会矛盾和不稳定因素问题。

2. 项目评价方法论失范问题

在项目评价理论研究和项目评价实施中，涉及方法论失范问题主要是：其一，缺乏从方法论角度认识和实施项目评价；其二，项目评价方法和项目评价方法论概念模糊，混同应用；其三，项目评价方法论与哲学、科学、技术和项目层面的研究相脱节。

3. 项目评价实践中的问题

项目评价实践中的问题主要是：其一，重单项评价轻综合评价；其二，重项目立项评价轻实施评价和绩效评价；其三，重评价方法轻评价程序；其四，套用照搬现成项目评价方法，缺乏对项目评价方法的反思和创新。

1.1.2 本书的写作目的

解决项目评价中的现存认识问题、项目评价方法论体系构造问题以及规范项目评价实践中的行为问题，是撰写项目评价方法论的主要目的。

1. 在哲学层面上澄清人们对项目评价的认识和提升评价理论的需要

从哲学层面上澄清人们对评价的认识是指导人们进行正确评价实践的理论前提，提升项目评价理论是项目管理理论建设的重要组成部分。依据价值论、认识论和评价论的哲学理论，明确项目的评价目的、认清项目评价的本质、辨识项目评价的特点、分析项目评价的机理是项目评价过程的关键环节。

2. 构建项目评价方法论体系解决项目评价方法论缺失的需要

由于复杂多变的政治、经济、社会、人文、生态等环境和现代评价项目本身的复杂性、多样性、广泛性，项目评价已经超出了许多具体方法的适用范围。同时，现实世界对项目评价的研究提出了更高的要求。人们已经认识到，虽然项目评价方法很多，但缺乏在项目评价方法论层面上的研究。而专家们认为评价问题的关键在于从众多的方法模型中选择一种恰当的方法，而不是建立一套新方法；缺乏从方法论的角度认识项目评价和研究项目评价（顾基发，2000；杨列勋，2002；王凭慧，1999；李怀祖，1999；Chen，H.T.，1994；Pappas A.，1985；Moser R.，1985；Grasso P.G.，1985；Smith，M.F.，2001；etc.）。

3. 构建项目评价方法论结构、逻辑、集成模型解决项目评价实践问题的需要

通过对项目评价实践中问题的分析，可以看出，问题的主要表现是逻辑性、结构性和集成性的缺陷。逻辑可以概括为规律性，而不是无视规律地重立项评价轻实施和绩效评价，更不是重评价方法轻评价程序；结构可以概括为秩序性，而不是无序地重"量"轻"质"评价，更不是套用照搬而缺乏反思与创新；集成可概括为综合或整合。由此可见，构建项目评价方法论结构、逻辑、集成模型对解决项目评价实践中的问题非常重要。

第二节 写作的具体目标与主要研究内容

项目评价方法论研究的目标是构建项目评价方法论不同层次上的概念模型。研究目标是预期研究所要达到的结果，可分为总体目标和具体目标，总体目标是撰写本书的总目的，而具体目标是有助于达到总体目标的子目标。而研究内容是追溯研究问题、明确研究过程、提炼研究成果等内容的集合。

1.2.1 写作的具体目标

本书基于哲学理论、系统思想和集成方法对项目评价问题的机理进行提炼，对项目评价系统进行分析，对项目评价方法进行整合，构建项目评价方法论体系。以便规范人们对项目评价的认识，并正确地指导项目评价实践。具体研究目标如下：

1. 分析项目评价的哲理，构建主客体及三论组成的项目评价结构逻辑模型，为规范人们对项目评价的认识以及评价方法论研究奠定哲学基础。

2. 基于对一般方法论的层次分析，构建四个层次（哲学方法论、科学方法论、技术方法论、项目方法论）的方法论体系结构，为项目评价方法论研究奠定方法论基础。

3. 构建由三个基础、三个支撑和三个维度组成的项目评价方法论体系结构模型，为项目评价方法论奠定理论基础。

4. 分析项目评价过程，构建项目评价过程逻辑模型，并对评价过程进行优化处理，规范项目评价程序。

5. 对项目评价方法进行逻辑安排，便于项目评价方法的选择与应用。

1.2.2 主要研究内容

评价方法论具有层次性，通常按照评价方法论的概括程度和适用层次的不同，评价方法论可以分为哲学层面上的方法论、科学层面上的方法论、技术层面上的方法论和项目层面上的方法论。把四个层面上的评价方法论进行有机整合，即形成评价方法论的层次体系结构。如图 1.1 所示。

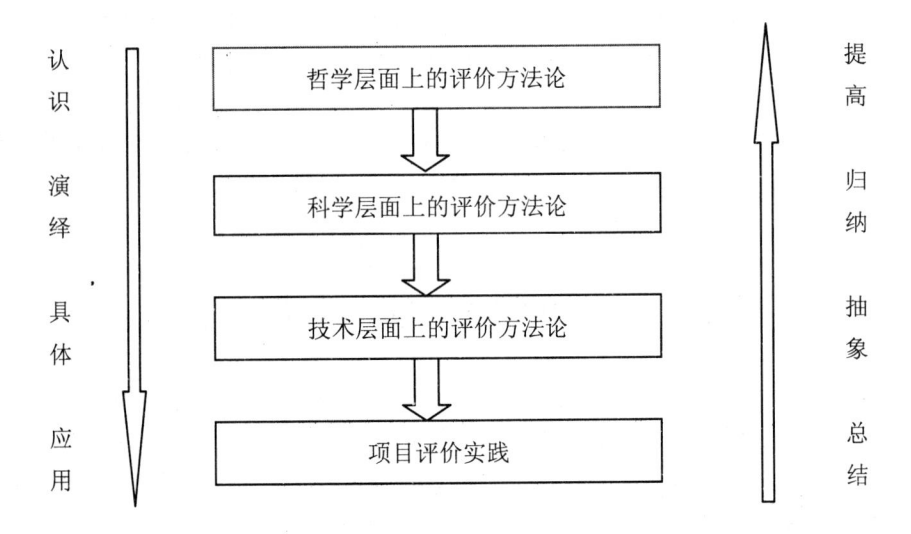

图 1-1 项目评价方法论层次体系

图中标示的各层次之间的逻辑关系，自上而下是认识、演绎、具体、应用，即理论指导实践的过程；由下而上是总结、抽象、归纳、提高，即实践转化为理论的过程；同一层次则是应用—总结、具体—抽象、演绎—归纳、认识—提高的辩证关系。

项目评价方法论研究的具体内容如下：

1. 追溯项目评价相关理论的历史踪迹，梳理、分析和了解前人研究脉络，为评价问题的深入研究提供可借鉴的思路。主要包括价值哲学发展的演进回顾，项目评价方法论的回顾，项目评价理论与实践研究的回顾。

2. 以项目评价中的哲学思想分析为前提，基于价值论、认识论、评价论的项目评价研究，提出和构建基于三论的项目评价逻辑结构模型。

3. 把项目评价视为系统，通过项目评价的本质描述，以及对组成项目评价系统的主客体、时空要素的分析研究，构建项目评价系统逻辑结构模型和项目评价系统的评价层次结构模型。

4. 基于一般方法论的结构分析，基于项目评价方法的特征比较、范式转换和结构研究，构建项目评价方法论结构模型。

5. 通过对项目评价工作流程分析、项目评价程序分析，提出和构建了项目评价过程逻辑模型，并对项目评价过程逻辑模型的各个环节进行优化分析。

6. 基于时间维度、知识维度等进行相应的评价方法的逻辑安排。

第三节 项目评价方法论研究思路与本书结构

研究思路包括研究方法和技术路线。研究方法是实现研究目标的有效手段，本书主要采用无干扰研究中的文献资料法、比较研究法以及分析与综合法、演绎与归纳法等；本书研究的技术路线是指导研究进展的指示图，反映项目评价方法论研究思路和行动指南。本书的技术路线分为：项目评价理论分析思路和项目评价方法体系构建的技术思路；结构是部分的秩序，本书结构主要阐述项目评价方法论的章节内容，以及各章节内容之间的先后顺序和逻辑关系。

1.3.1 研究方法

本书在借鉴、梳理前人在评价方法、评价理论、价值哲学研究的基础上，运用了文献资料法、比较研究法、分析与综合法、演绎与归纳法等。本书对不同部分的研究采取不同的方法，甚至是几种方法的集成。

1. 文献资料法

在本书的撰写过程中，作者借助于互联网数据库资源，查阅了大量的与项目评价方法论相关的书籍、期刊杂志、会议论文、学位论文等。包括哲学层面上的价值哲学的文章、项目评价理论的文章上百篇和项目评价方法实践方面的文章近二百篇，通过对大量文献资料阅读、分析和归纳总结，主要用于项目评价方法论的哲学基础研究、项目评价的机理研究，以及项目评价方法进行逻辑安排时的依据。

2. 比较分析法

通过对方法论的结构层次比较、要素关系比较和项目评价方法及其特征的比较，明确比较对象的相同点和不同点，明确各自的优势与劣势，为构造项目评价方法论结构模型、逻辑模型和集成模型提供理论基础。

3. 分析与综合法

分析方法是化整为零,对事物"一分为二"的方法;综合方法是把部分联结为整体,对事物"合二为一"的方法,分析与综合是辩证的统一。主要用于项目评价的逻辑结构模型的构建,以及项目评价过程方法论集成模型的构建及优化处理。

4. 归纳和演绎法

归纳法是由个别概括为一般的方法,演绎法是从一般到个别的推理方法,演绎以归纳为基础,归纳以演绎为指导。在本书的撰写过程中,构建了项目评价方法论的结构模型、逻辑模型,主要是在综合运用文献资料法、比较分析法、分析综合法的基础上,借助于归纳与演绎法得出的。

1.3.2 技术路线

作为本书写作的指示图——技术路线,是项目评价方法论研究的思路和行动指南的统称。本书技术路线分为项目评价方法论结构的分析思路和项目评价方法论构建的技术思路。

1. 项目评价方法论理论分析思路

理论分析思路如图 1-2 所示。

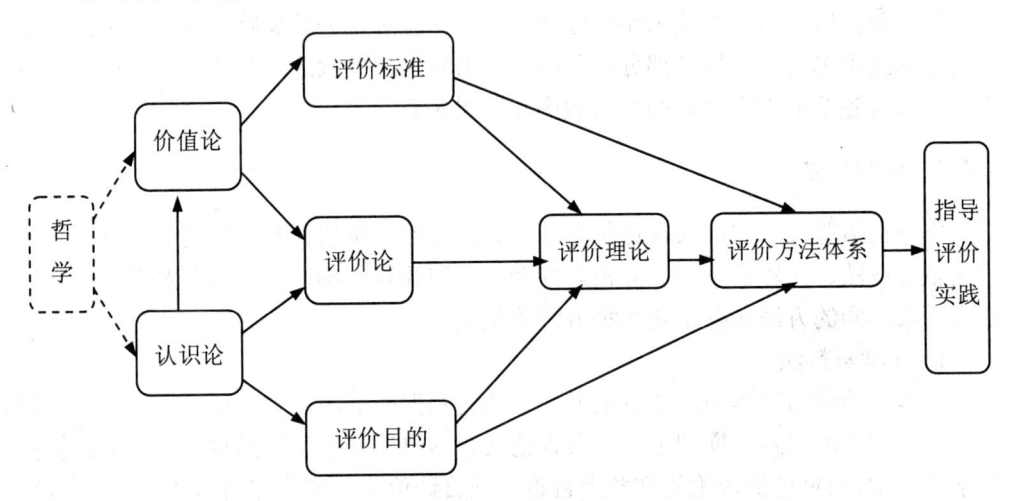

图 1-2 项目评价理论分析思路

项目评价活动属于认识活动,评价论既属于认识论,又属于价值论。对于评价问题的研究应该从价值论的角度进行研究,但认识论研究是最高的哲学层次的研究,价值论的研究不能违背认识论研究所揭示的原则。

图 1-2 表明,项目评价过程可以理解为:三论(认识论、价值论、评价论)是

的意义，对推动科学技术的进步和社会的发展具有十分重要的作用，使人们对自然的认识达到了空前的深度、广度和精度。但这种还原分析论也有其局限性：还原分析方法尽管能使研究深化，却忽略甚至割裂了事物之间固有的联系；对事物的分解越细，越支离破碎，对事物的整体越难把握和认识。

3. 现代综合集成方法论

20世纪70年代末，钱学森提出把传统整体方法论与近代还原分析方法论结合起来，即系统方法论。经过20年的研究和发展逐渐形成了综合集成方法论。其要点是：其一，始终把研究对象作为整体，直接从整体入手，对研究对象进行全局的把握和分析；其二，对研究对象进行分解，同时对分解后的子系统（部分、要素）进行有机结合，而不是简单的叠加和拼凑；其三，从系统整体和子系统（部分、要素）相互依赖、相互结合、相互制约的关系中，将子系统局部行为综合集成为整体特性，揭示整体的特性和运动规律。综合集成方法论吸收了还原方法论和传统整体方法论的长处，同时也弥补了其各自的局限性，既超越了还原分析方法论，又发展了传统整体方法论，是二者的辩证统一。综合集成方法论的特征可以概括为：其一，整体性，世界上任何研究对象都是有内在要素构成的系统，系统的特征之一是整体性，即整体大于部分之和（1+1>2），整体产生其要素在孤立状态下所没有的性质；其二，相关性，研究系统要素的组成及其相互关系称为系统的结构，系统结构决定系统的功能和运动规律，认识对象系统整体不仅应立足于认识要素，更重要的是应立足认识要素之间的联系，这种联系有时是复杂的非线性关系；其三，开放性，研究对象系统及其要素与环境之间的相互作用，决定自组织系统的生存和发展，系统内外的相互作用，表现为物质、能量、信息的相互交换；其四，过程性，系统是过程的集合体，研究对象的系统是进化的，它必然有一个产生、发展和消亡的历史过程，要动态地把握研究对象系统的性质动态变化；其五，价值性，从价值取向上，以研究对象系统整体功能最优化作为最高目标，并以此作为评价标准。

2.2.2 东西方评价方法论述评

1. 西方评价方法论

西方评价方法论的发展过程大致分为三个阶段（Gregory，1992；Gregory，1996），即方法独立阶段、机理互补阶段、方法集成阶段。

（1）方法独立阶段

评价理论按其发展的时期，结合不同时期的效能衡量，西方学者把方法独立阶段归纳为四种主要的模型：目标模型、系统资源模型、多行动者模型和文化模型。目标模型产生于20世纪初到50年代末期，主要基于组织实现利润最大化的单一目标；系统资源模型产生于20世纪60年代到70年代，主要是基于系统资源理论，衡

2.2.1 方法论的理论进程透视

回顾方法论的历史，追踪方法论的发展进程，探求方法论变迁的根源，可为项目评价方法论的概念模型研究提供思索和启迪。随着人们认识世界的能力不断增强，认识世界和改造世界的方式方法不断完善，研究表明，按其方法论的发展历程，可以分为三个阶段：古代传统整体方法论、近代还原分析方法论和现代综合集成方法论。

1. 古代传统整体方法论

古代传统而又朴素的整体方法论，早在二三千年前的东方和西方就出现了。古希腊哲学家亚里士多德在公元前 300 多年就提出了整体由部分（干、湿、冷、热四要素）组成，整体大于部分之和的整体方法论。古希腊泰勒斯则认为世界的统一本原是水，"水生万物，万物即水"。中国古代朴素的整体思想早在公元前一千多年已经形成了，《周易》把世界看成为一个由基本要素组成的系统整体。公元前五百多年，道家始祖老子提出道是事物的本原，又是事物法则，天、地、人都是道的产物，它们具有统一性。阴阳五行则认为大千世界都是由相生相克的"金、木、水、火、土"组成的。《黄帝内经》把人体看成为一有机和谐的整体，提倡整体辩证施治的观点，如中药"君臣佐使"相关四要素。君，指方中起主要作用的药；臣，指帮助主药以加强其功效或治疗兼病兼症的药；佐，指起辅助作用，以减轻主药毒性的药，有正佐与反佐之分；使，指引导诸药使药力通达病所的药。[①]古代学者之所以这样认识世界是受当时生产力水平低下的限制，人们只能在知觉观察的范围内，把客观事物的整体形态作为考察的基本原则。从事物相关联系上把握对象，而其中联系的细节不可能说明。这种方法论对事物一般性质的认识比较正确，但认识的程度远不够精确和严密。

2. 近代还原分析方法论

还原分析方法论盛于近代自然科学之中，培根（1561 年～1626 年）和笛卡尔（1596 年～1650 年）开创还原分析范式，把自然界分解成各个部分，把自然界的各种过程和事物分成各种门类，它所遵循的途径是把事物分解成局部或低层事物来研究。笛卡尔在《方法论》一书中表达了还原分析论的特征："把问题尽可能地分解成细小的组成部分，分别深入地研究其中的每一部分。"这种还原分析论的观点是：所有事物都可分解还原为要素；割断要素的联系，进而研究要素；把要素性质和规律加起来推导整体的性质；事物与要素服从机械因果规律与单一决定论；事物与要素的运动过程是可逆的；要素好整体就一定好，还原分析论在人类认识史上具有重要

---

① 《辞海》（1999 年版）. 上海辞书出版社，2000. 第 887 页

动。①

张理海的《社会评价论》（武汉大学出版社，1999年12月版）一书是从社会认识论的角度出发研究评价理论。认为社会评价是以社会为评价对象的评价，认为社会评价主体除了社会主体、群体主体外，还有个体主体。该书主张从社会认识论和规范实践论相统一的思路展开对社会评价论的研究。社会评价的核心是对人的评价。社会评价的结构系统包括社会评价的主体系统、社会对象的结构系统、社会评价的中介系统即语言符号系统、社会评价场。书中深入分析了社会评价标准的界定、嬗变、形式转换、层级系统及社会评价标准系统，探讨了社会评价运行的三个主要环节、三个层面和运行机理，探讨了社会评价的主要维度，即经济发展、政治价值、文化发展和人的价值的社会评价的维度，并深入分析了社会评价的客观性与合理性问题。②

总之，价值哲学于20世纪80年代初期，在中国成为研究的热点，其原因是多方面的。就其主要原因有三个方面：其一，改革开放的客观要求。20世纪70年代末80年代初，我国开始进入改革开放的新时期。改革传统的僵化的经济体制，打破闭关自守的状态，广泛吸收和借鉴国外的符合社会化大生产要求的先进管理经验，学习、借鉴国外先进的科学技术成为时代的呼唤。在哲学和社会科学上，也要求人们重新审视西方的各种学派的观点，批判其错误的观点，借鉴其合理的东西，为我国现代化建设服务。这为人们研究价值哲学开辟了道路。其二，一切从实际出发，实事求是的氛围在学术研究方面的具体体现。1978年在我国开展的关于实践是检验真理的唯一标准的大讨论和党的十一届三中全会的召开，确立了解放思想、实事求是的思想路线，为实事求是地研究西方的各种学术理论扫清了思想障碍。其三，这是哲学发展客观趋势和潮流的影响。哲学的发展规律是从本体论到认识论、实践论、历史观，再到价值观的发展过程③。在本体论、认识论、实践论、历史观的基础上，重视价值论的研究，是现代哲学的特点和哲学发展的基本趋势。

第二节 一般性评价方法论的理论回顾

评价方法论是对评价方法带有普遍适用性和指导性意义的一般理论，它的发展、变迁与一般方法论发展历程阶段密切相关，同时也具有它自身的规律性。这里主要回顾一般方法论发展历程的三个阶段和东西方评价方法论的演进过程。

---

① 何萍. 生存与评价. 东方出版社，1998. 第45页
② 张理海. 社会评价论. 武汉大学出版社. 1999. 第45页
③ 王玉樑. 当代中国价值哲学. 人民出版社. 2004. 第1~2页

准与统一性标准的统一。主体需要的丰富性决定了主体评价标准的丰富性。主体在进行评价活动时，必然要对评价标准体系中的各种标准进行选择。对主体的生存和发展是否有利，是各种评价标准可以进行比较并现实地进行比较和选择的最根本的根据。

冯平的《评价论》（东方出版社，1995年10月版）一书主要从心理学视角研究评价，分析评价主体的心理背景系统、评价的心理运作过程、评价的心理运作机制。认为评价标准是评价活动的核心，也是制约评价结果的直接因素。评价主体心理背景系统包括潜意识、评价主体的个性、评价主体的知识系统、评价主体的社会规范意识和评价主体的价值观念体系。潜意识包括个人的原始冲动和各种本能及与本能有关的欲望，这些因素受风俗习惯、道德和法律的约束而被抑压。评价主体的知识系统对评价有重要影响，在评价中，缺乏知识就无力评价。

评价过程有一个心理运作过程，但它并不仅仅是一个心理运作过程。评价的心理运作的目的，是为了形成评价的结论。评价活动的灵魂是评价的目的，它统摄着整个评价过程。评价目的制约着评价的参考系统，通过评价的参考系统制约着整个评价活动。评价的目的有两类，一类是为了实践，另一类是自我反思。评价参考系统包括对谁（价值主体）、评价视角（就什么方面而言）、评价视域（与什么相比）和评价标准（以什么为标准）。评价参考系统是评价者作出价值判断所参照的条件。获取评价信息是评价的重要条件，评价信息包括价值客体的信息、价值主体的信息、参照客体的信息，在此基础上，作出价值判断。价值判断是关于价值客体对价值主体有无价值、有何价值、价值大小的判断。

何萍的《生存与评价》（东方出版社，1998年2月版），一书从认识论视角研究评价理论。认为现代哲学把认识论研究的重心由认知转向了评价。指出，要研究评价认识的形式必须从规范的认识层次入手。规范作为认识范畴，有三个层次：第一个层次，规范与认识的规则相联系，表现为认识的标准或准则；第二个层次，规范与认识的范式相联系，表现为认识的框架和认识的信念系统；第三个层次，规范与认识的批判活动相联系，表现为规范的创造与更替。规范的认识层次决定评价认识的形式，根据规范与评价的关系，评价认识形式可分为规范性评价认识与非规范性评价认识。所谓规范性评价认识，就是依据一定规范辨析事物对人的存在意义，决断对象的合理性的认识活动。规范性评价，本质上是一种中介性认识，具有两个特点：一是规范作为评价认识的中介，是一个相对独立的价值系统；二是规范认识的中介性具有多样性和历史性。规范性评价的认识方式是由外而内的认识活动方式。客观化是规范性评价的认识功能。非规范性评价是以认识的信念为轴心展开其认识的活动，它是不受已有规范约束，批判已有评价规则，创造新的评价规则的认识活在1989年出版了《价值哲学》，袁贵仁在1991年出版了《价值论引论》等一批专著。在以上专著中，李连科重点研究价值知识认识，把评价纳入认识论范畴。李德顺深入研究价值的认识论问题，揭示了评价的反映论本质，研究了评价标准与价值标准之间的关系等。王玉樑阐述了价值真理问题等。袁贵仁研究了价值认识过程的几个阶段。1986年5月和1987年11月，分别在杭州和西安召开了关于价值论研究的全国性学术会议，会议在重点研究价值论的本体论问题时，也研究了价值论的认识论问题。

（3）评价论研究阶段（1994年以后）

20世纪80年代后期和90年代初期，《哲学研究》等刊物陆续发表了一些研究评价理论的文章。1991年9月在西安召开的全国第三届价值哲学讨论会上，评价问题是讨论的重要内容。90年代评价论的研究显然要比80年代深刻。1994年～1999年，我国相继出版了六本关于评价理论的专著：

马俊峰的《评价活动论》（中国人民大学出版社，1994年5月版）一书的理论功绩主要是分析了评价活动的三个层次：一是下意识的评价，或称为本能水平的评价，评价结果以快适和不适为主要表现形式；二是情感水平的评价，或称心理水平的评价，它与下意识的评价不同，已有相当程度的自觉性，这种形式包括感情、情绪、激情、兴趣、爱好等；三是理知水平的评价，这是评价的最高形式，它包括经验层次、知性层次、理性层次三个层次。在理知水平的评价中，理性和知识占据主导地位。

陈新汉的《评价论导论——认识论的一个新领域》（上海社会科学出版社，1995年3月版）和《社会评价论——社会群体为主体的评价活动思考》（上海社会科学出版社，1997年5月版），阐述了作者的基本思路，认为认识活动是认知、评价和审美活动的统一。传统认识论的视野只专注于认知活动，马克思主义认识论应该研究认知、评价和审美活动及三者的辩证关系。评价活动是认识活动的重要组成部分。离开了评价活动，就不能揭示认识活动的起点和动力，就不能获得对世界的全面认识，就不能建构认识运动的完整过程。价值认识活动包括价值认知活动和价值评价活动，评价活动是价值认识活动中基本的和最主要的形式。

主体需要是评价活动的出发点。主体需要是客观的。主体在评价活动中总是从主体需要出发来评判主客体之间是否存在着价值关系或价值关系所体现的价值量的大小。评价标准是对主体需要的观念反映。主体需要作为价值标准属于本体论范畴，评价标准属于认识论范畴。主体需要反映到主体意识中即为利益，利益作为评价标准是主体需要的反映，也是认识论范畴，所以价值标准与评价标准不同。评价标准的形式多种多样，但在实际上仍反映了主体的利益标准。评价标推是一个统一的体系，它是自觉标准与非自觉标准的统一，理性标准与非理性标准的统一，多样性标我国 20 世纪 80 年代初对价值问题的研究，是从事实认识与价值认识、事实真理与价值真理问题开始的，是从认识论的角度入手探讨价值问题，并着重探讨价值范畴在认识论中的地位问题。我国价值哲学研究的一个重要特点，是用马克思主义哲学指导价值哲学研究，坚持价值的客观性，认为价值是主客体关系范畴，从客体与主体需要的关系出发理解价值，强调主体需要不同于欲求、欲望，需要是客观的，所以价值是客观的。它不同意西方的主观价值论把价值理解为客体固有属性的机械唯物主义的观点。[1]

一些学者就价值的认识问题，价值、价值的本质、价值的客观性、价值与真理的关系等问题进行了深入的研究。《哲学研究》、《光明日报》、《哲学动态》、《社会科学报》、《江海学刊》、《社会科学辑刊》等报刊相继发表了一批关于价值问题的研究文章。但在 20 世纪 80 年代上半期，人们研究的重点仍然在价值论的认识论方面。如刘奔、李连科 1982 年 9 月 18 日在《光明日报》上发表的《略论真理观和价值观的统一》一文，论述了价值的客观性问题。他们指出，客体是客观的，主、客体之间的关系是客观的，而且主体的需要也是客观的。但是，价值的客观性又不同于自然界的客观性，自然界的客观存在并不以人类是否存在为转移，而价值，只有人类出现才会有价值。价值和真理是主体对客体关系的不同方面。真理是人的主观认识同客观实际相一致，它表明主体对客体的认识关系、反映关系。说真理的客观性，就是说在人的表象中有不依赖于主体的内容。而价值则表示事物对人的功利关系，依赖于主体而存在。价值的客观性仅仅意味着价值关系不依赖于人的意识。因此，不能将真理与价值等同起来。

随后，李德顺和袁贵仁分别在《中国社会科学》和《哲学研究》上，刊登了《真理与价值同样是马克思主义的重要原则》和《论价值真理概念的科学性》的文章，李德顺从多方面论述了真理与价值的统一问题，认为真理和价值是人类在认识和改造世界的过程中形成的，反映主客体相互关系的认识论基本范畴，真理是人们对客观事物及其规律的正确反映；价值是以主体的一定需要为准绳来衡量的客体效用，即满足主体一定需要的客体态势，它标志着在实践与认识过程中，客体的变化结果向主体需要的接近。这些研究推动了价值哲学在我国的发展。

（2）价值本质与方法论研究阶段（1987 年～1993 年）

20 世纪 80 年代下半期，人们对价值论研究的重点从认识论转移到本体论。这突出地表现在关于"普遍价值定义"的讨论，并随之对价值的本质、特征等问题也进行了广泛的研究。作为价值论研究的成果，李连科在 1985 年出版了《世界的意义——价值论》，李德顺在 1987 年出版了《价值论——一种主体性的研究》，王玉梁

---

[1] 王玉樑. 当代中国价值哲学. 人民出版社，2004. 第 56 页

于心，故利莫贵于义）；

（6）朱熹的存天理灭人欲的价值观（朱熹：学者须是革尽人欲，复尽天理，方始是学）；

（7）洪秀全的朴素平等价值观（洪秀全：有田同耕，有饭同食，有衣同穿，有钱同使，无处不均匀，无人不饱暖）；

（8）康有为追求大同的价值观（康有为：全世界人类尽为平等，则太平之效著矣）；

（9）孙中山"替众人服务"的价值观（孙中山：上至总统，下至巡差，皆人民之公仆也，这种替众人服务之道德，就是世界之新潮流）；

（10）蔡元培的舍己为群的价值观（蔡元培：杀身成仁，舍生取仁，舍己为群）。

2. 价值哲学在中国的发展过程

20世纪30年代，我国学者张东荪（1886年～1973年）是最早研究价值哲学的学者，于1934年出版了《价值哲学》一书，主要内容介绍了西方的价值哲学思想。同时，在他的其他论著中，如《道德哲学》、《现代伦理学》、《现代哲学》、《认识论》等，阐述了自己的哲学与价值、价值与人生、价值的本质、价值与真善美、价值与文化等价值哲学观点，并认为，"哲学是由以知识论（即认识论）为研究对象，发展到以价值论为研究对象"；"现代哲学研究的趋向大体是集中于价值论的研究"，这表明我国学者从20世纪30年代已开始研究哲学价值问题，但张东荪对价值哲学的研究，响应者很少，以后长期无人研究价值哲学。

1978年"实践是检验真理的唯一标准"的大讨论和党的十一届三中全会的召开，确立了解放思想、实事求是的思想路线，冲破了思想禁区。真理标准讨论的深入和改革开放的推进，给理论界提出了许多价值和价值观问题，迫切要求人们进行研究。自1980年以后，我国哲学界开始了对哲学价值问题的广泛研究。最初的研究是从真理标准的讨论引入的，并且从认识论的角度研究价值问题。与认识论相对应，人们把研究哲学价值问题的理论称为价值论。有些学者认为价值论这个名称，可能会使哲学价值理论与经济学的价值论产生混淆，便在价值论前加上"哲学"二字，称之为哲学价值论；有的则称之为价值哲学，研究的对象和内容基本相同，都是以马克思主义哲学为指导，研究一般价值问题的哲学分支学科。

在20多年的研究进程里，价值哲学在中国得到了广泛的发展，大致经历了三个阶段：第一个阶段，1980年～1986年，重点研究价值认识与价值真理问题；第二个阶段，1987年～1993年，重点研究价值的本质和价值哲学研究的方法论问题；第三个阶段，1994年以后，重点研究评价与评价论问题。下面将对20世纪80年代以来我国价值哲学发展的各阶段进行描述。

（1）价值哲学的认识研究阶段（1980年～1986年）

续表

价值哲学派别	代表人物	国别/专业	主要论点及贡献
批判理性主义价值论	卡尔·波普尔 Karl Popper （1902年~1994年）	英国哲学家	价值随生命进入世界 提出"三个世界"理论（物理世界、精神世界、客观知识世界） 提出证伪方法 他是批判理性主义的创始人
规定主义价值论	理查德·黑尔 Richard M. Hare （1919年~ ）	英国分析哲学家	价值判断是一个理性过程 价值判断的普遍有效性 对"善"、"应当"、"不应当"等词进行语义研究
价值判断论	拉蒙特 W. D. Lamont	英国哲学博士	价值判断的种类分为道德判断、功效判断、审美判断 对需求理论进行深化研究 著有《价值判断》、《道德判断的原则》等书

2.1.2 东方价值哲学的追踪评述

1. 中国古近代价值思想

中国古代哲学，特别是儒家、墨家学说具有强烈的伦理色彩，包含着丰富的哲学价值思想，为当代价值哲学的发展提供了丰富的资料。到了近代和现代，随着年代的更迭、历史的变迁，在中国的不同时期有着不同的价值思想，形成了具有中国特色的价值思想体系。根据王玉梁所著的《当代中国价值哲学》的论述，①此书对中国古近代价值思想归纳提炼，简要概述如下：

（1）孔孟成仁、取义的儒家道德价值观（孔子曰：君子喻于义，小人喻于利；义然后取，成仁取义）；

（2）墨子义利统一的墨家功利价值观（墨子曰：万事莫贵于义，义，利也）；

（3）韩非的重法轻德的法家权力价值观（韩非：以法为本，以法治国，古人亟于德，中世逐于智，当今争于力）；

（4）老子崇尚自然的道家自然价值观（老子：人法地，地法天，天法道，道法自然）；

（5）董仲舒重义抑利价值观（董仲舒：义者心之养也，利者体之养也，体莫贵

---

① 王玉梁. 当代中国价值哲学. 人民出版社，2004. 第387~400页

4．西方价值哲学蓬勃发展阶段

价值哲学在 19 世纪末 20 世纪初形成一门独立的哲学学科后，其影响很快扩展到欧美各国，在整个 20 世纪中受到西方各国广泛重视。许多哲学家对价值哲学作了多方面的探讨，形成了各种不同的观点，使得价值哲学在发展中不断完善，同时也推动了评价理论和评价实践的快速发展。主要的价值哲学观包括主观价值论、客观价值论、二重价值论、效用价值论、理性价值论、经验价值论、价值判断论、系统价值论等。其主要论点、代表人物如表 2-4 所示。

表 2-4 西方价值哲学蓬勃发展阶段的主要代表人物及其论点

价值哲学派别	代表人物	国别/专业	主要论点及贡献
直觉主义价值论	爱德华·摩尔 Edward Moore （1873 年～1958 年）	英国著名的伦理学家	从目的与手段的关系来区分内在价值（目的善）与外在价值（手段善） 善是客观的，价值具有客观性 这些观点，对西方价值哲学理论有重要影响，1903 年出版了他的代表作《伦理学原理》
现象价值论	马克斯·舍勒 Max Scheler （1874 年～1928 年）	德国哲学家	价值的本质是直观的现象或现象学上的直观 价值是超验的又是客观的 提出价值分为五个层次：感觉价值、功利价值、生命价值、精神价值、宗教价值 代表作《伦理学中的形式主义和实质价值论伦理学》，1913 年出版
兴趣价值论	培里 Ralph B. Perry （1876 年～1957 年）	美国哲学家	价值是欲望、兴趣的函项 提出价值比较标准（强度、偏好、涵盖性） 代表作《现代哲学倾向》（1912 年）、《一般价值论》（1926 年）、《价值的领域》（1954 年）等
实用主义价值论	杜威 John Dewey （1859 年～1952 年）	美国哲学家、教育学家	价值与评价的关系 价值与事实、价值判断与事实判断的区别 论述价值判断的科学性问题 代表作《评价理论》、《经验与自然》等
存在主义价值论	保尔·萨特 Paul Sartre （1905 年～1980 年）	法国哲学家、文学家	价值的存在是超出人的自我存在 个人的选择是价值的基础 他的自由选择价值论是主观主义价值论

表 2-3　价值哲学形成独立学科阶段的主要代表人物和论点

代表人物	年代	主要论点
英国哲学家 大卫·休谟	1711~1776 年	价值不同于事实 提出区分事实与价值的观点,是价值哲学最初萌芽
德国哲学家 伊曼努力·康德	1724~1804 年	区分事实与价值、事实的知识与价值的知识的观点 认为事实的知识是现象界的知识,是经验知识 认为事实的知识是知性的、经验的知识,价值的知识则是先验的、理性的知识 把世界分为事实世界和价值世界,直接导致价值哲学的产生和形成一门独立的哲学学科
德国哲学家 赫尔曼·洛采	1817~1881 年	世界划分为三个可供观察和研究的领域:事实的领域、普遍规律的领域和价值的领域 把价值提到了中心地位,他的这一思想直接导致新康德主义(弗赖堡学派)价值哲学的产生
德国哲学家 尼采	1844~1900 年	人是价值的创造者,又是价值的尺度 提出了"重估一切价值" 尼采的这一思想,进一步突出了价值问题的地位,促进了人们更加重视价值
德国哲学家 文德尔班	1848~1915 年	重新强调事实的知识和价值的知识 满足主体需要界定价值[1] 价值作为整个哲学的研究中心,价值哲学是元哲学
德国哲学家 李凯尔特	1863~1936 年	世界是由现实和价值构成的 哲学研究的对象是价值,价值的实质在于其有效性[2] 把价值作为整个哲学的对象,这是新康德主义弗赖堡学派价值哲学的特点[3]
奥地利哲学家 弗朗茨·布伦坦诺	1838~1917 年	价值是独立存在的现象 评价与判断:判断有真假,评价有合理与不合理之分
奥地利哲学家 迈农	1853~1921 年	主张建立一种涵盖一切领域价值的一般价值论 出版了《一般价值论基础》
奥地利哲学家 艾伦菲尔斯	1850~1932 年	价值定义为一种对象与主体对它的欲求之间的关系 出版了《价值论体系》

[1] 王克千. 价值之探求. 黑龙江教育出版社, 1989. 第 49 页
[2] 李凯尔特. 文化科学和自然科学. 商务印书馆, 1996. 第 78 页
[3] 刘放桐等编著. 现代西方哲学. 人民出版社, 1981. 第 123 页

表 2-2　西方近代的价值思想及其代表人物

代表人物	年代	主要论点
英国哲学家 弗兰西斯·培根	1561 年～1626 年	知识就是力量，高度肯定了知识的价值 把价值与实践、效果联系起来 根据实践效果来确定价值，这是很有价值的思想
英国哲学家 托马斯·霍布斯	1588 年～1679 年	人的本性就是自我保存，趋利避害，追求个人利益 认为人的本性就是追名、逐利、求安
荷兰哲学家 斯宾诺莎	1632 年～1677 年	哲学的目的在于寻求道德上的"至善" 认为自由是价值范畴，是人们追求的价值目标 把真与善（真理与价值）统一起来

3．价值哲学形成独立学科的初始阶段

价值哲学形成一门独立的学科，从思想渊源来说，是从休谟的《人性论》的有关见解开始萌芽的。大卫·休谟（1711 年～1776 年）是英国 18 世纪的重要哲学家。他于 1740 年出版了《人性论》一书，把知识区分为事实的知识与价值的知识。在当时休谟对"事实"与"价值"作了区分，把价值作为不同于事实的现象提了出来，这就抓住了价值的本质特点。休谟区分事实与价值的观点，是价值哲学的最初萌芽。价值哲学作为一门独立的哲学学科，是从区分事实与价值出发的，区分事实与价值是价值哲学的起点。德国的哲学家康德进一步提出把世界分为事实世界与价值世界，为价值哲学的发展和形成一门独立的哲学学科，奠定了坚实的基础。后来德国的哲学家洛采、尼采、文德尔班、李凯尔特和奥地利的哲学家布伦坦诺、迈农、艾伦菲尔斯对价值哲学做了深入的研究，为价值哲学形成独立学科作出了巨大贡献，他们的主要论点如表 2-3 所示。

如果说洛采把价值范畴从经济学范畴提升为哲学范畴，甚至作为哲学的中心范畴，为价值哲学的诞生提供了理论基础，那么，文德尔班创立价值哲学，则是把洛采、尼采这些价值哲学先驱的思想，发挥和发展而建立成一门独立的哲学学科。在价值哲学的发展史上，洛采、尼采、文德尔班及李凯尔特都起过重要的开拓作用。正是由于这些先哲们不懈地努力，到 20 世纪初，价值哲学终于形成了独立的哲学学科。

表 2-1　西方古代的价值思想及其代表人物

代表人物	年代	主要论点
古希腊智者普罗泰戈拉	公元前481年~前411年	人是万物的尺度，表达了对事物的价值在于对人的意义的思想。从认识论来说是唯心主义的、相对主义的思想，从价值论来说则有重要意义
古希腊苏格拉底	公元前468年~前400年	美德即知识，这是道德问题的基本观点，他认为没有知识，就会任凭人主观武断、轻信、不辨是非 他把真与善联系起来，以真作为善的基础，是很有意义的，有助于反对道德上的相对主义
古希腊柏拉图	公元前427年~前347年	国家的根本原则是正义，实现了正义，国家才能得到和谐、平稳和安定。他提出了四德：智慧、勇敢、节制和正义。把正义作为四德中最根本的原则，正义问题是一个价值问题，这是他的主要价值思想观
古希腊亚里士多德	公元前384年~前322年	着重研究了人的美德，特别强调人的道德实践，对形成美德的重要意义。其主要价值思想是：实践美德培育善人，理智美德培育完人，理智美德才是人生追求的最高目标
古希腊伊壁鸠鲁	公元前341年~前270年	幸福生活是天生的最高的善。人生的快乐、幸福是人们生活的出发点和目的，是判断一切的标准。提出了价值选择的思想

到了中世纪，欧洲经院哲学占统治地位，哲学成了神学的婢女，人们的道德行为也必须服务上帝的旨意。托马斯·阿奎那（1225年~1274年）认为，道德活动和人类美德的中心内容是博爱，即对上帝和邻居的爱。认为人有自由意志、有选择自由、有理性。但人的一切道德活动都是为了上帝，人的理性应当服从上帝的旨意。所以中世纪的道德价值观基本上是神学的道德价值观。

2. 西方近代的价值思想阶段

经过文艺复兴，摧毁了神学的王位。随着科学技术的发展，哲学得到了大的发展。其代表人物和主要论点如表2-2所示。

第二章 项目评价相关理论回顾及其现存问题分析

追溯项目评价相关理论的历史踪迹，梳理、分析和了解前人研究脉络，为评价问题的深入研究提供可借鉴的思路；为进一步明确评价研究角度，提供理论依据；为找准项目评价的研究问题提供理论铺垫。本章主要从三个方面进行相关理论回顾，即价值哲学发展的演进回顾，项目评价方法论的回顾，项目评价理论研究与实践应用的回顾；同时指出项目评价理论与方法的现存问题，即项目评价的认识问题、项目评价方法论失范问题和项目评价的实践问题。

第一节 评价思想与价值哲学的演进

价值哲学的思想源远流长，古代和中世纪就已经存在了，但是价值哲学作为一门独立的哲学学科形成较晚。研究表明，它萌芽于 18 世纪，形成于 19 世纪末 20 世纪初。到了 20 世纪，价值哲学受到世界各国学者的广泛关注，促使价值哲学的研究进入蓬勃发展阶段，同时对其相关的应用学科产生了巨大的影响，引发了评价理论和评价方法的快速发展。本节主要回顾和梳理价值哲学的发展脉络，主要包括西方的价值哲学发展演进和东方的价值哲学发展。

2.1.1 西方价值哲学的发展演进

西方价值哲学发展演进按其时间顺序，可以分为四个阶段，即西方古代的价值思想阶段、西方近代的价值思想阶段、价值哲学形成独立学科的初始阶段、西方价值哲学蓬勃发展阶段[1]。

1. 西方古代的价值思想阶段

哲学价值思想起源于古希腊。主要的代表人物有：普罗泰戈拉（公元前 481 年～前 411 年）、苏格拉底（公元前 468 年～前 400 年）、柏拉图（公元前 427 年～前 347 年）、亚里士多德（公元前 384 年～前 322 年）、伊壁鸠鲁（公元前 341 年～前 270 年）等。其主要论点和代表人物如表 2-1 所示。

---

[1] 王玉樑. 当代中国价值哲学. 人民出版社，2004. 第 323 页

第六章是项目评价过程集成，主要在对项目评价工作流程分析、项目评价程序分析的基础上，构建了项目评价过程逻辑模型，并对项目评价过程中各主要环节如何实现进行了分析和优化处理。本章为项目评价方法论的具体应用提供指导。

第七章是项目评价方法的集成，主要是基于不同的角度对项目评价方法进行具体的有序安排和优化选择，构建项目评价方法体系，为项目评价方法的选择提供支撑。第八章是常用项目评价的主要方法及其案例，主要基于不同的评价方法，介绍不同的适用条件及其案例应用。

第九章是结论、启示与展望。本书结构如图 1-4 所示。

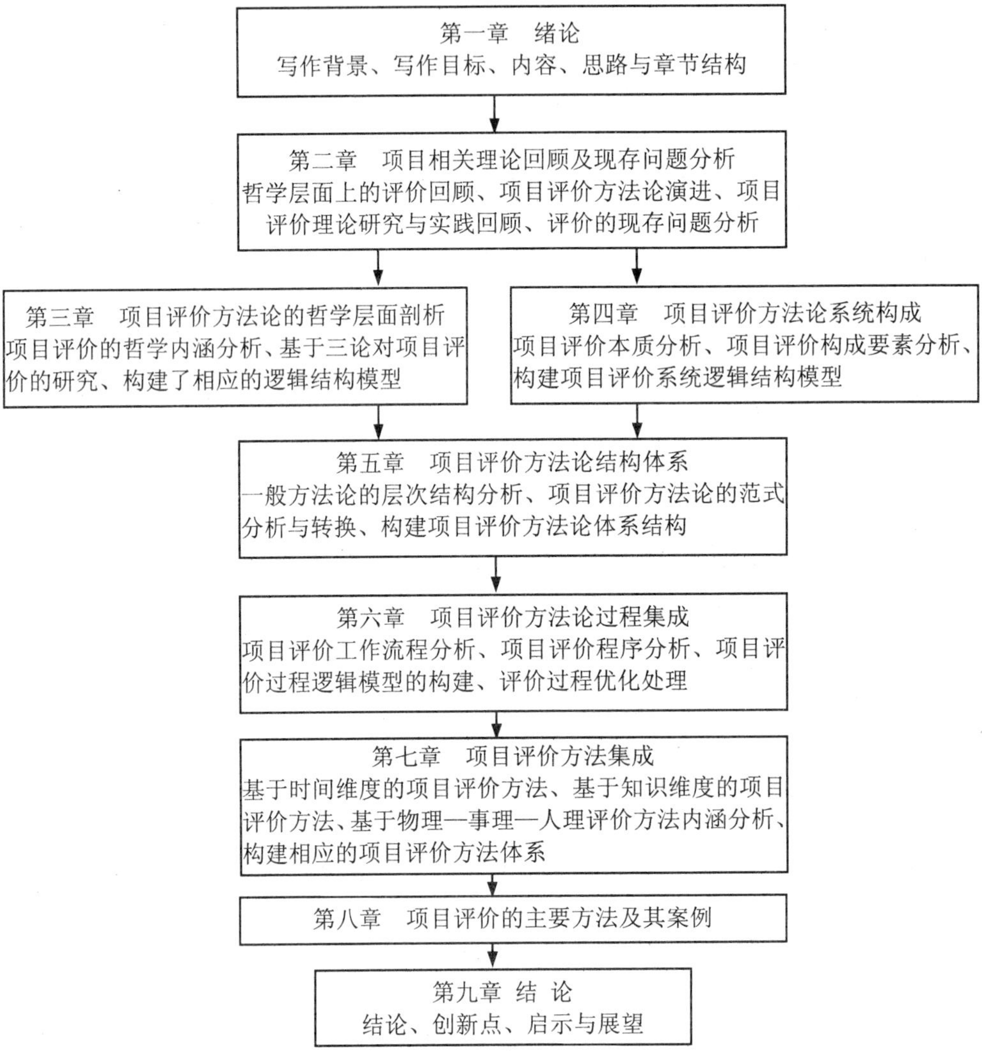

```
┌─────────────────────────────────────┐
│         第一章  绪 论                │
│  写作背景、写作目标、内容、思路与章节结构  │
└─────────────────────────────────────┘
                 ↓
┌─────────────────────────────────────┐
│    第二章  项目相关理论回顾及现存问题分析   │
│  哲学层面上的评价回顾、项目评价方法论演进、  │
│  项目评价理论研究与实践回顾、评价的现存问题分析│
└─────────────────────────────────────┘
         ↓                      ↓
┌───────────────────────┐ ┌───────────────────────┐
│ 第三章 项目评价方法论的 │ │ 第四章 项目评价方法论系统构成│
│      哲学层面剖析       │ │ 项目评价本质分析、项目评价 │
│ 项目评价的哲学内涵分析、 │ │ 构成要素分析、构建项目评价 │
│ 基于三论对项目评价的研究、│ │ 系统逻辑结构模型           │
│ 构建了相应的逻辑结构模型 │ │                         │
└───────────────────────┘ └───────────────────────┘
                 ↓
┌─────────────────────────────────────┐
│       第五章  项目评价方法论结构体系       │
│ 一般方法论的层次结构分析、项目评价方法论的  │
│ 范式分析与转换、构建项目评价方法论体系结构  │
└─────────────────────────────────────┘
                 ↓
┌─────────────────────────────────────┐
│       第六章  项目评价方法论过程集成       │
│  项目评价工作流程分析、项目评价程序分析、   │
│  项目评价过程逻辑模型的构建、评价过程优化处理 │
└─────────────────────────────────────┘
                 ↓
┌─────────────────────────────────────┐
│         第七章  项目评价方法集成          │
│  基于时间维度的项目评价方法、基于知识维度的  │
│  项目评价方法、基于物理—事理—人理评价方法   │
│  内涵分析、构建相应的项目评价方法体系       │
└─────────────────────────────────────┘
                 ↓
┌─────────────────────────────────────┐
│      第八章  项目评价的主要方法及其案例     │
└─────────────────────────────────────┘
                 ↓
┌─────────────────────────────────────┐
│            第九章  结 论                │
│        结论、创新点、启示与展望           │
└─────────────────────────────────────┘
```

图 1-4　本书章节结构

体系是由若干思想、方法、准则、要素等按其内在相互联系、相互制约的关系形成的有机整体。项目评价方法论体系是由若干思想（指导思想、系统思想、综合思想）、项目评价主客体要素和项目评价标准、目标及项目评价方法集等组成的系统。

图 1-3 给出了项目评价方法论体系构建的框架，框架内的各部分由单向箭线和双向箭线连接，单向箭线表示主从关系，双向箭线表示互动互补关系。体系的第一层，三种思想本源由哲学层面的方法论、物理—事理—人理系统方法论和综合集成方法论构成，三者并形成联动互补的指导思想、系统思想和综合思想。体系的第二层，项目评价目标、准则、机理由哲学层面方法论和项目评价主体、客体、评价系统决定；项目评价方法集由综合集成方法论和项目评价主体、客体、评价系统决定。系统的第三层，项目评价方法论体系则由第二层的三个要素决定，分别体现价值认识、系统协和和方法提取选择的综合。第四层，指导和应用实践的结果由项目评价方法论体系决定。

1.3.3 章节结构

本书共分为九章内容。

第一章是绪论，主要包括项目评价方法论问题的界定，写作目的和主要内容，研究项目评价方法论的主要思路与技术路线以及该书的结构安排。

第二章是项目评价的相关理论回顾及其现存问题分析，主要包括对东西方价值学发展的演进剖析，评价方法论的发展历程透视，项目评价理论的发展与实践进展述评，以及项目评价现存问题分析；通过理论回顾与问题分析，领会前人研究的思路和脉络，为项目评价方法论的深入分析提供可借鉴的思路和创新的启迪。

第三章是项目评价方法论的哲学层面剖析，主要在对项目评价方法论的哲学基础进行分析的前提下，分别从认识论、价值论、评价论的角度对项目评价进行研究，相应地提出和构建了价值过程形成的动态逻辑模型、认识过程的动态逻辑结构模型、评价过程的动态逻辑结构模型。同时，结合三论的关联分析，提出基于三论集成的评价逻辑结构模型。本章为项目评价方法论奠定了哲学基础。

第四章是项目评价方法论系统的构成，对项目评价的本质、特点、主客体要素和评价情境要素进行了分析，提出和构建了项目评价系统逻辑结构模型，分析了评价活动的动态过程，提出了项目评价系统评价水平层次结构模型。本章为项目评价方法论提供了理论基础。

第五章是项目评价方法论结构体系，主要对方法论的内涵和外延以及一般方法论的层次结构进行分析，在对项目评价方法论范式转换进行分析的基础上，借鉴霍尔系统三维结构的研究思路，提出和构建了三个基础、三个支撑和三维的项目评价方法论逻辑结构模型。本章为项目评价方法论提供了结构框架。

项目评价的哲学基础,是进行评价研究的本源,是人们形成项目评价世界观和方法论的哲学知识体系,也是能否正确地认识评价的关键;在评价实践中,评价标准与价值论密切相关,评价目的与认识论密切相关,评价理论是在评价论的指导下,结合特定的评价标准和评价目的,经过实践的升华而形成的,评价方法体系又以评价理论、评价标准和评价目的为基础,最终指导评价实践。

2. 项目评价方法论研究的技术路线

项目评价方法论体系构建的指导思想来源于哲学层面上的方法论,项目评价方法论体系构建的系统思想来源于"物理—事理—人理"系统方法论,①项目评价方法论体系构建的综合思想来源于综合集成的方法论。②形成本书项目评价方法论构建的技术路线框架如图1-3所示。

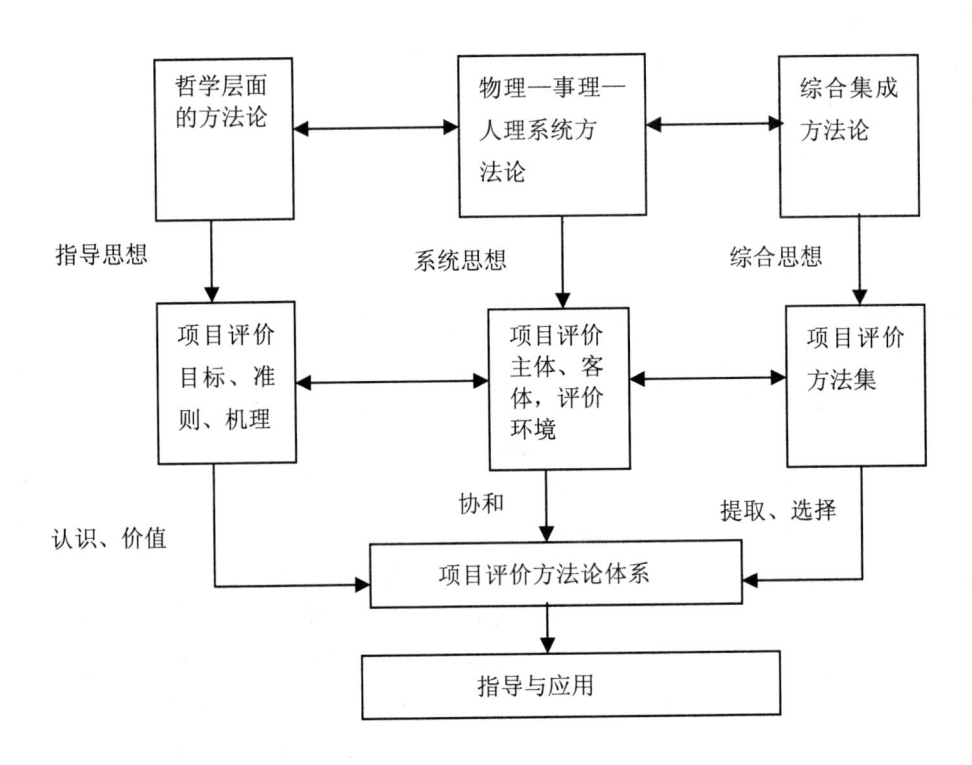

图1-3 项目评价方法论体系构建的框架

---

① 顾基发. 物理—事理—人理系统方法论. 交通运输系统工程,1995.3
② 于景元. 钱学森的现代科学技术体系的综合集成方法论. 中国工程科学,2001(3)

量组织在动态、复杂、多变的环境中如何生存与发展的能力；多行动者模型产生于 20 世纪 70 年代到 80 年代，主要是基于相关利益主体理论，衡量其间的协和程度；文化模型产生于 20 世纪 80 年代以后，组织是文化的一种融合，并受到广泛称赞。四种模型的主要区别如表 2-5 所示。

表 2-5　方法独立阶段的四种评价模型形成时期、效能和评价过程

评价模型	发展时期	效能	主要评价过程
目标模型（Goal Model）	20 世纪初至 50 年代末期	组织实现目标的能力	同决策者协商 设立目标 确定指标和测量准则 判断、测量
系统资源模型（System-Resource Model）	20 世纪 60 年代初至 70 年代初	组织在动态的环境中适应和生存的能力	资源整合分析 股东利益分析 选择一个理想的组织模型 将现实组织与理想组织对比并作出评价
多行动者模型（Multi-Actor Model）	20 世纪 70 年代至 80 年代初	只满足所有受其行为影响或对其行为有影响的团体的需要的能力	同利益相关主体商谈 同组织商谈 定义指标和测量准则 测量定量及定性指标
文化模型（Culture Model）	20 世纪 80 年代早期开始发展	组织产生一种或多种文化并使其永存的能力	衡量愿景的一致性 评价工作人员（或志愿者）的力量、能力和发展需要 讨论个人需要怎样适应于组织需要

资料来源：Gregory A. J，Jackson M. C. Evaluating organizations：A system of contingency approach. Systems Practice，1992, 5(1):37-60. 经过作者整理。

（2）机理互补阶段

随着系统复杂性的提高，解决系统中的问题的方法不断涌现，而且不同的方法都有其各自的优缺点，有其特定的适用条件，在浩瀚的方法集中，如何选择适应特定环境的方法非常困难。为了解决这个问题，Jackson 于 1984 年提出了一种系统方

法论分类方式，即系统方法论系统（System of System Methodologies--SOSM）[①]。SOSM 的发展标志着系统方法论从早期的方法独立阶段向机理互补阶段的过渡，问题背景是寻求一个理想类型的分组方式，基于系统的复杂性和参与系统的主客体的关系性质形成两个维度。系统复杂性是从简单到复杂，参与者之间关系的性质可以分为一元和多元。为此，形成了一个简单的二维关系矩阵。如表 2-6 所示。

表 2-6 基于系统复杂性和参与者关系的方法论分类

复杂性＼关系	一元	多元
简 单	基于目标的评价	基于文化的评价
复 杂	基于系统资源的评价	基于多行动者评价

基于 Jackson 提出的系统方法论分类方式，20 世纪 80 年代以来，评价领域提出了不同分类方法，以便使评价方法论应用于它们最适合的环境背景。另外，还提出了评价的元方法论（Meta-methodology）和总体系统干预（TSI）。

（3）方法集成阶段

越来越多的人已经充分意识到，目前存在的评价环境过于复杂，因而仅仅使用单个的方法进行评价是不够的。1992 年提出了多方法集成的理论（Francesscato,1992）。方法集成阶段的特点是方法融合并且变量交叉互补，提高评价方法的效用。可以通过以下方法对其进行互补，如使用系统功能分析来促进组织功能动力学的判断，使用社会结构分析来处理小组冲突问题，使用心理分析来提供对人际关系的洞察。

2．东方的评价方法论——物理—事理—人理方法论[②]

物理—事理—人理（WSR）方法论最初作为一种系统方法论是由顾基发教授在 1995 年提出的，在 1996 年顾基发教授提出基于物理—事理—人理的评价方法论。由于该方法论是在东方的背景下发展起来的，以东方的哲学观为指导，因而将其称为东方的评价方法论，以与西方的评价方法论相区别。

系统的实践行为是由物质世界、系统组织和人三者的动态统一所组成。大多数工程或问题的所有调查和干预都应覆盖这三个方面以及它们之间的动态组合，评价工作也不例外。运用 WSR 方法论的思想指导评价工作时，一般可以将评价过程分

[①] Jackson M. C., Keys P., Toward a system of system methodologies. *Journal of Operational Research Society*, 1984, 35：473-486.

[②] 顾基发. 物理—事理—人理（WSR）系统方法论. 交通运输系统工程与信息，1995（3）：25～28

为如下三个阶段：

物理阶段：理解评价对象最基本的属性和特征，按照特定的评价目标建立最能表征评价对象属性的评价指标体系，尽可能详尽、全面地收集有关的信息和原始数据，从而确定指标值，这是整个评价过程的基础。事理阶段：确定指标的权值，选择合适的评价方法，以便按照该方法所提供的过程和准则来评价被评价对象。人理阶段：协调领导者、评价者和评价对象之间的关系，经过多方面权衡之后，给出最终的评价结果报告。

在具体的评价过程中，为了得到满意、合理的评价结果，应尽可能地将物理、事理、人理联系起来，尤其是要考虑到人理对评价结果的影响。特别是当评价本身涉及到被评价群体、执行评价的群体以及上层领导者的切身利益时，更应充分考虑到人理的作用。在这些情况下，人理告诉我们最重要的是处理好人们之间的关系，而不能固执地、死板地坚持所谓的客观判断。同时，当强调人理时，当然也不能忘记利用物理来保持自然科学的基本准则，利用事理来尽可能科学地管理所有的事情。

第三节 项目评价理论与方法回顾

项目评价理论与方法是项目管理的重要组成部分，它伴随着项目管理的发展而不断地完善。这里主要对项目及项目理论的产生进行回顾，对项目评价在国内外的发展进行评述，对项目评价的传统作用和项目评价体系阶段进行分析。

2.3.1 项目理论与方法的产生和发展

1. 项目及项目理论的产生

项目作为人类的实践活动与人类历史同步，可以追溯到人类的远古时代。但是项目管理作为一种系统的管理理论和技术形成于 20 世纪 40～60 年代美国国防部实施的国防项目。项目管理技术和实践的发展在很大程度上归功于军工部门，因为当时这类部门所面临的一系列重大任务，都无法简单地由传统的组织按照传统的方法运作完成。如美国的"曼哈顿计划"（Manhatten Project）、美国海军的"北极星计划"（Polaris program）、美国国家航空和宇宙航行局（NASA）的"阿波罗太空计划"（Apollo space program）等大型项目，运用了项目计划评审技术、关键路径法、矩阵型组织结构、工作分解结构、挣值管理技术等，取得了前所未有的成效。经过半个多世纪的发展，项目管理已经形成了一套完整的理论知识体系，运用于各行各业。

项目管理理论与技术的发展需要业界同仁的不断探索、总结、升华和推广。为此，国际项目管理协会（IPMA）和美国项目管理协会（PMI）分别于 1965 年和 1969 年正式成立。其宗旨为促进项目管理理论和技术发展。国际项目管理协会和各个国家项目管理组织的分工是：本国项目管理负责实现项目管理本地化的特定需求，而国际项目管理协会则负责协调国际间具有共性的项目管理的需求问题，并提供范围更广的产品和服务，包括研究和发展、培训和教育、标准和认证，以及举行各种研讨会等。

1977 年，PMI 首先出版了第一部《项目管理知识体系》（BOK），但是直到 80 年代中期 PMI 的《项目管理知识体系》（PMBOK GUIDE）才成为行业标准和评定准则。并且在 80 年代至 90 年代期间有过多次修改，目前有 1996 年、2000 年、2004 年三个版本，国际标准化组织以 1996 年版的 PMBOK 为框架，制定了 ISO10006 关于项目管理的标准，为项目和项目管理的规范性提供了理论和技术支持。

（1）项目的内涵分析

项目管理协会给出项目定义是："为创造独特的产品或服务而开展的一次性工作。"[①] 中国项目管理资深专家戚安邦教授给出的定义是：项目是一个组织为实现自己既定的目标，在一定的时间、人员和资源约束条件下，所开展的一种具有一定独特性的一次性工作。[②]

项目，作为一个广义概念，从空间范围说，在人类社会中它无处不在，可以说项目与各行各业都有着密切的关系。从时间范围说，自有人类社会起，项目又无时不在，总是有许许多多项目在开始、在进展、在完成，又诞生新的项目。关于项目，目前还没有公认的统一定义，不同机构、不同专业从自己的认识出发，对项目的定义有不同的表达。如表 2-7 所示。

表 2-7 基于不同角度的项目表述

投资角度	联合国工发组织《工业项目评估手册》	一个项目是对一项投资的一个提案，用来创建、扩建或发展某些工厂企业，以便在一定周期时间内增加货物的生产或社会的服务
	世界银行	所谓项目，一般是指同一性质的投资，或同一部门内一系列有关或相同的投资，或不同部门内的一系列投资
建设角度	我国建筑业	建设项目是指在批准的总体设计范围内进行施工，经济上实行统一核算，行政上有独立组织形式，实行统一管理的建设单位
综合角度	《现代项目管理学》	项目是在一定时间内为了达到特定目标而调集到一起的资源组合，是为了取得特定的成果开展的一系列相关活动，即项目是特定目标下的一组任务或活动
	美国《项目管理概览》	项目是为创立一种专门性的产品或服务而作出的一种临时性努力。要在一定时间里，在预算范围内，需达到预定质量水平的一次性任务

---

① Project Management Institute, *A Guide To The Project Management Body Of Knowledge* （PMBOK），PMI, 2000.
② 戚安邦. 项目管理学. 天津：南开大学出版社，2003. 第 12 页

综合上述各种定义，考虑到项目的一些特征，将项目定义如下：项目是完成某些特定要求的一次性任务。项目是在一定的组织机构内，在限定的资源条件下，在计划的时间里，按满足一定性能、质量与数量的要求去完成的一次性任务。项目是一种复杂的、非常规的、一次性的工作，受时间、预算、资源和满足客户需求的性能规格的限制。

可以看出，对项目的不同定义都是从不同的角度去描述项目所具有的基本特性，所以可以通过给出项目的特性来对项目作进一步的界定。

（2）项目特性

项目有许多特征，综合各方面的见解，具有关键意义的特征有：

其一，项目的目的性。任何一个项目都是为实现组织的某些既定目标服务的，这些目标可以是经济的、技术的或者是竞争方面的，等等。[①] 项目的发起、实施、交付、运营、终止各个环节涉及不同的利益相关主体，各利益主体有各自的目的性。

其二，项目的独特性（新颖性）。这是指每个项目的内涵是唯一的或者说是专门的，即任何一个项目之所以能成为项目，是由于它有区别于其他任务的特殊要求。

其三，项目的阶段性（或生命周期特征）。像有机体一样，项目也有自己的生命周期。它们的开始阶段比较缓慢，逐渐成长到一定的规模，即达到巅峰，此后开始下滑，最终必然走向终结。不同项目的寿命周期阶段划分不尽一致。项目生命周期阶段的划分，为项目评价和项目调控提供了方便。

其四，项目的不确定性。项目具有的独特性导致项目的不确定性远远高于日常运营，同时带来高风险。正是由于项目具有较大的不确定性，充分体现了项目评价的必要性和复杂性。

此外，由于上述特性的存在还使项目衍生了一些其他的特性。例如，项目不确定性引发出项目的风险性，项目的独特性和阶段性引发出项目实施的渐进性等。

正是项目所具有的这些基本特性，使得人们在项目决策和项目实施中必须对项目进行深入的分析和研究，也充分体现了在项目形成的各个阶段进行项目评价的必要性、重要性和复杂性。

2. 项目生命周期

项目作为一种创造独特产品与服务的一次性活动是有始有终的，项目从始至终的整个过程构成了一个生命周期。研究表明，项目生命周期是指一个项目从提出项目提案开始，经过立项和项目决策，然后到项目计划与设计，进一步到项目开发与实施，最终到项目完工和交付使用，这样一个被划分成一系列阶段的完整周期过程。

---

① 戚安邦，李金海. 项目论证与评估. 北京：机械工业出版社，2004. 第3页

虽然由于每个项目其实质内容和所属专业领域的不同以及所处社会经济、技术和政治环境等不同会使得不同项目生命周期的内容有很大的不同，但从抽象的角度出发项目都必须经历一个由诞生到结束的发展过程，即每个项目都有自己的生命周期。

项目生命周期也有自己的一些基本特征，这些特征对项目评价有直接影响，这些特征主要有如下几个方面：

其一，随着项目进展项目资源投入不断累积的特性。任何一个项目都需要有资源的投入，这种项目资源的投入是随着项目周期的展开而不断积累的，所以绝大多数项目的资源消耗会呈现一种"S"曲线，这种曲线表明了项目资源投入不断累积的特性。在多数项目生命周期的开始阶段，项目的资源投入相对较少，而到了项目生命周期的中间阶段（项目实施阶段）项目的资源投入较多，当进入项目生命周期最后阶段（项目完工与交付阶段）则项目的资源投入又会相对较少，这就是项目资源投入不断累积的特性所造成的项目资源投入的基本规律。这种项目资源投入不断累积的特性相对而言是由于项目评价等工作的需要造成的。因为在项目的初期阶段，人们为了防止盲目投入而首先进行项目的评价，在未完成评价之前不去做项目的实施工作，这就形成了"S"下半部分的平缓曲线；而在完工交付之前人们需要对项目实施结果作相应的评价之后才能交付使用，这就形成了"S"上半部分的平缓曲线。

其二，随着项目进展项目确定性不断提高的特性。随着项目生命周期阶段的展开，项目的信息会逐步增多，人们对于项目的认识会不断地清晰，因此项目的不确定性下降而确定性不断上升。人们对于项目的认识和了解在项目后续阶段要远比人们在项目前期阶段深刻得多和接近实际得多。因为人们在项目初期阶段对于项目的许多特性和项目所面临的实际环境以及项目的可行性等方面的认识都是靠收集的历史资料和凭借现有的经验判断作出的，而且还使用了大量的假设前提条件，这在很多情况与项目实际相差较远。但是随着项目的实施和展开，人们在实践中获得了大量有关项目和项目环境的实际数据资料，再加上人们的分析判断，这样人们对于项目的认识就会逐步深入。按照时间所进行的项目评价，项目前评价最为困难且不确定性最高，因为此时人们使用的都是一些预测数据和历史经验数据；相对来说，在项目进展过程中的实施评价时，人们就已经开始使用一部分实际数据资料了，所以它的确定性相对就比较高了；对于项目后评价而言，人们使用的多数是项目实际数据，所以它的确定性是最高的。

其三，项目各阶段的延续性特征。根据项目生命周期理论，任何一个项目前后阶段是相互接续的，但是一般情况下，项目的前一个阶段未完成以前不能够开展项目后续阶段的工作。因为项目的后续阶段是要以前一阶段的产出物和工作作为基础和前提的，任何跨越不同阶段的项目工作都会将上一阶段中的问题导入后续阶段，这样前一阶段的各种问题和失误就会直接转入下一个阶段，从而造成项目失误或问题的扩散，造成项目管理的混乱和项目损失的无谓扩大。同时，项目的各个阶段的前后接续是过程性的而不是周而复始不断重复的，因为项目是一次性的多阶段工作，而不是像日常运营那样不断地重复和循环。这就体现了项目的过程性和阶段性特征。

2.3.2 项目评价理论与方法的演进

1. 项目评价在国外的发展

评价研究的历史虽然不长，但评价活动却是久远的。评价活动可以追溯到科学的初创期。三个世纪以前，托马斯·霍布斯（Thomas Hobbes）及其当代追随者曾努力用数量方法评价社会环境，探寻死亡率、发病率和社会解体的原因（Cronbach，1980）。[①]但是，进行系统的评价研究则是现代的事情。项目评价所使用的社会研究方法，随着方法本身的发展与改进、意识形态和民主的变迁以及相关学科的发展，出现在20世纪初叶。20世纪30年代，各学科的社会科学家都曾致力于用严格的研究方法评价社会项目，由此，系统的评价活动变得越来越繁荣。

第二次世界大战以后，为了满足城市发展、技术开发、文化教育、职业培训的需要，出现了大量的项目。同一时期，还有大量的国际项目致力于家庭计划、健康和营养以及农村发展。由于花费巨大，当然要知道"结果如何"。20世纪50年代末期，项目评价研究变得很流行。在20世纪60年代，海伊斯（Heyes）阐述了评价在欠发达国家的发展，萨奇曼（Suchman）对评价方法本身进行了回顾，坎贝尔（Campbell）举例说明了社会实验方法。到20世纪60年代后期，用华尔街的话说，评价研究已经变成了一个成长的产业。

在20世纪70年代早期，评价研究已经成为了社会科学界的一个重要学术领域，各类书籍纷纷出笼，包括第一本教材《评价研究》（Evaluation Research）。1976年，《评价评论》创刊。到1980年，科隆巴赫及其同事已经在说，"评价研究已经成为了美国社会科学中最有活力的前沿阵地"。专门的评价研究协会和评价理论与实践的专业期刊应运而生。如表2-8所示。

---

① [美]彼得·罗西等著．邱泽奇等译．项目评估：方法与技术．第6版，北京：华夏出版社，2002．第3页

表 2-8　与项目评价相关的主要期刊和专业组织

与项目评价相关的主要期刊
评价评论（Evaluation Review: A Journal of Applied Social Research, Sage Publications）
评价实践 Evaluation Practice, renamed （1998年） American Journal of Evaluation （JAI Press）
评价新动向 New Directions for Evaluation （Jossey-Bass）
评价：理论、研究与实践国际杂志 Evaluation: The International Journal of Theory, Research, and Practice （Sage Publications Ltd.）
评价与项目规划 Evaluation and Program Planning （Pergamon）
加拿大项目评价杂志 Canadian Journal of Program Evaluation （University of Calgary Press）
澳大利亚项目评价杂志 Evaluation Journal of Australasia （Australasian Evaluation Society）
与项目和政策评价相关的专业组织
美国评价学会 American Evaluation Association （Web page: http://www.eval.org/）
公共政策分析与管理学会 Association for Public Policy Analysis and Management （Web page: http://qsilver.queensu.ca/appam）
加拿大评价学会 Canadian Evaluation Association （Web page: http://www.unites.uqam.ca/ces/ces-sce.html）
澳大利亚评价学会 Australasian Evaluation Society （Web page: http://www.parklane.com.au/aes/）
欧洲评价学会 European Evaluation Society （Web page: http://www.europeanevaluation.org）
英国评价学会 UK Evaluation Society （Web page: http://www.Evaluation.org.uk）
德国评价学会 German Evaluation Society （Web page: http://www.fal.De/tissen/geproval.gtm）
意大利评价学会 Italian Evaluation Society （Web page: http://www.valutazione.it/）

自20世纪70年代以来，项目评价方法有了新的突破。从1968年开始相继出版了几本重要的项目评价著作，如《发展中国家工业项目分析手册》、《项目评价准则》、《项目经济分析》等，并且将收入分配、就业等社会发展目标引入费用效益分析，称现代费用效益分析，或社会费用效益分析（Social Cost Benefit Analysis）。这种社会费用效益分析包括经济效率目标与社会公平分配目标，前部分一般称经济评价，两部分合称社会评价。经济评价方法在发展中国家广泛应用，而社会评价方法由于其复杂性，在发展中国家应用较少。

1977年，联合国工发组织和阿拉伯国家工业发展中心联合编制了《工业项目评价手册》，不仅考虑了经济增长目标，也用较简便的方法设置了社会评价指标，如就业效果、分配效果、国际竞争力等。手册在阿拉伯国家得到广泛应用。

1978 年，法国发表了《项目经济评价手册——影响方法》，这种影响方法，从三个方面分析项目对宏观经济的影响：一是项目投入对国民经济相关部门产生的影响；二是项目产出增值的分配，对国内各个部门收入分配的影响；三是由于不同部门收入的差别所引起的消费变化进一步引起新的需求变化。这种方法实质上等于计算有无项目两种情况下国内工资、利润、租金和政府收入等收入分配的变化。这种方法在法语国家应用较广。

从 20 世纪 80 年代开始，西方国家还开展一种社会学家参与分析的社会评价。英国叫社会分析，美国叫社会影响评价，世界银行在发展中国家推行这种社会评价。20 世纪 90 年代，有两类事件值得注意。第一，对资源的紧缩会继续要求慎重地选择需要优先考虑的项目；第二，要求缩减成效不大的项目的压力仍然存在。所有这些，都会产生对评价研究的需求，经济活动的全球化，催生了评价的国际化。

在评价领域的一位著名大师科隆巴赫（Cronbach）指出，评价比科学具有更多的艺术成分，每一项评价都要进行调试，以适合项目决策者和相关方的需要。[1]因此，尽管科学研究要求满足研究标准，但是评价研究却要在既有的政治环境、项目局限和可用资源的条件下，最大限度地为决策者提供有用的信息。在评价领域中，人们倾向于认为，评价应该满足高质量的科学研究标准，同时也应该为决策者提供决策所需的充分信息。但是在实践中，这两种目标常常互不相容，这也正是评价研究的复杂性所在。

2. 项目评价理论在中国的发展

我国的项目评价从 20 世纪 50 年代末开始，大致也经历了上述三个阶段。[2]最初是 20 世纪 50 年代末开始的引进阶段，当时主要是学习苏联各种计划经济体制下的项目论证方法。到了 20 世纪 60 年代初，我国将项目评价工作的发展正式列入全国科学发展规划，然而在随后的"文革"时期这一工作遭到冲击而停滞。

然后是初期推广阶段，在 20 世纪 70 年代末期我国改革开放政策开始实施，项目评价工作又重新受到国家和企业的极大重视，首先是全面介绍和引进西方国家和世界银行等国际金融组织以及联合国工业发展组织的项目评价原理和方法。其后，随着中国经济体制改革的深入和不断对外开放，外商投资项目逐年增多，特别是 1980 年恢复我国在世界银行的地位以后，我国安排大批专业人员在世界银行的经济发展学院接受了相关的培训，这为中国与国际投资项目评价进一步规范化和与国际接轨提供了很好的机会。在这一时期中，很多高等院校和科研单位建立了相应的专业和研究机构，有关的译文、译著、论文、论著大量出现，这些不但为我国的项目

---

[1] 彼得·罗西著. 邱泽奇等译. 项目评价方法与技术. 北京：华夏出版社，2002. 第 23 页
[2] 戚安邦，李金海. 项目论证与评估. 北京：机械工业出版社，2004. 第 6~7 页

评价奠定了理论基础，同时也推动了评价的广泛应用。随后是改进和提高阶段。进入20世纪80年代以后，国家管理部门对投资项目评价工作的研究和推广也给予了高度重视，其中原国家计委和建设部于1982年在北京组织召开了"建设和改造项目经济评价讨论会"，有关项目设计、规划、咨询和研究部门以及金融和政府管理机构与高等院校理论研究和教学等各方面专业人员参加了这次会议。会议以我国项目的国民经济评价原理与方法为中心，全面探讨了国内外项目评价的理论和方法，从而大大推进了我国项目经济评价研究和实际工作的发展。随后于1986年国务院发展研究中心和中国人民建设银行在昆明联合召开了"可行性研究与经济评价讨论会"，会议上国务院有关部委、全国一些省市的科研部门、高等院校和项目设计咨询机构及银行和国家管理部门等方面的专家和学者，针对我国当时在项目可行性研究和项目评价中存在的问题，开展了深入的讨论并提出关于项目决策科学化的政策与方法建议，这次会议同样大大推动了有中国特色的项目可行性研究与项目评价工作在我国的发展。另外，1986年，原国家计委和建设部专门成立建设项目经济评价方法编制组，该编制组在年底提交了《建设项目经济评价方法》讨论稿，随后由原国家计委和建设部组织编撰并于1987年由中国计划出版社出版发行了《建设项目经济评价方法与参数》（第一版），[①]为国内的建设项目评价工作提供了必要的方法和依据。1993年，由建设部和原国家计委联合批准发布了《建设项目经济评价方法与参数》（第二版），推动了我国投资决策科学化进程。随着我国经济体制改革和投资体制改革的不断深入，建设部和国家发改委组织专家进行了深入细致的调查研究，于2005年完成了《建设项目经济评价方法与参数》（第三版）的修订工作。本着符合我国社会主义市场经济发展和投资体制改革的要求，与国际通行的投资项目评价方法接轨，并符合多元投资主体进行科学投资决策的需要，对提高各类投资主体的项目科学决策水平具有重要作用。

2.3.3 项目评价的作用与发展分析

1. 项目评价作用的分析

概括地讲，项目评价具有四种最基本的功能，即判断功能、预测功能、选择功能、导向功能[②]。所谓判断功能是指以人的需求需要为尺度，对现实的客体作出价值判断，通过这一判断，揭示价值客体与价值主体的需要的满足关系是否存在以及满足的程度如何。在现实生活中，人们对许许多多已存在的价值关系，往往有一个认识过程，拓展人们对已有价值关系认知的最重要手段就是评价。所谓预测功能是

---

① 建设项目经济评价方法编制组. 建设项目经济评价方法与参数. 中国计划出版社，1993

② 冯平. 评价论. 东方出版社，1997. 第2页

指将未来形成的价值客体与价值主体的需求关系作出判断，从而预测未来价值客体的价值。人类通过这种预测确定自己的实践目标，确定哪些是应当争取的，哪些是应该避免的。所谓选择功能是将同样都具有价值的几个价值客体进行比较，从而确定其中哪一个更有价值，更值得争取，这是对价值序列的排列选择，也是对价值程度的判断。在人类社会各项活动中，人类活动的理想状态，是合目的与合规律的统一，从而引出处于核心地位的导向功能。人类活动的目的就是为了享用价值，而享用价值，就必须创造价值，要创造价值又必须知道哪些是有价值的，所以对价值的判断是通过对价值的发现、预测、选择的评价才得以实现的。只有通过评价，才能对实践活动进行控制，实现有价值的，避免无价值的，从而使人的行为更加合目的性[①]。

对项目评价来说，四种基本功能充分体现在项目决策和项目实施的过程中。不管是项目前评价、实施评价，还是项目后评价都是如此。通常情况下，由于项目的独特性、一次性和不确定性等特性，项目决策都需要依据项目评价作为支持，因为单纯凭借个人的判断和经验去进行项目决策容易出现错误并很难避免失误。在项目决策中运用项目评价的机理、原则和方法对项目各个备选方案和各种情况下可能出现的结果进行必要的分析与评价，这对于加强项目决策的科学性和优化项目决策结果，以及提高项目实施绩效等方面都有着积极的作用和重要的意义。主要表现在以下几点：

（1）项目评价为决策者提供必要的信息

任何项目决策都离不开项目评价所提供的各种信息和数据的支持，在对一个项目作出决策之前，决策者必须了解该项目的内部与外部条件、准确详细的数据、项目设计的合理性及该项目可能产生的各种后果。决策者需要考虑的因素包括：项目投入和产出的经济分析，项目的技术、经济和财务状况，项目建成后的组织作业和管理的安排，以及它对自然环境和整个社会的影响。所以，在进行项目分析评价时，需要提供所有这些信息和有关指标，以便为决策者提供必要的信息。确切地说，项目评价所给出的项目备选方案分析和比较数据以及其他各种项目评价的结果都是项目决策的前提和保障。这些不但能够为减少或避免项目决策失误提供保证，而且能够大大改善项目决策优化的结果。

（2）项目评价是促进和提高项目管理的手段和方法

项目评价所提供的各种信息与数据是项目业主、投资人或实施者以及供应商等开展项目管理的出发点。基于项目实施过程可以概括为三点。其一，人们可以通过项目形成性评价（前评价）去预见项目可能出现的情况与变化。它的根本任务是对

---

① 冯平. 评价论. 东方出版社，1997. 第4页

项目的必要性和可行性进行分析研究和论证与评价，主要包括两方面内容，一是分析并确认项目的必要性和可行性；二是给出各种可替代项目备选方案中的评价结果和优先序列以供项目决策者选择。其二，通过项目进展性评价（跟踪评价）去发现项目实施中的问题和变更，主要是因为随着项目实施的不断推进，项目本身及其环境条件都会发生变化，这些发展和变化在很大程度上会使项目的必要性和可行性发生改变，这就要求项目的相关利益主体，如项目业主、承包商和国家主管部门等都需要不断地对项目本身和项目实施情况进行监控、度量和跟踪评价。其三，借助于项目结论性评价（后评价）去找出项目决策中的问题和为以后的项目开展提供借鉴作用。它使用项目实施的实际数据和项目已运行时间的实际数据，对于项目形成性评价结果和项目本身实施的实际情况进行评价，它的根本目的是总结经验教训和修订未来项目决策的指标和标准。因此，项目评价是促进项目管理和提高项目效益的基本手段和方法。

（3）项目评价是获取融资的依据

任何项目都需要投资和成本，在很多情况下项目投资的一定比例是融资得到的，而提供项目融资的一方多数都是以项目评价结果作为项目融资的凭证和依据的，尤其是那些采用有限追索权的项目融资方式的情况更是如此。因此，绝大多数金融机构在进行项目融资的时候都要求申请融资者提供相应的项目评价文件，如项目自评价文件、独立第三方的项目评价文件等。例如，现有很多商业银行都明确规定任何项目融资都必须以项目评价结果作为依据和凭证，凡是未经项目论证与评价的项目融资申请一律不能予以贷款。

（4）项目评价有助于宏观目标的实现

项目财务评价的目的是利润最大化，而国民经济评价的目的则是要求获得最大的国家经济利益，促进资源的合理配置。从整个国家利益的角度来看，项目的取舍标准应取决于项目的经济评价，使项目更有效地服务于国家未来的经济和社会目标，在此基础上，也应使企业获得良好的效益。所以，项目评价有助于促进国家目标的实现。

同时，国家的经济、政治和社会目标也为投资项目提供了判断项目优劣的标准。当某些项目可用数量指标来度量时，这些指标就成为严格衡量投资项目优劣与否的标准。例如，一个以经济增长作为主要目标的国家，就可用国内生产总值、国民收入增长率、人均收入等数量指标来衡量。那么，在项目评价时就应检查项目对这些经济增长指标的贡献。当然，各国经济和政治目标因国情不同而异，从而项目评价的标准要根据国家目标的不同而改变。如有的国家注重经济增长，而有一些国家则追求收入分配的平均，还有一些国家则致力于地区经济的均衡发展。这样，对于同一个投资项目，在不同的投资环境和不同的角度，就可能得到不同的评价结论。因此，项目评价必须服从于特定国家的特定目标。

2. 项目评价体系发展阶段分析

随着经济社会的发展，项目评价体系从最初的财务评价发展为现在的财务评价阶段、经济评价阶段、社会影响评价阶段、环境影响评价阶段和综合后评价阶段。[①] 项目评价产生与形成的流程如见图 2-1 所示。

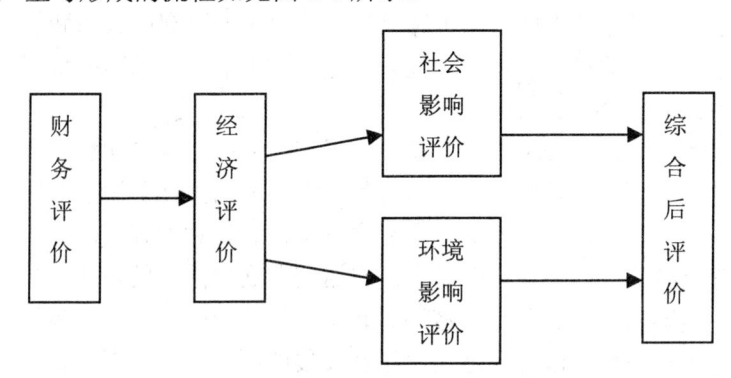

图 2-1 项目评价体系形成的框架

（1）项目的财务评价阶段

财务评价也被称为传统的费用—效益分析。在资本主义早期，即 1929 年西方国家出现经济大萧条前的百余年间，西方国家一直推崇自由竞争的市场经济，因此私人投资项目在西方国家的经济成分中占了绝大部分。私营企业主为了尽可能获得最大利润、减少投资风险，项目评价从企业自身的角度出发，以利润为主要评价目标，用市场价格计算相关效益指标，分析项目的盈利能力和清偿能力，通常通过比较项目的财务内部收益率、财务净现值等指标来判断项目的可行性。

财务评价阶段的理论基础是微观经济理论。在西方经济大萧条之前，新古典经济学在西方经济学界居统治地位，私有企业追求利润的最大化。经济学家们认为，在市场完全竞争、全民充分就业以及私人效益和社会效益基本一致等假设条件下，用合理的市场价格计算企业利润，与社会效益一致，并且私人效益之和就是社会总效益。古典经济学中作为项目财务评价理论基础的有完全竞争模式、边际效用理论、社会效用理论等。

（2）项目的国民经济评价阶段

20 世纪 30 年代，西方国家进入了经济大萧条时期。西方国家运用新的财政政策和公共工程项目等措施来挽救萧条的经济。在第二次世界大战和战后时期，在政府公共工程项目不断增多的现实背景下，原有的财务评价已不能满足全面评价的需

[①] Chen H. T. Current trends and future directions in program evaluation. *Evaluation Practice*, 1994 (15):229-238.

要。一方面，因为财务评价的评价目标是企业投资项目的利润，是一种私人效益；而政府公共工程项目的评价目标则是以宏观经济效益和社会效益为主。评价目标已不再局限于企业利润最大化，费用与效益的含义也不再局限于企业的成本和收入。从客观上讲，原有的财务评价方法不能真实地反映项目的社会效益。另一方面，随着政府管理公共事务的经验积累和人们改善生活的强烈愿望，政府干预经济的需要和作用逐渐增强，从主观上要求从国民经济整体的角度以国民收入和社会净收益为主要评价目标，分析项目的经济合理性。这样就逐步形成了以传统费用—效益分析为基本方法的经济评价。

同时，技术援助促使经济评价在发展中国家的应用。第二次世界大战后，许多发展中国家进入经济稳步发展时期，而且其中大部分国家都采用宏观管理、中央计划和公共投资等手段加速经济发展，具有中央集权、计划性强、政府投资较多、市场机制不完善及经济发展不稳定等特点。在这些发展中国家的项目评价主要是随着国际组织和发达国家的资金和技术援助一起引入的。但是在市场机制比较完善的西方国家产生的经济评价方法并不适用于这些发展中国家。在发展中国家，由于通货膨胀、外汇缺乏、劳动力（非技术型）过剩、实行保护性措施等原因，造成商品价格严重失真，从而大大增加了项目评价的难度，也直接影响了项目评价在发展中国家的广泛推行。针对在价格失真的情况下如何调整价格这一关键性问题，西方经济学家提出了不同的观点，逐步形成了一些适合发展中国家的以现代费用—效益分析为主要方法的经济评价。

项目国民经济评价产生的理论基础是宏观经济学、福利经济学和发展经济学。在经济大萧条时期，古典经济学的主导作用受到质疑，资本主义自由竞争经济体系遭受重创。在这种情况下，从理论上寻求论证政府干预宏观经济运行的重要性，特别是以财政政策干预宏观经济运行的必要性。宏观经济学使项目评价能够扩展为单个微观项目的宏观意义分析，从而为项目经济评价体系的产生奠定了理论基础。

福利经济学研究的核心问题是在资源稀缺的情况下，如何最适度地配置资源，使产出的国民收入（全社会经济福利）达到最大值。福利经济学中能作为项目经济评价理论基础的内容，主要是支付意愿和消费者剩余理论、资源最优配置理论等。

发展中国家为了能制定出切合实际的经济发展政策和国家计划，也必须对拟建项目作出科学的决策。但是发展中国家的经济有一些自己的特点，不能完全照搬西方宏观经济学和福利经济学的理论，而以发展中国家经济问题为研究对象的发展经济学就成为发展中国家项目经济评价的理论基础。

（3）项目的社会影响评价阶段

20世纪60~70年代，通过内部积累和外部援助，许多发展中国家的国民生产总值和国民收入有所增长，人均国民生产总值也有所提高。经济增长的最终目的是为了满足人们的基本需求、提高生活水平。但是，60~70年代的经济增长并没有改善已有的社会问题，有些社会问题甚至更为严重。这些社会问题积累下来制约着下一轮的经济增长。忽视了社会因素对经济增长的促进作用，是导致一些发展中国家没有从根本上摆脱经济衰退、发达国家内部贫富差距也越来越大的重要因素之一。因此，项目评价由单纯的经济评价发展为经济评价和收入分配分析，最后发展为独立的社会影响评价。

研究表明，项目的社会影响评价要体现两方面的目标，即效率目标和公平目标。[①]效率目标要求增加国民收入，实现经济增长；公平目标要求增加的国民收入在不同收入阶层、不同地区以及不同时期（现期消费和未来消费）之间进行合理分配，实现公平分配。例如，一个项目的净效益再大，如果将其过多地分配于当前消费（或积累）或过多地分配于某一本来就很富裕的阶层或地区，这个项目对国民福利目标的贡献也不大，所以一个项目的价值不仅取决于净效益的大小，还取决于净效益的分配。在这种理论的指导下，项目经济评价的方法由传统费用—效益分析方法发展为引入收入分配、就业等社会发展目标的现代费用—效益分析方法。由于现代费用—效益分析方法包括了经济效率目标和社会公平分配目标两部分的分析，所以也有学者把现代费用—效益分析方法称为社会费用—效益分析方法。

社会影响评价的理论基础主要是福利经济学的相关理论和发展社会学的相关理论。发展社会学认为，50~60年代，发展等同于经济增长；70年代，发展等同于满足人类的基本物质需求；80年代至今，发展是人的发展，而且是一个持续的过程。从发展概念的变化中，可以看出发展越来越贴近人类自身素质的提高、人类生存空间的改善和全社会的进步，因此社会影响评价也获得了一个完全不同于经济评价的评价目标，即"以人为中心"的评价。这也就是为什么对项目社会效果的评价会从经济评价中分离出来，成为独立的社会影响评价体系。

（4）项目的环境影响评价阶段

20世纪60年代以前，项目评价除了在经济评价的外部性中涉及环境问题之外，并没有针对环境问题的独立评价体系。20世纪60年代以后，科学技术突飞猛进，人口数量急剧增长，人类征服自然界的能力大大增强，但是与此同时环境污染的后果日益凸显出来，以致危及人类的生存和发展。

环境影响评价的理论基础是人口论、代际平等论和协调发展论。20世纪50~60年代以来，由人口增长引起的环境资源危机已非常严重，具体表现在对环境资源、就业收入、城市建设的冲击，使经济增长受到制约。因此，采取适当的人口政策，控制人口增长，已经成为环境保护的重要原则。所以说，人口论是环境影响评价的

---

① Van der Meer F. Evaluation and the social construction of impacts. *Evaluation*, 1999 (5):387–406.

理论基础之一。

环境影响评价的理论基础之二是代际平等论。1974年，联合国环境大会上提出，"这一代人应具有长远的眼光，应考虑后代的需要，不应超前占用本星球有限的资源和其生命支持系统而危及人类未来的幸福甚至人类的生存"。1987年，联合国世界环境与发展委员会的报告书《我们共同的未来》中主张，应"在不危及后代人满足其需要的前提下，寻求满足我们当代人需要和愿望的发展途径"。这就向我们提出了一个过去人们很少考虑的新的公正与平等问题，即当代人和下一代人之间的平等。为了下一代有一个良好的生存与发展环境，不仅要求当代人更加合理、适度地开发利用环境资源，而且要求建立起包含当代人之间、当代人与后代人之间机会平等的持续性环境伦理道德观。

环境影响评价的理论基础之三是协调发展论。所谓协调发展，是指经济、社会与生态环境之间的协调发展。它是发展战略的一种选择，主要是针对传统发展战略而言的。二次大战后，世界各国特别是发展中国家所采取的都是传统发展战略，其突出的共同特征是强调高投资、高积累、低消费的战略方针，强调工业化，轻视农业的地位和作用，忽视国民的收入分配和社会福利，把人均国民生产总值的增长作为社会发展的首要的甚至是唯一的目标。传统发展战略确实带来了一定的经济增长，但是它也造成了各种日益严重的社会问题，这种增长被称为"没有发展的经济增长"。协调发展战略是新型发展战略的一种。它的目标在于追求整个社会的全面、持续的发展，促进社会、经济和环境关系的协调，尤其是经济发展和环境保护的协调。在这种战略中，经济发展要考虑到自然生态环境的长期承载能力，环境保护工作也要充分考虑到一定经济发展阶段下经济的支持能力，从而避免贫困与环境恶化之间的恶性循环。

（5）项目的综合后评价

研究表明，后评价的概念最早产生于20世纪30年代的美国，主要是为罗斯福政府提出的社会计划服务。这种方法被欧洲国家和国际援助机构接受后开始用于对外援助项目的评价。在20世纪80年代，大多数发展中国家都面临经济衰退和债务危机，这也促使他们在公共领域开展后评价工作，总结经验教训，不断修正发展计划。由此，后评价开始大范围地应用。在社会经济政治环境的不确定因素增加的现实背景下，如果把后评价的结果反馈到项目本身或其他新的项目，可以总结评价经验，提高决策水平，为国家投资计划、政策的制定提供依据。因此，后评价逐渐成为项目评价不可分割的一部分。

后评价的理论基础是现代系统论和控制论的基本原理。项目系统是由四种基本要素构成的，即"输入"、"处理"、"输出"、"反馈"。项目系统是一个开放的闭环系统。根据现代控制论，对闭环系统的控制采用反馈控制方法。

第四节　项目评价理论与方法的现存问题分析

基于项目评价理论的回顾与分析，借鉴前人的研究成果，以及从前人研究成果中所得到的启示，本书把项目评价理论与方法的现存问题归纳为三类，即项目评价的认识问题，项目评价方法论的失范问题和项目评价实践中的问题。

2.4.1 项目评价的认识问题及其分析

认识是评价的前提和基础。要提高评价的合理性、评价方法的合理性与准确性，首先要提高评价的认识问题，包括借用价值哲学的研究成果澄清人们对评价的基本认识，提高人们对评价客体的认识水平，减少人们对现代项目评价特点认识的不足等。

1. 评价在哲学层面上的认识问题

评价在哲学层面上的认识问题是解决评价的基本问题，主要涉及评价研究的基本视角问题、价值与评价的关系问题、认知与评价的关系问题以及评价标准与价值标准的关系问题等。

（1）评价研究的基本视角问题

评价视角的确定是评价得以进行的前提。评价中的许多意见分歧，形成不同学派，在相当程度上都与各自所取的视角不同有关。

当代西方评价理论研究主要三大派别，即直觉主义、自然主义和非认识主义，它们基于不同的评价视角，得出不同的研究结论，我们在研究评价的基本问题时，应该从中吸取其精华。现代西方评价理论研究虽然取得了巨大的进步，但各派理论都仍然存在自身的问题、矛盾和困境。直觉主义者断定评价表达事物本身具有客观性，而这种性质又是不可检验的、不可分析和不可证明的，它的客观主义和直觉主义必然会导致彻底主观主义的结果。自然主义者认为不应该存在任何统一的客观评价标准，因为没有一种标准能够适用于每个人的需要，这种价值的私人性和事实判断的公认性是相悖的。非认识主义者把评价和认知、价值判断和事实判断完全割裂开来，难以说明哪些评价标准和价值判断具有普遍的客观有效性的现实问题。

各派评价理论存在的问题、观点的矛盾和面临的困境不尽一致，但导致这一切的根本原因却有很大的一致性：所有各派都忽视评价活动的研究，尤其是没把评价活动放在人的全部活动中加以考察；各派都有脱离社会生活实际的倾向，它们的理论研究基本都是学院式的；西方评价理论缺乏系统的、相对独立的研究，这是由评价理论研究的附属地位所决定的。

西方各派评价理论的研究成果和缺陷发人深思，给我们的最主要的启示是：我们应该立足于评价活动的系统性研究，置于社会生活实际中系统地研究评价理论，建立尽可能完备的、系统的、相对独立的评价理论体系。

选择不同视角是评价研究的前提，马俊峰在《90年代价值论研究评述》一文中有过这样的描述：从认识论的角度有三种可能的观点，即"评价不同于认识，评价也是一种认识，认识可以分为认知和评价两个方面"。[①] 第一种观点，评价不同于认识，是指认识是对客体的如实描述，而评价则以主体的体验和感性为基础，是对事物意义的把握，所以它在形式、内容和任务方面都与认识不同，认识论包括不了评价论。第二种观点，评价是一种认识，是一种特殊的认识，即对价值事实的认识，以往的认识论没有顾及评价，只是知识论或认知论，这是一种缺憾，但不等于说评价不属于认识论。第三种观点，认识可以分为认知和评价两个方面，认知和评价都属于反映，但它们在反映的对象、形式和任务方面都有着质的区别。

从认识论角度研究评价就是认为评价是一种认识活动，是一种特殊的认识，因此按照认识论既有的范畴体系来研究评价问题。从认识论角度研究评价的优点是可以借鉴和依傍比较成熟的认识论研究成果，易于坚持反映论原则；其局限性也很明显，即难以揭示评价活动的特殊地位、作用和规律，难以研究评价和认识的差别和联系。其主要原因是：认识论研究人与客观世界的理论关系，往往将主体抽象为无价值立场差别和特殊利益的存在，以求得真理为最高目标。而评价中，主体都是具有特殊利益和价值需求立场的人，评价的千差万别根本上是主体差异性的一种表现。这些在认识论视角中都难以得到有效的揭示。

（2）价值与评价的关系问题

价值与评价的关系问题可以说是评价论甚至整个价值论研究中的基本问题。价值表现的是客体的属性与满足主体需要的效用关系，是一种客观的关系。因为，作为价值客体是客观存在的，作为价值主体的人及其需要是被社会历史客观地决定了的，价值主体与价值客体之间的关系也是客观的。评价是主体对客体是否能够满足主体需要及其程度的评价，它是价值关系在人们意识中的反映，是一种主观形态的东西。从表面上看来，对于同样一个评价客体，不同的评价主体可能会作出不同的、甚至截然相反的评价。这往往会给人造成一种感觉，价值评价是评价主体主观自生的，是随心所欲的，完全取决于评价主体的评价标准。那么，价值评价有没有客观内容，或有没有客观确定性，这实际上就提出了价值与评价的关系问题。

研究表明，关于这个问题的回答，从目前我国理论界的总体倾向看，大都坚持唯物主义原则，认为价值是第一性的，价值决定评价，评价是对价值的反映。在一些具体评价研究中，一些人自觉不自觉地仍认为评价决定价值，认为价值的问题其

[①] 马俊峰.90年代价值论研究评述.教学与研究，1996（2）：59

实就是评价的问题。另一方面，在坚持价值决定评价的同时，又对评价的作用揭示不够，对价值如何决定、在什么意义上决定评价研究较少。对于这个问题，马俊峰认为："目前我们缺乏的还是辩证分析的观点，没有在实践基础上把唯物主义和辩证法有机地统一起来。比如说，价值与评价除了第一性与第二性的关系外，还有什么关系？价值到底是如何存在的，如何被把握的，又是如何实现的？在价值实现过程中评价起着什么样的作用？等等，需要我们做大量艰苦的工作。"[①]

（3）认知与评价的关系问题

休谟在《人性论》中，从区分事实与价值出发，进而提出"是"能否推导出"应该"的问题。这对哲学家康德产生了重大影响，康德赞同休谟区分事实与价值、事实的知识与价值的知识的观点，提出把世界分为事实世界和价值世界，以及事实判断与价值判断的关系问题，直至导致价值哲学的产生与发展。事实判断属于认知，是认知结果的一种表达形式；价值判断则属于评价，是评价结果的一种表达形式。

评价与认知二者之间既有联系又有区别。联系在于表现为评价与认知都是在社会实践基础上对客观对象的反映。一方面，评价是认知的目的和动力。人们之所以要对客观事物进行科学研究，就是为了认识世界、改造世界，满足人们生存和发展的需要。没有人们基于生存和发展而产生的某种需要，就不会对客观事物进行科学的研究。因此，满足人们基于生存和发展而产生的需要，成为人们进行认知的内在动力和最终目的。另一方面，认知又是价值评价的基础和前提。人们判断一个客体是否能够满足人们的需要，是否有价值，就必须对该客体及其发展规律有一定的认识。可以说，人们对客体及其发展规律认识得越深刻，对它的评价就会越准确。很多时候我们在评价上犯错误，究其原因，最根本的就在于对客体本身的存在状态和发展规律没有取得科学的认知。所谓的存在状态和发展规律有着非常丰富的内涵和内容，不同项目的状态和规律千差万别，需要我们不断地学习，认真地总结和归纳。评价与认知的区别在于，评价与认知的对象不同，评价与认知的活动规则不同，评价与认知的目的不同。

问题产生于我们过去惯常的思维方式所造成的麻烦和困境。马俊峰指出，我们过去形成的思维方式实质上是直观唯物主义的思维方式，即主要是从客体的角度理解事物，提出问题，而没有或不会从主体的角度理解事物。在事实和价值、评价与认知问题上，更多地是试图单纯从客体的角度来区分二者，从而区划事实认识和价值认识的界限。[②]为此，在研究过程中也走了不少弯路，甚至徒劳无功。

2. 对现代项目评价新特点认识不足

---

① 马俊峰. 评价论研究的几个理论问题. 理论与现代化，1999（12）：5
② 马俊峰. 评价论研究的几个理论问题. 理论与现代化，1999（12）：5~6

随着生产力的增长和社会经济科技的发展，人类历史演进到今天，出现了一系列与过去农业、工业经济时代不同的新特点。概言之，即生产国际化、市场全球化、需求多样化、信息共享化、智力突显化、变革加速化、决策复杂化。研究表明，从现代实践的宏观决策方面以及人们生活质量的微观追求来说，它们都对现代项目评价提出了新的要求，而人们对现代项目评价新特点认识不足，这些新特点主要表现为：

（1）系统综合性强

现代项目的系统综合性呈现出规模宏大结构庞杂的景象。于景元研究员指出，"现代科学技术的发展已经取得了巨大成就，今天人类正探索从渺观、微观、宏观、宇观直到胀观五个层次时空范围的客观世界"。[①] 现代实践的项目评价涉及到自然层次、社会层次和人文层次不同学科不同领域的相互交叉、综合与融合，涉及经济效益、社会和谐、生态平衡、人文关怀，规模宏大。现代项目系统不仅包括的子系统数量规模宏大，而且子系统之间的关联关系复杂，即系统的结构庞杂。不但有线性关系而且有非线性关系；不但有确定性关系，而且有不确定性（随机）关系；不但有分明信息，而且有不完全信息（灰色的）、不分明信息（模糊的）；不但有多属性递阶层次结构而且有网络结构；不但有定性关系，而且有定量关系；不但个量分析是总量分析的基础，而且总量并不是个量的简单相加。

（2）要求决策预见性高

现代项目实践预见性基于环境复杂、动态开放。现代项目评价实践是在全球性的市场经济条件下，是在数量众多的人类行动所造成的影响共同作用于环境（生态失衡、环境污染、物欲横流、伦理失范、核弹威胁等）下进行的。它既带有很大的机遇性，又具有相当的风险性。这一方面要求人们抛弃习性中稳妥优先、力求万无一失的价值取向，代之以敢冒风险抓住机遇的价值取向，着眼于长远的果断决策。现代项目评价系统是一个动态的开放系统，时刻与环境进行物质、能量、信息的交换，动态开放的自适应子系统形成对项目评价实践的决策的预见性提出了更高的要求。

（3）评价的协同度高

现代项目评价是一种高智力、高效率、高效益的实践活动。但在评价活动中经常会遇到一些定性的、不确定性的、非透明的变量，这类变量的特点是它的状态不能直接用数值表示（随机的、灰色的、模糊的信号），且变量之间关系不是线性的，而是非线性的，并具有时滞特性。项目评价追求高效率意味着尽可能从最小的投入中得到最大的收益，即最经济地实现目的，这就要求提高项目评价的准确度，尽可

[①] 于景元，刘毅. 复杂性研究与系统科学. 科学学研究，2002，20（5）：449

能给出各种因素的价值量,通过建立数学模型并进行计算机运算,而对于透明度低的无序定性变量是难以实现的。这时专家评价系统起着关键性的作用,而以人为主导的群体进行项目评价和决策时,由于参加者经验、智慧、偏好、价值观、利益角度的矛盾,需要用适当的方法进行妥协、协调,妥协值应是成员之间反复交换意见,而不是简单线性迭加的结果。

(4) 要求评价方法适应性强

现代项目评价的方法适应性是针对项目多样、方法各异提出的。陈国宏指出,"在实际应用中遇到的一个很现实的问题是具有确定属性值的同一对象运用多种不同方法分别进行评价时结论存在差异,即多种方法评价结论存在非一致性,以致使人们难以对客观现实作出准确的判断"。[①] 显然,对于不具有确定属性值(随机的、灰色的、模糊的、非属性的定性描述)的同一对象运用多种方法评价得出的结论存在的差异更大,即多种方法评价结论存在不能容忍的非一致性,因此,应研究评价方法的适应性或相容性问题。另一方面,对于具有自身特点(方法各异)的某种评价方法分别运用于多种评价对象时更是行不通,即统一评价方法难以适应多种评价对象。其根本原因在于评价实践项目的多样性和评价对象系统的子系统(要素)之间,以及系统与子系统之间、系统的环境之间的相关性紧密,也即偶合度高。因此,在给定检验标准条件下从可能的组合评价集中寻求适应于被评价对象的所有评价方法中得到一个满意的组合评价(总体偏差最小)的研究是十分重要的。

3. 项目评价存在重"物化"轻"人本"、重科学轻人文的价值取向

研究表明,价值取向是指价值主体在实现价值目标的过程中围绕着如何实现价值目标而形成的一系列观念性活动,是一个变化的动态过程,反映出主体价值观念变化的倾向。人们借助实践活动来体现价值取向和实现价值目标,价值取向的正确与否对价值目标的实现起到非常重要的作用。目前评价领域存在着重"物化"轻"人本"、重科学轻人文的价值取向,最终导致项目进展中的不利后果。

(1) 重"物化"轻"人本"

发展观是一定历史时期经济社会人文发展的需求在哲学价值认识层面的聚集、反射和折射。不同的发展观产生不同的发展模式和评价机理,不同的发展模式和评价机制产生不同的发展结果。当前"构建社会主义和谐社会"的命题指明了社会发展的长远模式,和谐社会是以人为本的社会。一切活动的目的都是为了人的生存享受和发展。和谐社会就是一个政通人和、经济繁荣、人民安居乐业、社会福利不断提高的社会。但是现实中,以一维的经济增长(GDP 增长)作为测度国家、地区、省市、部门、企业、项目的价值评价指标。如我国宏观经济发展五年计划翻番指标

---

① 陈国宏,李美娟. 基于方法集的综合评价方法集化研究. 中国管理科学,2002, 12 (1): 101

工农业总产值、国民生产总值、国内生产总值GDP、人均国内生产总值GDP/人。在20世纪后20年中，中国经济发展保持了持续发展的高增长率，但"中国经济一枝独秀"的荣誉声后仍须正视中国的人均GDP仅是高收入国家GDP/人的二十分之一。同时，在追求高增长、重"物化"的过程中，不可避免地带来了一些弊端。

其一，为社会带来的负面影响。随着经济市场化程度迅速提高，我国经济发展中的结构性矛盾日益突出。由于经济增长方式粗放，高投入、高消耗、高污染、高成本、低产出、低效益问题相当严重。主要表现在资源消耗严重，环境污染生态失衡，假冒伪劣产品充当产值，"政绩工程"等，造成GDP中的自然和人文虚数，世界各国广泛认同的绿色GDP（GGDP）可以用下式表达：

绿色GDP=传统GDP－（自然部分虚数）－（人文部分虚数）

上述公式确切地表达到以"物"为中心的增长和以人为本的发展的数量关系和质量表达。据报导中国传统经济增长中至少有18%是依靠资源环境生态和人文"透支"获得的。

其二，滋生诸多社会矛盾和不稳定因素。市场经济作为社会资源配置的一种有效机制促进社会经济发展的同时，突出了人们对物质利益的追求，使得人们的物欲、性欲、名欲、官欲恶性膨胀起来，高尚人文精神追求动力减弱，甚至为物欲淹没，加重了人的异化，滋生了价值冲突。目前我国的价值冲突，即不同阶层、地区和个人之间的价值冲突，源于体制缺陷分配不公、利益冲突（长远与眼前、局部与整体的），以及经济与社会、功利与道德、经济与文化矛盾。具体表现为少数人口、少数阶层、少数城市、少数地区的经济高增长掩盖了大多数人口、大多数阶层、大多数农村、大多数地区的经济低增长或无增长。贫富差距突显："为富不仁"暴富（不法富豪和贪赃高官）、弱势群体贫困（农民、下岗职工），社会保障体系薄弱，滋生诸多社会矛盾和不稳定因素。国际通用度量贫富差距的基尼系数（绝对平均为零、绝对不平均为1，警戒线为0.4）。如世界银行的测算显示，中国1995年基尼系数为0.445，高于发达国家的水平（90年代初经合组织成员国的基尼系数平均值为0.35），略低于中等收入国家的平均水平（0.45）以及南美国家、俄罗斯、马来西亚等国。从动态上看，20世纪90年代中期以来，中国基尼系数还在呈逐年递增的趋势。

（2）项目评价重科学轻人文的价值取向

哲学不仅仅是科学，更重要的是人文。科学是认识客观世界的学问，要求真求实，而人文是探讨理想人性的学问，要求善求美。"科学"是人认识外物，主要是指自然科学和社会科学，"人文"是指认识自己。科学精神追求实证性、客观性和功利性；人文精神强调价值理想、自由发展、关怀尊严。科学创造物质生活的富裕，维系生理的健康与平衡，满足赐福生活的追求。人文促进精神生活的充实，推动心理的和谐与协调，实现激情灌注人生的企盼。科学是人文的基础，人文是科学的灵魂，没有人文精神，科学技术就会出现"异化"现象。

科学与人文的隔阂与对立由来已久。两者总是要求以自己的观点来努力改造对方的作法都失败以后，又出现了两者相互融合的趋势。纵观科学与人文的发展历史，两者的关系可概括为前者是后者的基础，后者是前者的"灵魂"。具体来说，人文应以科学事实为基础，且在一定程度上遵循科学标准，而科学应以人文为价值规范。否则，没有科学，人文不仅是空想的，而且是不清晰、不明确的，没有人文，科学就失去了价值规范和方向。

当今世界，"科学技术是第一生产力"、"科教兴国"、"可持续发展"等观点已深入人心。所以，不少人将科学视为"工具理性"、"功利意识"。但是没有人文精神，科学就会出现"异化"现象。如为人类实现全球化、一体化、信息化立下卓越功勋的计算机科学和网络技术，"异化"为计算机病毒传播、黑客的恐怖袭击、计算机网络犯罪；利用核反应堆中核燃料裂变反应产生的热能转变为了动力发电为人类生活带来诸多福祉和光明，"异化"成杀伤、破坏、威胁、恫吓，给人类社会带来巨大灾难的战争机器（核武器、核威慑、核讹诈、核战争）。

2.4.2 项目评价方法论失范问题及其分析

1. 缺乏从方法论角度研究项目评价

项目评价方法论是关于测度项目价值（立项决策、实施控制、管理运营、绩效考核）方法积淀、探讨、反思、创新的理论体系和哲学命题。从目前项目评价的研究成果来看，缺乏从方法论的角度研究项目评价是主要问题。[①] 项目评价的实际应用，不存在唯一正确对所有项目都适应的评价方法。因为项目环境的复杂性，项目本身的多样性，项目结构的庞杂性已经超出了许多方法的应用范围。[②] 从事评价研究的专家们指出，评价问题的关键在于从众多的方法模型中选择一种恰当的方法，而不是建立一套新方法，评价领域缺乏从方法论的角度认识项目的评价（顾基发，2000；杨列勋，2002；王凭慧，1999；李怀祖，1999；Chen，H.T.，1994；Pappas A.，1985；Moser R.，1985；Grasso P.G.，1985；Smith，M. F.，2001；etc.）。同时项目评价方法论本身的发展也体现了这种趋势，从最早的独立目标评估模型等四种模型，向各种评价方法机理互补的过渡，直至发展到现代的评价方法综合集成，体现了方法论即高度分化又高度综合的发展趋势。

2. 对方法和方法论概念模糊、混同使用

方法论是关于认识世界和改造世界的根本方法。方法论同世界观是统一的，一

[①] Elizabeth Barber. Benchmarking the management of projects: a review of current thinking. *International Journal of Project Management*, 2004(22):301-307.

[②] Smith. M. F. Evaluation: Preview of the Future. *American Journal of Evaluation*, 2001, 22(3): 281-300.

般说来，对世界的基本观点怎样，观察、研究、改造世界的根本方法也就怎样。① 经过大量的检索发现，一些文献中把方法（method）和方法论（methodology）不作任何区别，并将它们混同使用，显然是不妥的。② 方法是具体操作的手段、程序和途径，方法论是关于方法的理论和学说。方法论是关于行动的科学，必须回答所研究的对象"是什么"、"不是什么"的问题；同时还要回答基于对研究对象的认识，我们的行动应该"怎样做"、"不怎样做"的问题。所谓评价方法论是评价所采用的研究、思考和处理评价问题的方式方法的综合。随着科学理论的发展和对评价实践的不断总结，方法论体系目前概括为哲学方法论、科学方法论、技术方法论。

3．项目评价方法论在各层次之间研究脱节

项目评价方法论是基于项目评价问题的一般途径和方式方法。按照方法论的概括程度和适用层次的不同，方法论可以分为哲学层面上的方法论、科学层面上的方法论、技术层面上的方法论和项目层面上的方法论。把不同层面上的方法论进行有机的整合，即形成评价方法论的体系结构。中国人民大学哲学教授马俊峰指出，从总体情况看，在我国，具体学科对评价的研究与哲学价值论对评价的研究是相互脱节的，各自对对方知之甚少；在研究方法和原则方法上都有着相当的差别。合理的局面是彼此携起手来，交流切磋，优势互补，结成一种稳定的联盟，共同进行一些研究工作。但从目前看，离这一点还有相当的距离，甚至可以说彼此连这样的意愿和意向都没有。③

评价方法论各个层次的评价各有自己的评价标准、特点、程式和方法，不能等同，但也有一定的共性。各层次评价的相关性可以概括为：项目评价是评价体系的最低层，是技术评价的基础；而技术评价是科学评价的基础；科学评价是哲学评价的基础。从我国项目评价的实践来看，四个层次的评价研究相互脱节、彼此孤立、缺乏交流、难于互补。哲学层面的评价研究，很少留意下层评价问题的研究，总结概括出来的东西空洞玄虚、"有骨头没肉"，缺少评价实践经验根基的支持。而下层评价的研究又缺少哲学层面评价研究的理论指导，方法模糊、"有肉无灵魂"。所以，层次之间评价研究脱节是评价方法论的主要缺陷。

2.4.3 项目评价实践中的问题分析

1．重单项评价轻综合评价

研究表明，项目评价经历了由财务评价到国民经济评价，由国民经济评价到社会评价，由社会评价到环境影响评价，再到全面的综合评价，经历了一定的历史过

---

① 《辞海》. 上海辞书出版社，1979. 第 1545 页
② 孙显元. 方法论的系统论和层次论. 学术界，2001（88）3：273
③ 马俊峰. 评价论研究的几个理论问题. 理论与现代化，2000（3）：4～8

程，也是人们在项目实践中不断提高评价认识的过程。任何项目都有其目的，包括直接目的、间接目的、近期目的、远期目的。现实中，项目的投资人往往注重追求直接目的和近期目的，忽视长远目的，在项目评价过程中表现为注重经济评价、技术评价，轻视社会评价、环境评价和综合评价。项目财务评价的根本目的是分析和确认项目在企业财务和成本效益方面的必要性和可行性，主要指标有：项目投资利润率、项目投资回收期、项目财务净现值和项目内部收益率等，是投资人最为关注的焦点。项目的国民经济评价是对国民经济方面的成本效益进行的全面评价。由于这种评估是从国民经济全局出发所作的项目评估，其根本作用在于防止出现对企业有利而有损于国家和全社会利益的项目，确保全社会投入的项目能够实现对国家和企业的经济效益都好的目标。技术评价是对于项目技术的可行性和先进性的评价，也包括对在项目实施过程中所采用的项目开发或实施技术方案的科学性、可行性和先进性的评价。项目的技术构成应该包括工艺技术、技术设备、技术人员和技术支持体系等。技术评价与经济评价密切相关，投资组织或个人非常关注。但是，对于环境评价、社会评价就不那么重视，甚至流于形式，被迫完成。由此，进行的项目综合评价也就失去了它的合理性。

2. 重项目前期、中期评价轻后评价

前期评价是指对项目进行前期的机会评估、可行性研究评价和项目立项评价，对投资项目来说，为了降低投资风险，提高项目选择的成功率，95%以上的项目进行前期评价；中期评价也称进展评价或实施评价，主要目的是检验实施进度是否按计划进度执行，以及评价实施过程中的环境条件变化将对实施方案的影响，对实施方案进行调整、变更或中止，50%以上的项目进行中期评价；后评价包括结项评价和绩效评价，主要衡量项目的效果，总结经验、教训，为以后项目立项评价、实施评价提供参考，大约40%的项目进行后评价。从事前、中、后评价理论与方法研究的文献也不均衡，杨列勋博士在《研究与开发项目评估及应用》一书中指出，从所掌握的文献数量分布看，60%左右的文献涉及前期项目的选择、资源分配、投资动机等领域；有20%左右的评价集中在项目的绩效、结项鉴定、验收等方面；有10%左右的文献涉及项目的进展评价、中止决策等方面；另有10%涉及项目评价综述等其他领域。[1]

3. 重项目评价方法轻评价程序

在评价方法论的研究中，人们对如何发现问题、分析问题和解决问题的方法等比较注重。这方面当然不能忽视，应该用心地把它做好，但是对于研究过程和行动

---

[1] 杨列勋. 研究与开发项目评估及应用. 科学出版社，2002. 第40页

过程的程序方面的内容,大家都有所忽视,这是应该引起方法论研究者注意的。① 在项目评价方法论的研究中,人们的确过多地注重个别方法的研究,对于评价过程的程序缺乏足够的研究,要想获得客观的合理的评价结果,不但需要正确的评价方法,而且更需要有正确的评价程序和步骤。② 国外的许多方法论著作,都把研究和行动的程序作为方法论的重要内容,甚至把它作为主要内容,这是不无道理的。

4. 重单个评价方法缺乏对评价方法的系统归纳

随着评价领域的发展,统计学界、管理科学界、系统工程学界以及从事评价实践的专家对项目评价方法都给予了高度的重视,目前国内外使用的评价方法很多,大体上可以分为专家评价法、经济分析法、运筹学及其数学方法、混合方法。③ 由于从事项目评价理论与方法研究的人士来自不同的领域,不同领域的专家、学者研究的出发点和基础不同,研究术语、观点、偏好也不尽相同,使得评价理论和方法研究处于一种分散、零乱之中,已有的成果缺乏系统的归纳和总结,重复研究现象也时有出现,评价方法没有形成公认的体系结构。④

5. 套用照搬现成方法缺乏反思和创新

项目评价实践中,评价方法的选择是评价成功与否的一个最主要的问题。项目评价方法论在一定程度上是对方法的反思和探索。但在项目评价实践中,简单套用照搬现成的评估方法,而这些方法绝大多数是西方经济技术的范畴和理论。⑤ 改变这种状况需要进行项目评价方法论的拓展,其中包括科学地借鉴国外项目评价方法和理论以及逻辑评价模型,结合中国国情在项目评价实践基础上对项目评价理论、方法进行创新。像钱学森先后提出的"从定性到定量的综合集成方法"以及"从定性到定量综合集成研讨厅体系",都属于在评价方法论上的创新。但现有的某些项目评价作品"食古不化",⑥ 单纯地模仿,甚至把一些项目评价方法当成一个框,用一些数据资料往里装,这种"短平快"式的做法操作起来省力,但对项目评价不当引发的失误也越来越多。

6. 项目评价重"量"轻"质"

研究表明,现实世界的任何事物同时都是有质和量两个方面,质和量总是结合

---

① 韦诚. 方法论系统引论. 安徽大学出版社,1999. 序言,第 6 页

② Andersen E., Jessen S. Project Evaluation Scheme: A tool for evaluating project status and predicting project results. *Project Management*, 2000,6(1):63.

③ 顾基发. 评价方法综述. 决策与层次分析法,1989(1):7~20

④ Gregory A.J, Jackson M.C. Evaluation methodologies: a system of use, *Journal of Operational Research Society*,1992, 43(1):19~28.

⑤ Erling S. Andersen, Qinli Xiao Dyrhaug, et al. Evaluation of Chinese projects and comparison with Norwegian projects. *International Journal of Project Management*, 2002 (20):601~609.

⑥ 于景元. 钱学森的现代科学技术体系与综合集成方法论. 中国工程科学,2001(11):10

在一起的。质总是具有一定量的质,量总是在一定质的基础上的量。定性分析是认识事物的质——事物内部的根本性的主要矛盾。定性分析的结论一般都是语言描绘的,对事物的认识还是初步的、模糊的。定量分析是对事物进行数量分析,量是指事物的规模、发展程度、速度、结构等可用数量表示的规定性。定性分析是定量分析的基础,定量分析是定性分析的精确化,离开了定性分析,定量分析就失去了归宿和目的,也只是符号游戏;离开了定量分析,定性分析只会变得模糊不清。

第三章 项目评价方法论的哲学层面剖析

评价作为认识价值的活动，它既属于价值论研究的范畴，又属于认识论研究的范畴，更是属于评价论研究的范畴。价值的实质是反映价值关系，认识是对现实的能动反映，评价的本质是对价值关系的认识，三论（认识论、价值论、评价论）皆是哲学概念。因此，提出项目评价方法论的哲学基础研究，即基于价值论的项目评价方法论研究、基于认识论的项目评价方法论研究、基于评价论的项目评价方法论研究以及基于三论的项目评价方法论研究，旨在追根求源，寻求解决项目评价的认识问题。

第一节 基于哲学层面的项目评价方法论

《辞海》（1999 年版）注释哲学"是理论化、系统化的世界观和方法论，是关于自然界、社会和人类思维及其发展的最一般性规律的学问"。[①] 由此看出，哲学是一切科学研究的基础，同样也是项目评价方法论研究的基础。

3.1.1 项目评价方法论哲学层面的内涵分析

1. 哲学的内涵探讨

哲学（Philosophy）源于希腊语。Philo 意为"爱"；Sophy 意为"智慧"，合起来"爱智慧"。1631 年《名理探》一书译为"爱知学"，1874 年，《百一新论》始译为"哲学"。字面意思，哲者"智慧"，学者"学问"。概言之，哲学是教人智慧的学问。

哲学研究整个世界，哲学的外延极大。就文字而言，或就其内涵而言，哲学最可雅俗共赏的定义便是：爱智之学。不过由于对智慧的理解因人而异，且随着哲学派别的不同而存在歧义。哲学定义如下：

《辞海》（1999 年版）注释哲学"是理论化、系统化的世界观和方法论，是关于自然界、社会和人类思维及其发展的最一般的规律的学问"。任何真正的哲学都是自己时代精神的精华，是文明的、活的灵魂，哲学的根本问题是思维与存在、精神与物质的关系问题。古今中外所有的哲学派别根据对这一问题的不同回答而分成唯物

---

① 《辞海》（1999 年版）. 上海辞书出版社，第 897 页

主义和唯心主义两大派别。他们在斗争中存在相互渗透和相互转化的情形。同这一斗争交织在一起的还有辩证法和形而上学的斗争。

无论在中国或西方，哲学都是具有非常久远传统的学问。在古代，中国、印度、希腊产生了朴素唯物主义和自然辩证法。中世纪的欧洲经院哲学占统治地位，哲学成为"神学的婢女"。17~18世纪，形而上学唯物主义在英法等国蓬勃发展；到19世纪初，德国古典哲学中，相继出现了黑格尔的辩证唯心主义和费尔巴哈的形而上学的唯物主义。19世纪40年代马克思、恩格斯创立了马克思主义哲学——辩证唯物主义和历史唯物主义。这是哲学上的伟大革命。21世纪的理论创新，归根结底是哲学的创新。

哲学的两大派别之一唯物主义认为，世界按其本源来说是物质的，是脱离人的意识之外，不依赖于人的意志而客观存在的。精神或意识是物质的产物。物质是第一性的，精神意识是第二性的。唯心主义是同唯物主义相对立的思想体系，认为精神或意识是世界本源，物质是精神意识的产物，精神意识是第一性的，物质是第二性的。

辩证法就是"联系、发展、全面"的意思，是关于事物矛盾的运动、发展、变化的一般规律的哲学学说。它认为，事物永远处于不断运动、变化和发展之中，事物内部矛盾引起自身的变化。形而上学，就是"孤立、静止、片面的"的意思，是与辩证法相对立的方法论。他用孤立、静止、片面和表面的观点看世界，认为一切事物都是孤立的、永远不变的，即使有变化，也只是数量的增减和场所的变更，而这种变化的原因，不在事物内部，而在事物外部。

《经济学方法论》中列举了国际上三个大致相近的哲学定义：哲学是关于存在、真实和行为的原理和真理的理性考察；哲学是关于知识的本性、存在、道德、原则和美学价值的研究；哲学是对最重要问题进行理性的批判的思想的尝试。[①] 作者结语：哲学的基本功能是批判的或是理性分析的。同时针对下述定义：哲学是世界观的理论化、系统化，哲学是自然知识、社会知识、思维知识的概括和总结提出如下质疑和见解：哲学不仅仅是科学，它应该关怀人的价值，即人的终极关怀，也即人文精神；哲学和科学的关系，哲学不仅仅是对科学进行概括和总结，更重要的是对科学进行反思；辩证法与形而上学总讲两者的对立，很少讲两者的统一，即相互联系、相互渗透、相互转化，也不符合辩证法思想；我国所强调的理论创新，归根结底是哲学的创新，而哲学的创新就在于对所有哲学观，尤其是我们的哲学观进行反思。

赵鑫珊在《科学、艺术、哲学断想》一书中提出，哲学是对于存在世界和人所

---

① 朱成全.经济学方法论.东北财经大学出版社，2003.第12页

进行的整体性、基础性和批判性的探究。① 哲学是对智慧的爱好与追求,这一点注定了哲学的意义在于作为一种探究方式,而不是作为智慧本身。大体上哲学所具备的特性就是整体性、基础性和批判性,就此而言,哲学也可以说是对普遍观念的研究与实践的学问。基于前面对哲学意义与特性的描述,可知哲学最彻底的功能,就是对存在世界、对人生、对知识、对科学、对价值作整体性、基础性和批判性的检查、思考和探究。

哲学的内涵深奥,外延广阔,纵观横览古今中外对哲学的描述,经过认真的梳理、分析和归纳,本书认为哲学的概念可以描述为:哲学是理论化、系统化、集成化、实践化的世界观、人生观、价值观和方法论;是关于自然界、人类社会和人及其发展的最一般规律性、整体性的理论分析、概括总结、批判反思和传承创新。

2. 研究项目评价方法论的哲学启迪

(1) 重视评价研究是当代哲学的特点和发展趋势

广义的世界观是人们对整个世界的根本看法,自然观(宇宙观)、人生观、价值观、道德观、科学观是世界观的具体分支。由本书所归纳出的哲学概念来看,哲学是对整个自然界(物)、人类社会(事)、和人(人文和思维)的根本观点。从世界观的发展历程来说,它包括世界本原观(本体论)、发展观(辩证法)、真理观(认识论)、实践观(实践论)、历史观(历史唯物论)和价值观(价值论)等。王玉梁在《当代中国价值哲学》一书中断言,哲学发展的规律是从本体论到发展观、认识论、实践论、历史观,再到价值观的过程。② 重视价值研究,包括涉及价值关系的评价研究是当代哲学的特点和发展趋势。

(2) 哲学是关于世界观和方法论的理论体系

依据方法论的概括程度、适用范围和层次水平分析,方法论是一个理论体系。方法论体系划分为如下层次结构:哲学方法论、科学方法论、技术方法论、项目方法论。层次之间存在着内在的相关性,哲学方法论是下层方法论的理论基石,对下层的方法论既是理论指导、概括总结,又是批判探求、传承反思;横向分析,方法论经历不断分化和综合的过程,科学方法论除了自然科学方法论、社会科学方法论、人文科学方法论之外,还包括系统科学方法论、管理科学方法论、软科学方法论、价值科学方法论等。各种方法论除了各自的特点之外,又相互渗透、融合,呈现出五彩缤纷的景象。

(3)"真"、"善"、"美"既是哲学追求的理想境界,也是项目评价所追求的目标

"真"是自然科学追求的目标,是主体思想和行为达到同客体的本质和规律的高

---

① 赵鑫珊. 科学、艺术、哲学断想. 生活、读者、新知三联书店, 1986. 第3页
② 王玉樑. 当代中国价值哲学. 人民出版社, 2004. 第1~2页

度统一,是真理的认识价值和实践价值的高度统一。"真"为认识的价值本质规律。"善"是社会科学追求的目标,是人与人之间的社会关系(含政治关系、经济关系、价值关系等)和人的社会需要的高度一致,即社会和谐。"善"是行为价值本质,是客体符合主体目的。"美"是人文科学追求的目标,是客体存在和属性满足主体身心的一种特殊需求,它是客体某些方面达到了与主体的高度统一与和谐。"美"为艺术价值,是人的本质力量在客观对象中合乎人性的实现。"真"、"善"、"美"之间有本质上的同一性和整体性,"善"以"真"为前提和基础,"美"以"真"、"善"为前提和基础,"美"本身是一种高水平的"真",至善的必然是美的。"真"、"善"、"美"是理想的境界的完美标志。对于评价问题的研究,必须从自然、社会、人文综合集成角度探究,以"真"、"善"、"美"理想标志为追求目标。

(4) 哲学不仅仅是科学,更重要的是人文

科学是认识世界的学问,要求真求实,强调客观性、真理性;而人文是探讨理想人性的学问,要求善求美,强调终极关怀、精神追求、人的价值。科学与人文的隔阂与对立由来已久,当代又出现了两者相互融合的趋势。科学精神追求实证性、客观性、真理性、功利性、合理性;人文精神强调以崇高的价值理想为核心,以人本身的发展为终极目的。科学精神是人文精神的基础,即人文精神应以科学事实为基础;人文精神是科学精神的灵魂,即科学精神应该以人文精神为价值规范。没有人文精神,科学就会出现"异化"现象,甚至给人类社会带来灾难。如原子弹、计算机、克隆等科技成果没有人文精神的规范,就会导致犯罪甚至灾难。评价是人们对价值关系的现实结果的认识,在评价过程中,不但要追求科学价值、社会价值,更要追求人文价值,这是科学发展观的价值体现。项目评价同样应该追求人文价值。

(5) 现代项目评价方法论要不断适应范式的演变

世纪之交的人类社会呈现出既高度分化(多极化、多元化、多样性)又高度整合(信息化、一体化、全球化)的格局。在新格局形成过程中孕育着思维范式(理论、观点、方法)的演变。从方法的理论探究角度说,是形而上学(片面、静止、孤立)向辩证法(全面、发展、联系)转换;从方法特点来说,是分析范式(要素相加为整体,要素间为简单的线性关系,事物要素运动过程可逆,价值观为要素好整体一定好)向系统范式(整体大于部分之和,要素间复杂非线性关系,系统运动过程不可逆,价值观系统整体功能最优为目标)演变。从中西思维范式探讨,由西方的分析模式(一分为二,"头痛医头,脚痛医脚","只见树木,不见森林")向东方的综合模式(合二为一,"头痛医脚,脚痛医头","既见树木,又见森林")转变。[1] 现代项目评价方法论要适应这种思维范式的演变。

---

[1] 季羡林. 21 世纪文化瞻望——天人合一新解. 21 世纪中国战略大策划——大国方略. 红旗出版社,1996. 第169 页

（6）中国物理—事理—人理方法论贯穿于整个项目评价过程

中国传统文化或中国古代哲学的特点是从整体出发，辩证地分析问题和处理问题。如今，以人为本，树立和落实全面协调和可持续发展的科学发展观风靡全国。以东方哲学观点为指导，面对构建社会主义和谐社会的时代目标，中国物理—事理—人理方法论作为一种系统方法论值得深入研究和践行。从宏观角度说，项目系统的实践行为是物质世界、社会组织和人这三者的动态组合。大多数项目的决策、实施、检验都覆盖这三个方面，以及它们之间的动态联系和相互制约。物理—事理—人理方法论指导评价工作的历程是：物理阶段是基于评价对象的基本属性和特征建立评价指标体系确定评价值；事理阶段是确定指标权重（协调要素之间的关系），选择评价方法；人理阶段是权衡、协调决策者、项目主管、项目评价者等各方利益关系，给出项目评价结论。物理—事理—人理方法论的特点是人理分析贯彻整个项目评价过程。

3.1.2 项目评价方法论的哲学基础分析

方法论是认识世界和改造世界的最根本的方法，有什么样的世界观决定着有什么样的方法论。认识论、价值论、评价论是项目评价方法论的哲学理论基础。下面主要对哲学与三论（认识论、价值论、评价论）的关系进行分析。

1. 哲学与价值论的关系分析

价值论是研究一般价值存在、本质、规律、认识，以及方法论的理论。哲学与价值论的关系可以概括为：其一，价值论是哲学原理的重要组成部分，价值论是与本体论、发展论、认识论、历史观相对应的，是元哲学或哲学原理的重要组成部分；[①] 其二，价值论是研究一般价值的哲学学科，显然，也是从哲学角度研究价值理论的依据；其三，哲学基本原理指导价值论，价值论是哲学基本原理在价值领域的运用和体现；其四，价值论是世界观的重要组成部分，哲学是关于世界观的学问，世界观包含价值论。

2. 哲学与认识论的关系分析

认识论是关于人类认识对象和来源、认识的本质、认识的能力、认识的结构、认识的过程，以及认识的检验的哲学理论。哲学与认识论的关系可以概括为：其一，认识论是哲学体系的重要组成部分，因为哲学发展的规律是从本体论到认识论、实践论、历史观，再到价值观的过程；[②] 其二，认识论是哲学方法论的重要组成部分，因为哲学方法论是认识世界、改造世界的最根本方法；其三，认识过程符合哲学辩

---

① 王玉樑. 当代中国价值哲学. 人民出版社，2004. 第2页
② 王玉樑. 当代中国价值哲学. 人民出版社，2004. 第1~2页

证法，认识是基于实践对客观现实世界的能动反映过程，是从无到有，从实践到理论，从感性直观到抽象理性的辨证过程；其四，认识与实践的统一是马克思主义哲学的精髓。认识来源于实践，由感性认识上升到理性认识；实践是检验认识的标准。

3. 哲学与评价论的关系分析

评价作为人类把握价值的活动，与价值问题和认识问题一样是随着人类诞生就存在的一个哲学命题。评价是以一定的价值关系的主体对客体价值运动所形成的事实的反映。评价论是关于测度价值的理论体系，项目评价方法论是以系统的观点，将众多项目评价方法以特定的方式进行逻辑安排，便于选择具体的评价方法。哲学与评价论的关系可以概括为：其一，评价是以一种把握世界意义或价值为目的的认识活动，现代哲学把认识论的研究中心由认知转向评价，评价论是哲学的重要组成部分；其二，随着人类实践和科学技术的发展，开展评价论的研究是发展哲学的需要，深入研究评价论对于哲学自身建设和突出方法论的功能有着重要的意义；其三，评价是人们参照一定标准对客体价值或优先顺序进行评判比较的认知和决策过程，评价与认知和决策都属于认识活动，当然也属于哲学范畴。

3.1.3 项目评价方法论的理论体系结构

结构是自然界存在的普遍特征，是科学研究的基本对象，结构是在一定的条件下由各个构分之间相互作用所维持的相对稳定的分立与联结形式；[①] 或者说，结构是事物自身各种成分之间的相互关系、相互作用，以及这种关系的空间表现。[②] 认识事物的本质，首先弄清其事物的内、外部结构。按照哲学与价值论、认识论和评价论的关系分析，本书把哲学与三论和项目评价方法论的关系，用图示表达，形成项目评价方法论的理论体系结构模型。如图 3-1 所示。

图 3-1 表明，项目评价方法论的理论体系结构模型是由哲学（世界观、方法论）、世界观（自然、社会、人文）、方法论（联系、发展、统一）、评价论（标准、判断、推理）、认识论（认知、评价、决策）、价值论（前提、过程、结果），以及项目评价方法论（时间、逻辑、知识）的基本结构单元构成的四层次的项目评价方法论体系结构。图中的单向箭线表示主导或决定关系，双向箭线表示相互作用的关联关系，上层基本结构单元是相应下层基本单元的理论基石，下层基本结构单元是相应上层基本单元的分解结构或应用分支。

---

① 李梦醒，吴兴. 自然辩证法. 民族出版社，1996. 第 56 页
② 韩民青. 现代思维方法学. 山东人民出版社，1989. 第 206 页

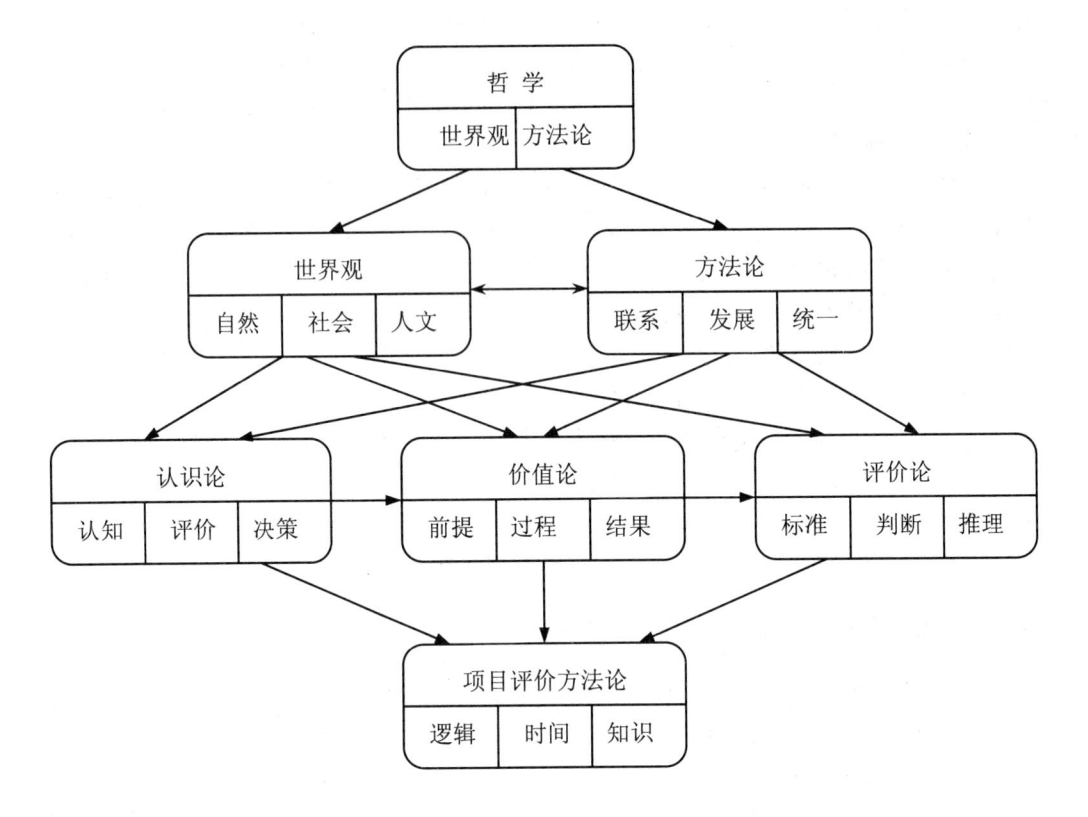

图 3-1 项目评价方法论理论体系结构模型

第二节 基于价值论的项目评价方法论

3.2.1 基于价值论的项目评价

评价是价值的反映和测度，价值标准决定评价标准。评价论从属于价值论，价值与评价的关系是价值论的基本问题，[①] 因此，从价值论角度研究项目评价是非常必要的。

1. 价值的本质剖析

什么是价值？价值是一个既古老又现代的概念。价值的界定实质是揭示价值的本质，对于价值的界定古今论述颇多，经分析概括，可以归纳如下：

---

① 李德顺. 价值论. 中国人民大学出版社，1987. 第 5 页

价值是凝结在商品中的一般的无差别的劳动（用劳动界定价值；商品价值）；价值是关于主客体关系的一个哲学范畴，其含义是客体满足主体需要状况（用需要界定价值）；价值是客体对主体的效应、作用和影响（用"效应"界定价值、如《价值工程》的价值是客体所具有的功能与全部耗费之比）；价值是客体对主体的有用性（用"有用性"界定价值，使用价值）；价值是客体对主体具有积极或消极意义（用"意义"界定价值）；价值的普遍本质在于客体对主体来说的合目的性（用"目的性"界定价值）；价值是对于增强人的本质力量和提高人的主体性、人的自由的作用和意义（用"人"界定价值）；价值是对客体相互关系的一种主体性描述，它代表着客体主体化过程的性质和程度（用"主体性"界定价值）；价值反映价值关系实质的哲学概念（用"价值关系"界定价值）；人格是价值的基础（用"人格"界定价值）；使人感兴趣的东西就有价值（用"兴趣"界定价值）；价值仅仅是人们主观感情的表达（用"感情"界定价值）；价值是人们所珍重的东西（用"珍重"界定价值）；价值是主体与客体之间的关系（用"主客体关系"界定价值）；系统的目的是系统内在价值（用"系统目的"界定价值）；熵减少，负熵即价值（用"负熵"界定价值）。

由以上所列出的对价值的种种描述，可以概括为以下几点：

其一，用"需要"界定价值。如："'价值'这个概念所肯定的内容，是指客体的存在、作用及它们的变化对于一定主体需要及其发展的某种适合、接近或一致。"[①]

其二，用"意义"界定价值。如："价值是客体对主体的意义"或"价值是客体对主体所具有的积极或消极意义。"[②] "价值是指外界客体对主体存在和发展所具有的一种积极的作用和意义。"[③]

其三，以"属性"界定价值。如："价值就是指客体能够满足主体需要的那些功能和属性"；[④] 价值是"客观事物满足人的需要的一种属性。"[⑤]

其四，用"关系"界定价值。如："所谓价值，就是客体与主体需要之间的一种特定（肯定与否定）关系"。[⑥]

其五，用"效应"或"功能"界定价值。如："价值是客体对主体的一种功效或效应"。价值"是主客体价值关系的一种结果，一种现实效应，价值是价值关系的一种特定效应，是客体对主体的功效"。

综上所述，价值是一个多层次（价值哲学、价值科学、价值学或一般价值、特

---

① 李德顺. 价值论. 中国人民大学出版社，1987. 第 13 页
② 左贵仁. 价值与认识. 北京师范大学学报，1985（3）
③ 王永昌. 价值哲学论纲. 人文杂志，1986（5）
④ 李剑锋. 价值：客体主体化后的功能或属性. 价值和价值观. 陕西师范大学出版社，1988. 第 163 页
⑤ 司马云杰. 文化价值论. 山东人民出版社，1990. 第 1 页
⑥ 李连科. 哲学价值论. 中国人民大学出版社，1991. 第 62 页

殊价值、个别价值)、多元化(物质价值、精神价值、人的价值或"真、善、美"价值)、多视角(古今中外、主客体尺度)、多思维(复杂性、相关性、主体性)的概念。

立足于主客体关系辩证法,概而言之,本书认为,价值是关于主客体相互关系、反映主客体价值关系的一个哲学概念;价值关系是产生价值的基础,是主客体双向相互作用的功能或效应关系;价值关系不等于价值,价值是主客体相互关系中,客体对主体的功能和效应,即客体按照主体的尺度,满足主体需求,对客体的发展具有肯定的推进作用,这种作用就是价值。

2. 价值与事实

事实是大家熟悉且经常使用的概念,它是指客观存在的事物及其发展规律。事实是一种不以人的意志为转移的客观存在,它可以不和人发生任何关系,而只是依照自身存在和发展的规律运动变化。价值却不能离开主体独立存在,任何客体之所以有价值,都是因为它可以以自己独特的方式满足主体的某种需要;如果一个客体对于主体没有任何用处,也就没有存在的必要;如果一个客体满足主体需要的某种属性被另一种客体的属性所代替,也就失去其存在的必要。所以,价值以主体的需要而产生,也以主体需要的变化而变化,具有很强的主体性。

因此,对于主体的存在和发展来说,价值追求与科学认识是两个重要的、不能相互取代的基本方面。如果说,人们依赖于科学活动来认识和把握世界的话,那么,人们则依赖于价值活动进行价值评价和价值选择来构建自己的生存方式。科学活动和价值活动统一于人们认识世界和改造世界的实践活动之中。对客观事物及其发展规律的认识和探索,称之为"科学",科学回答的是客观事物"是什么"的问题。科学发展史表现为人们对客观事物及其发展规律的认识不断深化和积累的过程。

3. 价值与评价的关系

马俊峰的《评价活动论》一书,从价值论的研究角度出发,认为评价是价值论的一个重要组成部分;李德顺的《价值论》指出,评价不是别的,正是一种关于价值的反映;[①] 评价论从属于价值论,价值与评价的关系是价值论中基本问题。

综合一些专家学者的观点,本书认为,评价是价值的反映;评价标准反映价值标准,价值标准决定评价标准;评价是价值的测度;评价就在于指出客体的价值属性;评价的对象是主客体之间的价值关系;评价是把握主体的需要与价值客体的属性关系;评价是一种综合集成的、系统整体的价值意识活动;价值或价值关系决定评价,价值是评价的结果;离开评价,价值就不能呈现。

从思维与存在关系上说,价值、价值关系是客观存在的,评价是主观的;价值

---

① 李德顺. 价值论. 中国人民大学出版社, 1987. 第 251 页

或价值关系是第一性的,评价是第二性的。但评价对现实创造价值的活动起着重要的或是决定性的作用。一个正确的、科学的、民主的评价和决策可能导致社会财富价值和人文伦理价值的巨大增加。而一个"拍脑袋"的错误评价决策则可导致社会财富的巨大浪费、损失、甚至灾难,从而带来巨大的负价值。

4. 评价与认知的关系

评价与认知作为人类把握世界的两种基本形式,都是对客体的反映,且各自具有独特的特点和功能。但评价与认知不同,评价是对价值的反映,而认知是对事实的反映;评价是对与主体相关的某种事物价值的把握,而认知是与主体不相关的一种认识客体事实的把握;评价是主体以一定尺度或标准测度客体的观念活动,表现一种规范意识的特征(如道德价值),而认知是主体对客体事实的认识;价值的认识是关于"应如何"的认识,而认知是关于"是如何"的认识;评价是直接指向实践,指向价值判断与选择,而认知则是以弄清对象的本来面目为目的;评价追求的最高目标是"真"、"善",而认知追求的最高目标是"真";评价的基本功能是认识世界和改造世界,而认知的基本功能是认识世界;评价活动具有较强的感情色彩(如审美价值的评论),而认知更多的是直觉。

5. 价值论的内涵与外延

《辞海》(1999年版)定义"价值论是论证商品价值的源泉和价值量的决定,以说明商品生产和交换的规律和理论"。显然,这是从商品角度研究价值,商品,一方面具有价值(哲学意义的商品价值),另一方面具有使用价值,即物为人所用,一种广义的功利价值。价值论是研究一般价值的哲学学科或理论(王玉梁,2004)。显然这是从哲学角度研究价值理论。一般价值是相对于特殊价值、个别价值而言的。一般价值存在于特殊价值、个别价值之中,特殊价值、个别价值的共同本质是一般价值。各领域都有特殊价值,如经济价值、政治价值、科学价值、教育价值、文化价值、伦理价值、审美价值、商品价值、生态价值、人文价值、艺术价值等。价值问题的根本观点就是价值观,显然这是从世界观的角度研究价值理论。世界观是对整个世界总的根本的观点,是对自然界、人类社会和人类自身的根本观点。世界观是一个体系,世界观决定价值观,价值观从属于世界观,丰富和补充世界观。

综上所述,本书认为价值论是研究一般价值存在、源泉、本质、特性、规律、认识,以及方法论的理论。

3.2.2 价值形成的动态逻辑模型及其分析

1. 价值形成的动态逻辑模型

价值关系与价值的形成是一个动态过程,作为价值客体的一方,有自己发展运动规律的客体属性,作为价值主体的一方对特定的价值客体有一定的主观需求;当价值客体的客观属性与价值主体的某种需求相对应,且客体属性恰好能满足主体需求的时候,两者就形成了价值关系。当价值关系形成后,客体属性就不再是纯粹的客体属性了,它变成了能够满足主体需求的性能,变成了价值属性了;而主体的需求也不再是纯粹的主观需求了,它变成以客体性能为对象,并通过客体性能表现出来的价值需求了;同时,这种价值关系是在特定的时间、空间、环境和主体的认识水平下形成的,因为时间、空间、环境和认识水平都处于不断的变化过程中,所以价值关系同样处于不断变化的动态过程中。如图 3-2 中所示的前提、过程和结果的价值形成动态过程逻辑模型。

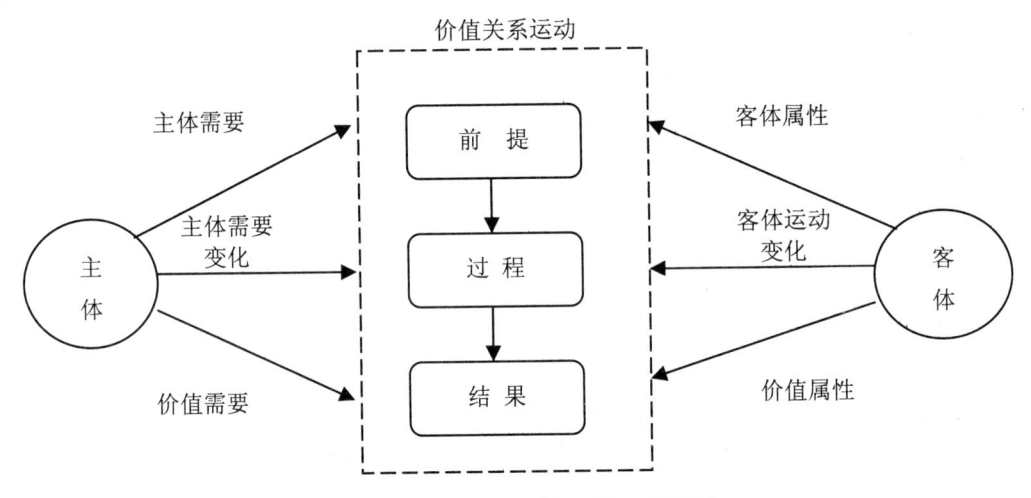

图 3-2　价值关系形成的动态逻辑模型

2. 动态逻辑模型形成的分析

作者在对大量的价值论文献进行阅读的基础上,经过认真地分析、推演、归纳,给出图 3-2 所示的价值关系形成的动态逻辑模型,它主要说明三点:价值关系形成的前提源于主体需要和客体具有满足主体需要的属性;价值形成的过程是主体需求变化和客体运动变化的不断生成逼近过程;最后,价值形成的结果是客体价值属性满足主体价值需要的实现。

(1) 主体需要是价值得以生成的前提

需要从来都是主体的需要。离开了人这个主体,需要就无法想象,更不可能存在。反过来,需要只能是主体的需要,主体必定是有需要的主体,主体正是通过需要的满足来追求自己本质力量的实现。主体正是为了满足自己的需要才去进行各种各样的实践活动和认识活动,开展各种各样的项目,而这个活动本身也是价值创造活动。可以说,没有主体的需要,就没有一系列的价值活动,主体的需要是价值得以生成的前提。因此，要研究价值本质，首先就要探讨主体性的价值和客观性的事实之间的关系，进而探讨价值形成过程。

"需要"是人们在日常生活中使用频率极高的一个词。《辞海》把"需要"界定为"有机体对一定客观事物需求的表现"。黄楠森等主编的《人学词典》认为，"作为一般范畴，'需要'是有机体、人和整个社会的一种特殊状态，即摄取状态"。马斯洛认为，"通常，被看作动机理论的出发点的需要就是所谓生理的驱力。有两项新的研究成果使得我们有必要修正惯用的需要概念。首先是关于体内平衡概念的发展，其次是食欲(人们对食物的优先选择)是体内实践需要或缺失的一种表现"。[①] 这里提出一个很重要的概念，即需要是一种缺失。正因为需要是一种缺失，人们为了弥补这种缺失而产生的追求冲动，便成为人们行动的内在驱动力，也就是动机。马斯洛在晚年的著作中又提出，存在着缺失性需要和超越性需要，相应地形成缺失性动机和超越性动机。但是，他对缺失性需要和超越性需要的划分及其对超越性需要的理解，都很容易使之脱离现实的客观基础而成为主观自生的东西。

概括地讲，人的需要有以下特点：

其一，人的需要即人的本性。人的需要源自于对自身生命的生存和发展所需条件的期待，丰富和发展于对自身生命的生存和发展所需条件的追求。这就是说，需要开始于生物体，随着生物的进化和人类的诞生，生物的需要就发展为人的需要。人类在同外界进行物质、能量和信息交换的过程中，不断产生新的需要，并不断创造新的方式来满足自己的需要，从而丰富和发展人类自己。

其二，人的需要具有社会性。人的需要与其他动物的需要相比，具有本质的区别。这种区别表现为：动物的需要是本能的，满足需要的手段是消极被动的；而人的需要是自觉的，满足需要的手段是积极主动的、变化创新的。动物的需要是由其物种所决定的，因而是贫乏的、恒一的；而人的需要是由其文化、社会等多种因素决定的，因而是丰富多彩的。人的需要的产生、发展和得到满足都离不开一定的社会关系和社会条件。

其三，人的需要是人对自身缺失状态的一种观念性把握。当一个事物被认为是有价值的，能够满足人的某种需要的时候，它就成了人们认识活动和实践活动的目的所指向的客体。在全部认识活动和实践活动过程中，目的性是支配调节其活动的内在机制。正因为人的活动都具有预期的目的性，这就决定着人的需要具有了社会性；需要的产生不单纯是出自个体生存的本能，而具有了将眼前和长远、个体与群体、生存与发展统一起来的自觉性；需要在结构上不再是平面的，而是多层次的立体网络；需要也不再是封闭的，随着社会生产力的发展，人的各种能力的提高，人

[①] 马斯洛等著. 人的潜能和价值. 华夏出版社，1987. 第162页

的需要会越来越多，满足需要的手段也会越来越丰富，人的需要具有开放性。人类社会的发展就表现为人的需要的不断产生与不断满足的过程，也就是人类不断从事价值活动的过程。

其四，实践与需要的双向互动推动着人类社会的发展。一方面，实践决定了人的需要的发展程度。人的需要的产生、需要的对象、需要的满足的方式和程度，都是由实践活动发展的程度决定的。正是因为人们具有了某种新的需要，才推动人们去进行某种相应项目的科学研究、生产开发，以生产出新产品来满足人们的需要。在现实的经济活动中，新的需要、新的要求的不断产生是推动生产发展的不竭动力。从价值活动的角度来看，正是需要与实践的相互作用推动了人类社会的发展和变革。

总之，通过上面的分析可以概括为：所谓人的需要是人们基于社会发展和人的发展状况而产生的对人的存在和发展条件的缺失或期待状态的观念性把握。正是因为需要是主体对自身缺失状态的一种观念性把握，它便深刻地反映了主体的特点，带有浓厚的主体性色彩。

（2）客体属性是价值得以生成的条件

价值客体作为价值主体进行价值活动的对象，客体的属性、存在状况、发展规律对价值活动提供了客观内容。没有价值客体，就无所谓价值主体，也就不可能进行价值活动；特定的价值客体，决定其只能进行特定的价值活动。同时，价值客体具有客观性，人们只能顺应客体的属性、存在状况、发展规律来进行价值活动，而不能违背客体的属性、存在状况、发展规律来进行价值活动。人们只能基于客体的属性、存在状况、发展规律来形成自己的价值追求，并探索实现价值追求的手段，而不能超越于客体的属性、存在状况和发展规律来形成自己的价值追求。否则，这种价值追求只能是一种不可能实现的价值幻想。因此，在价值活动中，价值主体的能动性的发挥也不是任意的，不是不受限制的，不是无限的和绝对的。

（3）价值关系的形成是一个动态过程

主体和客体的关系是一切社会活动的基本因素，而主体和客体相互作用的过程又具体地表现为实践关系、认识关系和价值关系。其中，实践关系是主客体之间改造与被改造的关系，这是主客体关系最基本的方面。在主客体的实践关系中，同时发生着认识与被认识的关系；在主客体的实践关系和认识关系中又渗透着价值关系。价值关系的实质也是客体对于主体的效用关系。主客体之间这三种关系决定着主体至少可以具有三种身份：在实践关系中是实践主体，在认识关系中是认识主体，在价值关系中是价值主体。从理论的抽象上来讲，这三种身份可以是重合的，也可以是独立的。但是在现实的社会活动中，三种身份是很难完全区分开的。

国内外学者们都肯定了价值主体和价值客体是价值得以形成的要素，但是对主客体内涵的界定有所差别，对于主体和客体如何构成价值的问题，有着各种各样的观点。主观论者试图把价值归结为人的情感、兴趣、欲望等，李德顺在《价值论》中提出，价值心理的这些特点，不同程度地表现在欲望、兴趣、情感和意志等形式中[①]。认为价值是主体某种主观的或心理的东西。客观论者试图把价值说成是客体固有的某种成分或属性，否认了价值主体在价值形成过程中的重要作用。尽管学者们各自的解释差异很大，但其基本思路是一致的，即都把价值当作某种单纯的、独立存在的"质"，而没有认识到在价值生成过程中主体与客体复杂的相互作用关系。"关系说"是价值研究中的一个重大进步，它正确解释了单纯的主体或单纯的客体无所谓价值，价值是在二者的互动关系中产生和存在的，从而解决了价值哲学中的一个古老的难题，如价值的相对性、主客观统一等问题。但是，也有学者对这种研究的大方向进行肯定的同时也提出了某些批评。认为"'关系说'中仍然存有本体论思维的痕迹，而本体论思维的弊端是先验地确立价值的自在质，把复杂的动态关系简单化，把开放的主客体互动过程凝固化。这是目前关于价值本质的探讨停滞不前的一个原因"。[②]

（4）客体满足主体需要是价值关系得以生成的实质

要研究价值本质问题，必须首先弄清楚价值的生成、存在和发展的特点。

其一，从价值的生成来看，价值的生成需要具备几个条件：一是主体具有某种需要，这种需要是真实的、具体的；二是客体具备了满足主体需要的属性，这种属性是客观的、自在的；三是具有把主体和客体联系在一起的媒介，使客体能够满足主体的需要，从而使价值关系得以生成。假如没有具有真实的、具体的需要的主体，或没有具有能够满足主体需要的属性的客体，价值关系就无从谈起；假如没有把主体和客体联系在一起的媒介，主体和客体不能发生关系，价值也不可能生成。所以，价值是客观存在的。但是，价值不是作为一种既定的质存在于主客体之间，或者存在于主客体之外，而仅仅是生成于客体的属性和主体的需要发生满足与被满足的效用关系的那一刻。

其二，从价值存在的状态来看，当客体的属性和主体的需要发生满足与被满足的效用关系的那一刻，价值就生成了。价值一经生成就具有了客观性、真实性和具体性，但这决不是说这种价值便成为某种质而独立、永恒地存在着。相反，由于主体的需要每时每刻都在发生变化，一种需要被满足，另一种需要马上就会产生，甚至几种需要同时产生，同时要求得到满足；而客体的属性也是多层面、多方面的，从不同的角度可以满足人们的不同需要。当客体某个方面的属性满足了人的某种需要，价值随之得以生成；而人的某种需要一旦得到满足，能够满足人的需要的客体

[①] 李德顺. 价值论. 中国人民大学出版社，1987. 第216页
[②] 孙美堂. 价值之"是"：价值本质研究的一个方向. 哲学动态，2002（3）：65

随之就失去了存在的意义，价值也就不存在了。这就使客体的属性和主体的需要之间满足与被满足的效用关系，呈现出一种复杂的不断生成、不断消解的动态过程。如果这个过程是合规律性与合目的性的统一，那么就是人的需要不断得到满足、价值不断生成的过程；如果这个过程违背了合规律性与合目的性的统一，那么人的需要不能得到满足，也就无所谓价值的生成和存在。因此，价值的存在不能离开主体与客体相互作用的过程，不能作为一种具有稳态的质而独立永恒地存在着，而是随着主体需要与客体属性之间的效用关系的展开、丰富、深化而日益展开、丰富、深化，并在这个过程中获得自己的规定性。

其三，从价值变化的内在机制来看。价值具有很强的主体性特点。价值表现为主体需要与客体属性之间的效用关系。但是，在现实的价值活动中，主体绝不是消极地等待或被动地得到满足。一方面，主体会积极地认识自己的需要、把握自己的需要、创造自己的需要、实现自己的需要；主体的需要不断展开、丰富和发展的进程就表现为人的自由而全面发展的进程。另一方面，主体又会根据自己的需要，积极地去发现客体、捕捉客体，甚至改造客体和创造客体以满足自己需要，使客观世界呈现出日益丰富多彩且日益合目的性的发展过程。这两个方面的统一，实质上就是人们在价值实践中不断探索价值、发现价值和创造价值的过程。因此，在价值发展变化的过程中，主体是决定性的因素。主体对需要的追求或主体需要的满足，决定着价值的生成或消解；主体需要的日益展开和丰富，决定着价值的日益展开和丰富；主体对需要以及满足需要的方式的评价和选择，决定着价值发展的方向。

第三节　基于认识论的项目评价方法论

评价本质是一种认识，评价是价值在意识中的反映，评价是认识的基础。认识活动包括认知、评价和决策，因此，从认识论角度研究项目评价，把认识论作为评价的理论基础是值得分析研究的。

3.3.1　基于认识论的项目评价

1. 认识与认知

《辞海》（1999年版）释义认识是"人脑在实践基础上对外部现实的能动反映，包括感性认识和理性认识"。其含义是：实践是认识的基础和源泉；外部现实是认识的对象；能动反映是认识的内涵，是区别于认知的核心特征。

《辞海》（1999年版）定义认知是指人类认识客观事物，获得知识的活动。其含义是：基于心理学角度获取知识为目的，未提实践基础和能动反映。人的认知有基本结构和运作模式。① 由具有认知功能（感性功能和心智功能；视觉、听觉、嗅觉、味觉、触觉为感性功能，理智、意志为心智功能）的认知主体在对认知客体对象的认知活动过程中会经历经验（五官接触外物而孕育感觉）、理解（理解被认知对象的本质）、判断（判断所理解的客体是否符合事实）、抉择（作出取舍衡量，引申抉择或践行）。

2. 认识论的内涵与外延

认识论是关于人类认识的对象和来源、认识的本质、认识的能力、认识的结构、认识的过程和规律以及认识的检验的哲学理论。是哲学体系的重要组成部分。经研究与归纳，认识论的内涵与外延分析可以概括如下：

（1）人类认识活动的基本结构是：人们认识活动作为一种特殊的物质运动形式，主体与客体是它的物质承担者，思维与存在、精神与物质是它的基本矛盾，价值是认识活动的动力源泉、内容和产物。

（2）人类主体的认识对象是外部现实世界，即客体（自然、人类社会、人文，即人、事、物），认识的基本问题是主体与客体的关系问题。认识的主体不仅有科学家、工程师、决策者、评价者和人类社会，而且还有人工智能机器、人工认识主体和"人—机系统"这种复合认识主体。认识的客体不仅有自然客体、人类社会、人文客体，还有人工客体，以及人和精神的东西在内的多层次的复杂客体。

（3）认识来源于实践。在实践基础上产生感性认识，即人在实践活动中通过感官所获得的对客观事物表面现象和外部联系的认识。即数据材料与基本事实是整个认识过程的低级阶段，是形成理性认识的基础，通过对数据材料进行加工上升到理性认识，从而获得反映客观事实的本质和发展规律。

（4）认识的目的是社会实践（改造世界，改造主体自己）。主体必须在依赖外部世界的前提下，通过实践去支配和占有外部世界，也就是主体必须改造客体化自在之物为自我之物，在改造世界的同时改造自己的主观世界，培养理想人格，使主体得以进行体现真善美的实践活动。

（5）认识的本质是人类获得自由，正如恩格斯所说，自由不在于幻想中摆脱自然规律而独立，而在于认识这些规律，从而能够有计划地使自然规律为一定目的服务。人类通过认识活动，在认识世界的基础上形成实践的目的和方法，并使实践活动改变自然界的存在方式，以满足人类生存和发展的需要，从而获得自由。

（6）认识的能力体现在认识世界和改造世界两个方面。科学技术和生产力的发展，尤其是电脑网络的发展极大增强了人类的认识能力。但是人类的认识活动越来越呈现出依赖于机器的趋势，离开了机器，人类几乎就不能认识，这是现代科学技

---

① 沈清松. 哲学概论. 贵州人民出版社，2004. 第47页

术，特别是高科技的发展对认识论提出的一个挑战。

（7）主客体相互作用（实践与认识的反复运动）形成认识的基本过程结构。现代主体的认识分别通过认知活动、评价活动和决策活动，实现以真善美为目标的认识活动的追求，认知结构、评价结构和决策结构相互作用形成总认识结构。

（8）基于实践对客观现实世界的能动反映是认识的过程，即认知、评价和决策过程，在认知活动中，主体揭示认识对象的本质和发展规律，从而达到"真"的把握；在评价活动中，主体以自身的价值需求测度客体价值属性满足主体需求的程度，实现"真"、"善"的把握；在决策活动中，感受主客体之间的和谐度，实现"真"、"善"、"美"的把握。

（9）认识的规律可以概括为：从无知到有知的辩证过程，从实践到认识的反复过程，从相对真理到绝对真理的发展过程，从特殊到一般的演变过程，从生动的直观到抽象理论的飞跃过程。

（10）实践是检验真理的唯一标准。理论与实践的统一是马克思主义一条基本原则。坚持和贯彻这一原则，就是要坚持实践对于理论的权威，以实践作为理论基础。实事求是是马克思主义的精髓，也是毛泽东认识论思想的核心命题。尊重事实，以事实为出发点，从事实中求是，这是邓小平认识论思想中富有特色的基本内容。认识和实践必须讲究实效——价值。

（11）认识的主体性效应。在崇尚科技，追求物质财富的时代，会相应地出现科技万能，强烈追求物欲享受的倾向。人类通过认识和实践改变自在的存在形式，使之发生合乎人类目的的变化称之为人类主体性效应。主体性效应决定于主体能力（人格），而主体能力很大程度上与主体认识能力正相关。

（12）认识对人的关怀。中国历史性任务是脱贫。同时还要脱愚，贫而愚，落后会挨打；富而愚，会危险更大。在科技高度发展、物质财富快速增长的浪潮中要通过人格研究体现认识论对人的关怀。人格是贯穿于人的意识和行为中的"我"，即自我意识。人格的全面发展是真善美的辩证统一。马克思主义哲学强调认识对主体自身的改造和培养理想人格，在改造客观世界的同时，改造自己的主观世界。

3. 从认识论角度研究价值

李德顺在《真理与价值的统一是马克思主义的重要原则》一文中指出，真理和价值是人类在认识世界和改造世界的过程中形成的，反映主客体相互关系的认识论基本范畴。从认识论角度入手探讨价值问题应着重讨论价值范畴在认识论中的地位问题。认识与价值关系可以概括为："真"为认识的价值；价值问题是人的每一实践——认识活动的动力因素；价值问题是认识论通向一些具体科学的桥梁；价值是认识论中的理论范畴；价值评判实际上是价值在意识中的反映，是对价值的主观判断、情感体验和意志保证及其综合；真理和价值这两个范畴，体现人认识世界和改造世界的两个尺度——事物的客观尺度和人的内在尺度；价值认识是对价值的反映活动。①

20世纪80年代初，我国对价值问题的研究，是从事实认识与价值认识、事实真理与价值真理开始的，是从认识论的角度探讨价值与真理问题。价值与真理关系问题，实质上是主客体之间的整体关系及其内部基本矛盾问题，是人类实践—认识活动的两项基本内容之间的关系问题。

价值与真理的概念。真理是人们对客观事物及其规律的正确反映，是人的主观认识同客观实际相一致，表明主体对客体的认识关系。李德顺认为真理原则的内容是，人类必须按照世界的本来面目和规律认识世界和改造世界，包括认识和改造人类本身。价值是以主体的一定需要为准绳衡量客体的作用，表示事物对人的功利关系；价值原则的基本内容是改造世界使之适合于人类世界的进步发展，或按照人的尺度和需要去认识世界改造世界（包括人和社会本身）。

价值与真理的矛盾统一。真理与价值成为人类实践—认识活动中一对基本的矛盾。这一矛盾是主客体之间矛盾的集中体现，它根源于客体规律性和主体人的目的性、主观能动性。承认矛盾，辩证地分析矛盾，真理与价值各自作为矛盾的一方，是相互依存、相互规定的。各自体现的客观内容，都只是主客体全面关系、实践—认识活动整体过程的一个侧面。李德顺认为，真理与价值在实践过程中的互补、合作、和谐，即相辅相成，是他们统一的基本方式。

真理的价值问题与价值的真理问题，像所有构成矛盾的两方面之间的关系一样，价值和真理也相互包含、相互渗透，这是以双方在实践—认识活动中相互引导为基础的。要从总体上考察真理在人类实践—认识活动中的地位、作用及其特征。李德顺断言，真理对于人类有价值，不但必然有，而且必然有最高的正价值。凡是对人类有价值的，必有真理，价值的发展趋向于真理。

4．从认识论的角度研究评价

评价作为认识价值的观念性活动，它既属于价值论研究的范畴，又属于认识论的范畴。价值是反映价值关系实质的哲学概念。价值问题势必进入认识论的领域，据此从宏观角度说，价值论、认识论、评价论之间的关系是：

$$认识论 \supset 价值论 \supset 评价论$$

认识与评价关系可以概括为：评价是价值在意识中的反映；评价是评价者对一定事实与自己价值关系的认识；评价是一种把握世界意义或价值为目的的认识活动；评价是认识的基础，将认知包含于自身的、更高一级的认识活动；认识活动是认知、评价和决策活动的统一；评价活动是认识活动的重要组成部分；评价标准属于认识

---

① 李德顺．价值论．中国人民大学出版社，1987．第45~56页

论范畴；现代哲学把认识论的研究中心由认知转向评价；评价是一定价值关系主体对这一价值关系的现实结果或可能结果的反映；评价作为认识，是人的各种意识形式综合地反映客观世界的活动及结果；认识的本质是反映；认识活动包括认知、评价活动和决策活动。

评价活动的思维形式是评价的重要问题，评价活动的基本思维形式是标准、价值判断和评价推理，在这三种思维形式中主导因素应是反映和认识。

（1）评价标准属于认识论范畴，评价标准是人们在评价活动时衡量评价对象的评价尺度和界限。评价是一种主观的活动，是主体的主观需要和利益，实际上就是人们的客观价值标准。评价标准实质上是人们在自己的价值标准和外部客观现实之间谋求一种具体的、积极的、可操作的辩证统一所得出的结论。这种结论的获得是通过人们实践经验的积累，通过对外部客观世界和人类自身世界的不断认识而实现的。评价的标准是人认识的产物，实践是最高评价标准。

（2）价值判断的目的在于求真求善，辨真伪明是非。价值判断是标准的展开，是主客体之间价值关系的断定。评价标准是评价者作出价值判断的依据。获得的价值主体、价值客体、参照客体信息作为价值判断基础。价值判断是关于价值客体对价值主体有无价值、有何价值、价值大小的判断。作出判断的过程就是用一定评价标准衡量、测度价值客体的评价过程。从事实认识到价值认识的发展历程是：从陈述判断（真与伪）扩展到实践判断（成与败），进而进入价值判断（是与非）。

（3）评价推理是价值判断的展开。基于价值判断之间具有确定的逻辑关系。从而，可以从一定的价值判断逻辑地推出另一些价值判断，这是评价推理得以进行的基础。评价追求的最高目标是真、善。由演绎推理、归纳推理、类比推理得出的评价推理结论可以正确反映评价对象的主客体之间的价值关系。

3.3.2 基于认识论的逻辑模型及其分析

1. 基于认识论的认识过程分析

基于实践对客体现实世界的能动反映是认识的过程。经过深入研究，本书认为认识过程可以分为三个相互联系的阶段，即认知、评价和决策阶段。认知阶段的基本结构是由感性功能和心智功能构成，这一阶段的活动目标是"真"的把握；评价阶段的基本结构是由评价标准、评价判断和评价推理构成，这一阶段的活动目标是追求"真"、"善"；决策阶段由价值预测和价值决策构成基本结构，这一阶段的活动目标是把握"真"、"善"、"美"。认知结构、评价结构和决策结构的相互作用形成认识的总体结构。

2. 基于认识论的认识过程动态逻辑结构模型

由认识过程的认知结构、评价结构和决策结构，以及主客体组成的认识过程动态逻辑结构模型，如图 3-3 所示。

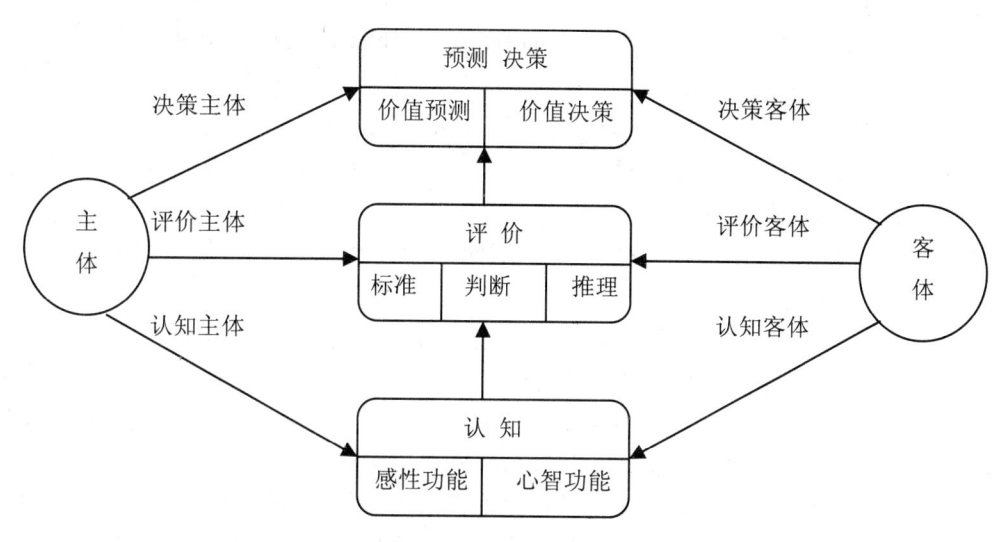

图 3-3　认识过程动态逻辑结构模型

图 3-3 表明，由认知、评价、预测决策三种基本结构单元与主客体构成认识过程总体结构，且三种基本结构单元的相互关系构成动态递进层次关系，即从认知到评价，再到预测决策的递进关系。认知单元结构由感性功能和心智功能组成；评价单元结构由标准、判断和推理组成；预测决策单元结构由价值预测和价值决策组成。主体与客体同样处于动态的变化过程之中，对应认识过程的主体变化是认知主体、评价主体和决策主体；对应认识过程的客体变化是认知客体、评价客体和决策客体。

第四节　基于评价论的项目评价方法论

评价的实质是以一定的价值关系的主体对主客体价值关系的运动所形成的价值事实的反映。项目评价方法论是关于项目价值（立项评价、实施评价、绩效评价）的方法积淀、探讨、反思、创新的哲学命题。从评价论角度构造评价活动过程逻辑结构模型是非常必要的。

3.4.1　基于评价论的项目评价

1. 项目评价系统要素分析

项目评价作为一个系统，其构成要素主要是主客体要素、项目评价情境要素以及评价环境要素。其一，项目主体要素，按照评价活动过程分析，项目主体在评价过程中可以分为意图需求主体、价值需求主体（价值主体）和价值事实主体；其二，项目客体要素，按照主客体价值关系，相应的项目客体分为功能属性客体、价值属性客体和价值事实客体；其三，项目情境要素，评价活动所处的赖以发生的具体情境和条件的综合为情境要素，主要有时间因素，即项目评价时机（评价活动的时间起点）、项目评价时限（项目活动持续历程）和项目评价时效（时间效益）；其次是空间因素，即评价项目规模与复杂性、主体与客体的空间距离（获取信息速度与可靠性）及主体与评价事件的内外关系（评价的客观性、公正性）；其四，评价项目环境要素，主要包括政治环境、经济环境、社会环境、人文环境、生态环境等。

2. 项目评价活动过程分析

考虑到后续章节对项目评价过程还要进行深入研究，这里对项目评价活动过程进行粗略地分析。项目评价活动过程可以分为三个阶段。其一，项目评价标准阶段。评价标准是主体在评价活动中应用于客体的价值尺度、客观意图和需要。这一阶段的功能是基于情境要求分析提出项目评价目的，确定评价标准。其二，项目评价判断阶段。评价概念的内涵实质是主体以价值需求衡量判断客体的价值属性，衡量判断要有参照系统，要获取信息，要构建项目评价指标体系。其三，项目评价推理阶段。项目主客体之间辩证关系，实质是二者之间的价值关系及其运动的结果——价值事实。李德顺在《价值论》一书中指出，价值事实是主客体之间价值关系运动所形成的一种客观的、不依赖于评价者主观意识的存在状态。它既是客体对主体的价值现实，又是客体的事实，所以叫"价值事实"。[①] 价值事实要借助项目评价方法、模型运作得出的价值事实测度结论，从而为决策者提供决策依据。

3.4.2 评价活动过程逻辑结构模型构建及其分析

由评价主客体、评价环境和评价活动过程构成评价活动过程逻辑结构模型。如图3-4所示。

图3-4表明，由评价标准、评价判断、评价推理三种基本结构单元与评价主体和评价客体构成评价活动过程总体结构，且三种基本结构单元的相互关系构成动态递进层次关系。评价标准单元结构由情境要素、评价目的和评价标准组成；评价判断单元结构由参照系统、获取信息和评价指标组成；评价推理单元结构由评价方法模型、价值测度结论组成。评价主体与评价客体同样处于动态的变化过程之中，对应评价活动的主体变化是意图需求、价值需求和价值事实；对应评价活动的客体变化是功能属性、价值属性和价值事实。评价主体与评价客体按照评价活动过程层次形成意图需求与功能属性、价值需求与价值属性、主体价值事实与客体价值事实的

---

① 李德顺. 价值论. 中国人民大学出版社，1988. 第262页

对等关系。同时，项目评价活动动态过程处于评价环境影响中。

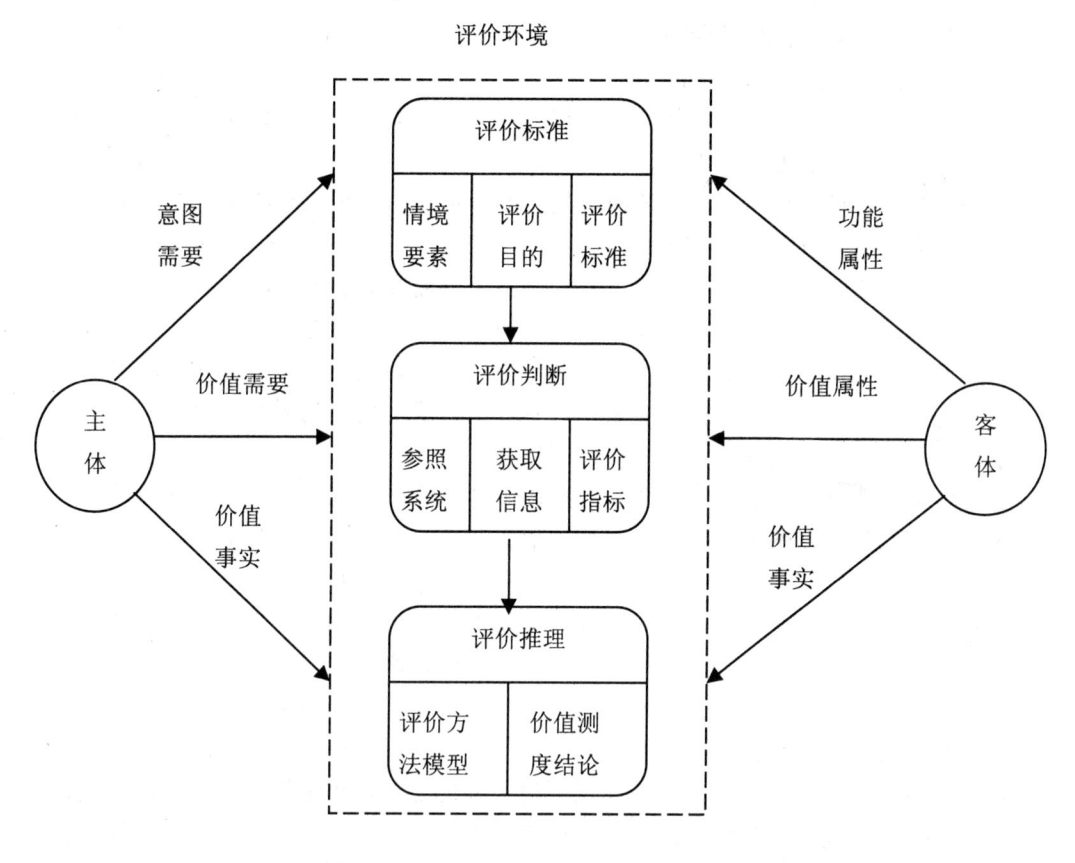

图 3-4 评价活动过程逻辑结构模型

第五节 基于三论集成的项目评价方法论

认识论、价值论、评价论是哲学理论的重要组成部分，也是项目评价方法论的理论基础。上述三节，基于认识论、价值论、评价论的项目评价研究，三者之间密切相关，可以综合为基于三论集成的项目评价结构逻辑模型。

3.5.1 三论与项目评价的关系分析

评价作为认识价值的观念性活动，它既属于价值论研究的范畴，又属于认识论研究的范畴。从价值论研究角度出发,评价是价值论的一个组成部分,评价论从属于价值论;从认识论研究角度分析,价值也是认识论的一个组成部分,价值论从属于认识论,三者是相互融合的集合体。

1. 价值与评价的关联分析

价值,就其深层而言,是指客体与主体需要的关系,即客体满足主体需要的关系。当客体满足了主体的需要时,客体对主体而言是有价值的;当客体部分地满足了主体的需要时,客体对于主体而言具有部分价值;当客体不能满足主体需要时,客体对主体是无价值的;而当客体损害了主体的利益时,客体对于主体具有负价值;当客体尚未满足主体的需要,但却具有满足主体需要的可能时,客体对主体具有潜在的价值;当客体尚未损害主体的利益,但有可能损害主体时,它对主体具有潜在的危险,即潜在的负价值。价值是客体对主体的利益效应,而评价就是对客体价值的评定或判定。价值是评价的对象和内容,离开了价值,就无所谓评价。价值的大小程度,往往要通过评价才能为人们所把握。

价值与评价紧密联系。主要表现在以下几个方面:其一,价值是评价的对象和内容,评价是一种价值认识活动,是价值在观念上的反映;没有价值,就无所谓评价。评价是主体从观念上把握价值的一种形式和结果。其二,价值决定评价,评价揭示(反映)价值。就一个现实的客体来说,它的价值如何,是客观存在的,只是真正认识它需要一个过程。人们对它的评价如何,则是人们的主观评定。评价只有符合客观存在的价值,才是正确的,所以价值决定评价。价值是客观存在的,并非人人都对客观存在的价值给以高度重视,也并非人人都认识到价值的存在。人们从观念上把握价值,重要的途径是通过评价。除此之外,还有价值认知活动,但最重要的是评价活动,评价的功能是正确地揭示价值,使人们在观念上把握价值,使客体价值从自在价值变为自为价值,从而促使人们自觉地从事价值的开发、创造与实现活动,因而评价对价值的活动具有重要作用。评价活动包括价值预测和价值决策活动,对价值选择、价值创造、价值实现的活动具有重要影响。其三,价值是评价的前提,评价是认识价值的一种形式,评价影响价值。评价是对客体价值的评价,前提是客体价值的存在。如果客观上根本不存在价值,那么评价也就失去了意义。价值的存在,是评价的先决条件。但评价是对价值的一种认识活动,评价活动及其结果对客观存在的价值又有重要影响。因为人们对客体价值的评价,具有导向性。它引导着主体的行动,影响着主体的价值选择、决策、价值创造、价值实现活动。当人们通过评价了解到某种客体(或项目)的重要价值,人们就会大量地生成这种客体,创造出更多这样的客体。反之,则会抵制它、削弱它。所以评价是主体价值活动的重要向导,对价值活动有重要的影响,决定了潜在价值是否能转化为现实价值、内在价值是否能转化为外在价值。

2. 认识与价值的关联分析

价值认识过程是从未被认识的客观存在的价值到获得价值认识的过程。价值认识也是一种认识。通常，认识过程是以实践为基础，从生动的直观，到抽象思维，再到实践，或者说是从感性认识，到理性认识，再到实践（或从感性认识，到知性认识，再到理性认识，再到实践）的过程，[①] 这就是获得知识的过程，这个过程实际是认知过程。

经研究表明，认识与价值的关系可以概括为：价值是认识运动中的内容和产物，价值问题是人的认识活动的动力因素，价值问题是认识论通向一些具体科学的桥梁，评定价值（评价）实际上是价值在认识中的反映。

认识是一个复杂的过程，作者认为可以分为三个阶段：

第一阶段是价值感知或价值经验阶段。这是感性价值认识阶段。如食可充饥、衣可防寒等价值的认识，就是价值感知或价值经验。价值感知的特点，一是直接性，是主体对客体作用于自身产生的效应的直接感知；二是表面性，是对价值现象的认识，知其然而不知其所以然；三是片面性、零散性，价值感知因为是表面的、片面的，因而也是初级的，它有待于深化并上升为理性的价值认识。

第二阶段是价值理解，即理性价值认识阶段。在价值感知基础上，进一步认识客体对主体具有价值的原因，达到知其然，又知其所以然，从而对客体价值或主客体价值关系有深入的了解，即达到价值理解阶段。价值理解的特点，一是间接性，是通过对价值经验的分析而形成的，不是直接感受到客体的效应而形成的认识。二是深刻性，不仅认识表面，而且认识本质和规律。三是系统性、全面性，由价值感知上升到价值理解，首先，要有丰富的价值经验，有大量的价值感知材料；其次，要对客体的本质、规律、属性、功能有全面、正确的认识；再次，要正确了解主体利益、需要及主要内在素质；最后，在此基础上，对主客体价值关系进行分析，认识客体本质、规律、属性、功能与主体利益、需要及其他要素之间的内在联系，对客体价值作出理论上的解释。

第三阶段是价值预测与价值决策阶段。在价值理解基础上对客体未来价值作出预测，这是对客体的未来的价值的超前反映，是对价值理解的运用和深化。价值预测是从价值理解过渡到实践的中介，也是推动人们创造和实现价值的动力。价值预测与价值决策是价值认知过程的最高阶段。

3. 认知与评价的关联分析

认识活动主要包括认知活动和评价活动。[②] 研究表明，认知是主体对客体的本

[①] 张文彦等. 自然辩证法概要. 科学技术文献出版社, 1988. 第 164 页
[②] 陈新汉. 关于评价论研究的几个问题之我见. 天津社会科学, 2000 (2): 31

质、规律及属性的反映,其特点是主体的观念与客体相符合,主要尺度是客体尺度;认知中对价值的认识用于价值认知。评价是运用一定的评价标准,对客体进行评定,以确定其价值的过程。评价本质上是一种认识,但它是不同于科学认识或认知过程的一种认识,是对价值特有的认识形式。

价值认识与一般事实认识所不同的是,这种价值认识是对客体作用于主体效应的认识,而不是对客体的本质、规律、属性的认识。这种认识是客体的信息作用于主体的感官,通过主体感官接收和认识图式的处理、分析概括而获得的,而不是通过评价获得的价值认识。评价则是运用价值规范或评价标准对一定的事实(客体)的价值进行评定的过程。价值认知是价值认识的一种途径,许多价值认识就是通过价值认知而获得的。但价值认知不是获得价值认识的唯一途径,价值评价也是获得价值认识的重要途径,而且是更重要的途径。因为对于一些复杂现象的价值的认识,往往不能通过一般认知的途径而获得,需要借助一定的价值规范、一定的评价标准进行分析、评定才能确定。同时评价过程也远比认知复杂,人们对评价机制研究还不多,所以,评价是价值认识中更重要的一种途径。

当然,评价也具有不同于认知的特点。评价和认知的不同特点如表 3-1 所示。

表 3-1 评价与认知的特点比较

特点	认知	评价
对象不同	客体属性、关系、过程、本质、规律等	评价对象的价值与价值关系
出发点不同	把握客观规律	合目的性与合规律性的统一
尺度不同	客体尺度	主体尺度
运动方向不同	主体客体化	客体主体化

从表 3-1 可以看出评价与认知的特点比较主要表现在以下几点:

第一,对象不同。评价的对象是价值和价值关系,认知的对象是一切客体,包括客体的属性、关系、过程、本质与规律。

第二,出发点不同。评价的过程是主体以一定标准或尺度去衡量客体对主体的价值,而认知是从客观存在的事实出发通过分析综合、抽象概括掌握事物及其本质与规律,并突出主体性。认知的突出特点是客观性,重在把握对象的客观规律,使主体的观念符合客体本质与规律。

第三,尺度不同。认知活动必须从实际出发,用的是客体尺度;评价活动必须借助于一定评价标准,主要看客体对主体是否有益,是否符合主体利益,用的是主体尺度。

第四,主客体运动方向不同。认知过程要求主体符合客体,表现为主体向客体运动，主体要遵循客体规律；评价则是评价客体对主体是否有益，是否符合主体利益，表现为客体向主体运动。

从上面的分析可以看出，认识可分为认知和评价，而认知可分为事实认知和价值认知；评价就是价值评价。二者既有区别，又有联系。

3.5.2 基于三论的项目评价结构逻辑模型构建

结合从价值论、认识论和评价论的角度对项目评价的分析，以及价值、认知、评价的关联分析，可以构建基于三论（价值论、认识论、评价论）的项目评价结构逻辑模型。如图 3-5 所示。

图中的方形描述了认识论、价值论和评价论的基本功能结构和组成要素，箭线表示主导或决定关系，圆形所描述的是主客体与相应的认识、价值和评价的对应关系。

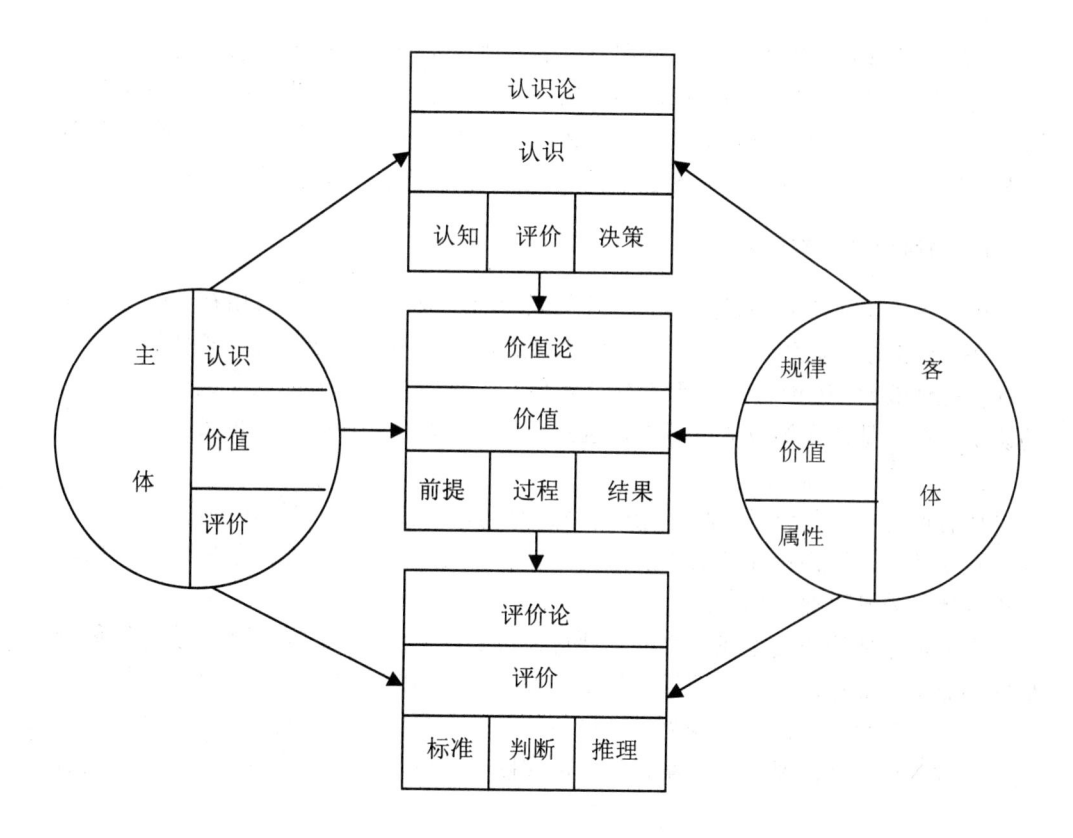

图 3-5 基于三论的项目评价结构逻辑模型

第四章　项目评价方法论系统的构成

系统是相互关联的要素结合而成的有机整体,是过程的集合体,是空间广延(横向)、时间持续(纵向)的辩证统一体。项目评价是以把握价值运动的认识活动,以描述项目评价内涵与特征为基础,分析研究组成系统的主客体、时空要素,构建要素间关联的项目评价系统逻辑结构模型、项目评价系统的评价层次结构模型,以及项目评价系统评价活动过程逻辑分析。

第一节　项目评价的本质和特点描述

弄清评价本身固有的根本属性和特有的性质,是研究项目评价系统的基本前提和基础。评价是人类的一种认识活动。冯平博士指出,评价与认识世界"是什么"的认知不同,它所揭示的不是世界是什么,而是世界对于人来说意味着什么,世界对人有什么意义。[①] 本节主要论述项目评价的内涵和外延,以及评价的本质特点。

4.1.1　项目评价的本质内涵

项目评价是人类对项目意义的一种认识活动。项目评估就是采用社会研究的程序,在一定的政治和组织环境下,系统地调查,旨在改善社会环境和条件的社会干预项目的绩效。[②] 评价与认知活动不同,评价是一种以把握世界的意义或价值为目的的认识活动,是在人类改造世界中,达到合规律与合目的统一的前提条件。

1. 项目评价内涵与外延

作者通过对相关哲学文献理论的研究,认为,要想弄清项目评价的内涵与外延,需要从主体论、认识论和价值论的角度去寻求答案。基于上一章的研究结果,项目评价内涵与外延可概括如下:

(1) 从主体论角度论述。其一,项目评价是以价值主体的需要为尺度去衡量价值客体意义的活动;其二,项目评价是把握价值主体的需要与价值客体的属性的关系;其三,项目评价活动表现为以评价主体的一定尺度或标准衡量评价客体过程;其四,项目评价标准是以历史实践和生活实践为基础,反映价值主体的需要,是价

---

① 冯平. 评价论. 东方出版社, 1995. 第30页
② [美] 彼得·罗西, 霍华德·佛里曼. 项目评价方法与技术. 华夏出版社, 2002. 第15页

值主体需要概念化的产物和结果。

（2）从价值论角度论述。其一，项目评价泛指衡量人、事、物或三者组合而成的项目的价值；其二，项目评价的对象是价值主体与客体之间价值关系，项目评价实际把握的是价值主体的需要与价值客体（项目）的属性与功能的关系；其三，项目评价标准反映着价值标准，价值标准决定着评价标准；其四，项目评价是项目价值的测度。

（3）从认识论角度论述。其一，项目评价是一种把握项目意义或价值为目的的认识活动；其二，项目评价是项目价值在评价者意识中的反映；其三，项目评价是评价者对一定项目事实与项目干系人的价值关系的认识；其四，项目评价是以认知为基础。

2. 项目评价的本质

综合上述项目评价的内涵与外延，本书认为项目评价的本质可以概括为：项目评价是主体以价值需求衡量客体的价值属性，实际上价值本身是反映价值主体需要与价值客体属性的关系，即价值关系。因此，项目评价实质是一定价值关系主体对主客体价值关系运动所形成的价值事实的反映。

作者对项目评价的实质分析如下：

其一，项目评价是一种主体性的活动，随价值主体的不同而相异，评价不同于认知、知识活动，在评价活动中，总有反映主体的情感、欲望、需求、意志、偏好、信仰、价值观在起作用。评价总是随着价值关系主体的变化、发展而相应地进行不同的变化和发展。在社会评价、综合评价和群评价活动中如何协调不同的"主体"（相关利益主体），以及评价指标权重的确定是一个值得探讨的问题。

其二，项目评价是以一定价值事实为对象的反映。价值事实是指主客体之间价值关系运动所形成的一种客观的、不依赖于评价者主观意识的存在状态。它既是客体对主体的价值现实，又是客体的事实。价值关系的形成是一种动态过程，如图3-2所示。价值事实的存在与价值关系的存在是一致的。在价值关系运动中，价值事实就是作为它的结果、现实效果而客观地存在。评价，特别是自觉的、有意识的、理性的评价，总是对一定价值关系的可能后果进行预测、推断和决策。

其三，项目评价是实践认识运动的桥梁。众所周知，实践—认识—再实践—再认识是人类认识世界和改造世界的基本规律，而评价则是其桥梁、中介和纽带。评价作为认识，是人的各种意识综合集成地反映客观实际活动的结果，是一定反映过程的终点，同时又是一定创造活动过程的起点。基于评价，主体才能产生新的目的、意向、联想、设想、计划、方案和决策，也就是意识从反映世界向改造世界过渡，从认识向实践飞跃。因此，评价是从认识到实践的一个必要的桥梁和中介。同样，评价也是从实践转化为认识的桥梁和中介。相关研究表明，人们的实践在形成人们经验的同时，就在开始产生评价过程，往往由本能不自觉的评价、情感心理有意识的评价逐步上升到自觉的理论观念评价的过程。从感性认识上升到理性认识，从认知、知识发展成为目标、理想、战略、计划和方案。因此，要十分重视评价在实践、认识相互转化中的重要作用。

4.1.2 项目评价的主要特点

项目的一次性、独特性、不确定性、资源的有限性和目标导向性是项目的主要特点。项目评价的主要特点有其自身的规定性，经过对相关理论的探讨，并结合项目评价的实践调研，归纳为如下几点：

1. 项目评价客体领域极其广泛

评价把握的世界包括自然界、人类社会以及人本身，换句话说，由人、事、物任意组合而成的系统。

2. 评价客体通常是多目标多属性的复杂系统

价值客体可以是人、事、物的任意组合，多种多样，复杂多变。同时，评价客体又是价值主体和价值客体的统一体，现实中价值主体往往又是多个，价值主体的目标又在动态的变化过程中，所以评价客体的复杂性是不言而喻的。

3. 评价的标准是人类追求理想的境界

评价标准是主体在评价活动中应用于客体的价值尺度和界限。真、善、美作为人类在思想和实践中所追求的理想境界，代表相互联系且各有区别的三种综合价值模型。真为物质价值——客观必然性，善为精神价值——关系和谐性，美为人的价值——主体自由。

4. 现代评价面临着复杂的环境

面对人类社会呈现既高度分化（多极化、多元化、多样化）又高度整合（信息化、一体化、全球化）的格局，现代评价面临着复杂的环境（政治环境、经济环境、人文环境、生态环境、反恐与战争环境等），在进行评价活动时，要综合集成地考虑其影响。

5. 评价方法之多令人难以适从

对评价方法的选择和运用直接影响评价结果的有效性，而评价方法之多，使得对方法的选择比具体评价操作更困难。常用的方法可以概括为四类：其一，定性方法，基于专家群体的知识、智慧、经验、推理、偏好和价值观，这是主观质量法。如评价推理（归纳、演绎、比较），如德尔菲法、同行评议法等。其二，定量方法，基于数据统计分析的定量方法，这是数量客观法。如项目投资预测评价的净现值（NPV）、内部收益率（IRR）、投资回收期（IRP）等。其三，定性与定量结合的方法。这是量质结合，主客观互动方法，如模糊综合评价等。其四，综合集成方法，采用综合集成思想，改造和结合两个以上的方法获得的一种新的评价方法，如多指标多决策者模型（MCDM）评价方法。

第二节 项目评价系统的构成要素分析

项目评价活动是很复杂的活动。之所以复杂，就是因为项目评价活动要受许多因素的制约和影响。正因为如此，要获得客观公正的评价往往非常困难。深入研究影响评价的因素，对于把握评价的内在机制，获得客观公正的评价，具有重要意义。基于系统理论，系统是由若干要素以一定的结构形式联结构成具有某种功能的有机整体，在这个定义中包括了系统、要素、结构和功能。[①] 分析是把整体分解为部分，把复杂事物分解为简单要素，分别加以研究的一种思维方法。[②] 结合项目评价系统相关文献的研究结果，对构成要素做如下分析。

4.2.1 项目评价主客体要素分析

在众多的影响项目评价因素中，有主体方面的因素，有客体方面的因素，也有环境方面的因素。其中最重要的是主体方面的因素。

1. 项目评价主体

在任何实践—认识活动中，作为实践和认识活动者、行为者的人是主体；而作为实践和认识对象的世界、事物和人是客体。[③] 项目评价主体就是评价者，是实施评价活动的人。第一，作为评价主体，包括个人、集体、民族、人类等多种层次。前一层次的主体相对于更高层次的主体，既有其相对的独立性和完整性，又具有一定的被包含性和隶属性。第二，每一层次的主体，既是现实的又是历史的，不可能脱离历史的承继关系(观念的承继、物质的承继、主体结构和活动方式的承继以及社会关系的承继)。这种关系既为当下的评价主体提供了活动的背景和前提，同时又形成了一定的制约。作为现实的主体，既继承了历史上的一切遗产（积极的和消极的、物质的和精神的、有形的和无形的），但又以一种不同于前人的态度来对待这些历史的产物和环境，形成特定的价值取向和选择。第三，每一层次、每一时代的现实的主体，其在社会实践生活中形成的需要和能力都是多方面的、处于不断的发展之中的。第四，主体的多层次性和多样性，不单意味着存在不同的主体性，在各种主体的相互作用中，以及在他们互为主客体、互相实现的过程中，也形成了共同的主体性和主体的共同性。

[①] 张俊田，关西普等. 软科学手册. 天津科技翻译出版公司，1989. 第 18 页
[②] 自然辩证法讲义编写组. 自然辩证法. 人民教育出版社，1979. 第 313 页
[③] 李德顺. 价值论. 中国人民大学出版社，1987. 第 60 页

评价主体与价值主体在逻辑上是不同的，价值主体属于评价客体的一部分，在事实上，两者既可能是合二为一，完全重合的，也可能是部分重合的，还有一种可能是完全不重合的。① 在理解评价主体时，还需要注重评价主体和价值主体的关系问题。如同一些人把价值客体等同于评价客体一样，不少人也把价值主体等同于评价主体。这种理解有其现实的原因，这就是在实际的评价活动中，有时评价主体与价值主体表现出某种程度的重合。另外，还需注意评价结论的复杂性，一些人认为不同的价值判断中只能有一个是真的、是对的，其他的都是错的、是假的，这是认知主义的观点；或者认为各种评价只是表现着评价者个人的兴趣和爱好，有无价值、有什么价值取决于评价者的兴趣和爱好，这是主观主义和情感主义的观点。

2. 影响项目评价的主体因素

项目评价主体的认知水平、立场、信念与个性以及情感等，是影响项目评价的主体因素，作如下分析：

（1）评价主体的认知水平

主体认知因素是评价的前提。要对客体价值作出正确的评价，必须要有相应的知识。第一，对主体的客观需求以及主体与客体所处客观环境知识的把握。第二，对主客体相互作用，客体对主体的作用与影响的全面了解。第三，对客体本身的知识的把握（一般指专业知识）。缺乏某一方面的知识，就无法对这一方面的事物作出评价。对某一评价问题的知识越丰富、越深刻，对这一问题的评价越接近客观、越接近真实的状态，评价是认识逼近真实状态的过程。有的评价失当，是由于缺乏有关知识，或对评价问题的相关内容知之甚少造成的。

认知因素对评价的影响，还有一个思想方法问题。是用已有经验进行评价，还是用科学方法进行分析论证，然后作出评价；是经验水平的评价，还是现代科学水平的评价，这是评价的不同水平。经验性评价就是凭以往评价活动的经验，对一些事物进行评价。这对一些日常的或简单的事物，是简便易行的，也是有效的。但对复杂的事物就不能凭经验，特别是对新项目的评价更不能只凭原有经验。对复杂事物，对大型项目的评价必须科学地进行理性分析、论证。思维方法还包括，是全面地、系统地、客观地、辩证地、实事求是地进行评价，还是片面地、孤立地、主观地、简单地进行对比分析。

（2）项目评价主体的立场、信念与个性

立场，泛指观察事物和处理问题时所处的地位和由此而持的态度。② 立场是一种社会倾向性，是影响主体评价活动的主体因素。对于项目评价来说，立场也可以

---

① 冯平. 评价论. 东方出版社，1997. 第36页
② 《辞海》. 上海辞书出版社，1979. 第1784页

说是一种利益倾向性。评价者从一定社会集团的利益出发，包括从一定国家、民族、阶级、阶层、集团的利益出发观察处理问题的立足点、出发点或倾向性。一般说来，具有相同的利益的人们具有相同的立场。不同的项目干系人有着不同的利益，也就具有了不同的立场。

主体立场主要决定于主体利益，但并不是仅仅决定于主体利益，还要受到主体认识的影响，即评价主体对相关利益者之间的利益关系的认识的影响。要获得客观公正的评价，必须采取客观公正的立场，所以，在评价领域，脱离相关利益主体的第三方评价比较受欢迎。

英国诗人雪莱有这样的诗句"冬天到了，春天还会远吗？"信念是评价主体对实现未来价值目标的确信，是评价主体意识倾向性的表现，主体信念表现了主体的一定的立场，立场是信念的基础，信念是主体立场的自觉表现。主体信念本身也是一种评价标准，凡符合信念的事物，就给以肯定的评价或评价偏高；凡不符合主体信念的事物，就给以否定的评价或评价偏低。同一事物，具有不同信念的人，往往有不同的评价，所以信念是影响评价的主体因素。

主体个性对人的认识活动的作用，已得到了心理学研究证明，在评价活动中个性的影响不可忽视。奥尔波特（G. W. Allport）对个性的界定是，个性是决定人的独特行为和思想的个人内部身心系统的动力组织。[①] 心理学家认为，个性结构包括个性倾向性、个性心理特征、心理过程、心理状态和自我调节系统。第一，个性倾向性是指决定人对事物的态度和行为的动力系统，它是以积极性和选择性为特征的。其中包括需要、动机、兴趣、理想、信念和世界观等不同成分。这些内部世界系统使人以不同的态度和不同程度的积极性组织自己的行动，有目的有选择地对客观现实进行反应。个性倾向性的动力性还表现在，它制约着人们所有心理活动。第二，个性心理特征是指在心理活动中所表现出来的比较稳定的成分，它包括气质、能力和性格。气质是不以活动目的和内容为转移的典型的、稳定的心理活动的动力特征。性格是表现在人对现实的态度和行为方式中的比较稳定的独特的心理特征的总和。第三，心理过程指个体在认识（感觉、记忆、思维、想象）、情感、意志等心理活动方面的独特之处。它是个性特征和个性倾向性的动态过程，是个性心理特征和个性倾向的表现。第四，心理状态是心理活动的背景、心理特征的直接存在形式，是心理过程向个性心理特征转化的中间环节。第五，自我调节系统以自我意识为核心，在心理结构上包括认识、情感和意志三个方面，评价主体若能以自我意识进行调节和控制，就能形成完整的结构系统；若自我意识失调，就会发生人格分裂。

（3）项目评价主体的情感因素

[①] 高玉祥. 个性心理学. 北京师范大学出版社，1989. 第10页

作为评价主体是充满情感的人,而不是别的动物。一向以崇尚理性而著称的佛里德里希·黑格尔曾说:"我们简直可以断言声称,假如没有热情,世界上一切伟大的事业都不会成功。因此,有两个东西就成为我们考察的对象:第一是'观念',第二是人类的热情,这两者交织成为世界史的经纬线。"[①] 评价作为衡量价值客体满足价值主体需求效用程度的过程,评价活动的主客体结构的特殊性,评价主体与价值主体的相关、重合和交错,决定了评价总带有一定的感情色彩,总是在一定情感因素的参与下来进行的。感情因素是一个总称谓,是一个系列,它包括了心理学上所说的情绪和情感,也包括自然性的情感和社会情感,人的情感具有多种多样的形式。

价值是价值客体对价值主体的效用,是价值客体对价值主体的作用和影响。价值客体对价值主体的各种作用和影响有正面的和负面的。当价值客体对价值主体产生正面作用和影响,即人的需求获得满足时,主体便满意、高兴、愉快;当产生负面作用与影响,即不能满足人的渴望时,主体便不快、反感、忿怒、厌恶。所以,价值与情感密切联系。这种情况,当评价主体与价值主体是同一主体时,更为明显。评价主体情感对评价的影响,主要表现在以下方面:

其一,放大激发作用。冯平在《评价论》中指出,"在评价活动中,情感是以一种弥散的形态而存在,并以一种弥散的方式通过对评价心理结构中智力因素的激发,而对评价的肯否取向及肯否的程度产生影响"。[②] 心理学家研究表明,在认识事物的过程中,对于一定的外界刺激物,认识主体往往是情感反应在先,形成了注意,然后再引起认知的思考与评价。情感对评价所起的放大作用,主要表现在喜欢的被评价对象,对它的评价偏高,对它的优点夸大,或者在自觉不自觉地寻求、扑捉其优点的一面,对其缺点则缩小或视而不见;对于讨厌的被评价对象,则往往只看到其缺点、不足,而忽视或看不到其优点。

其二,信息过滤选择作用。在评价活动中,情感对评价活动的信息的收集起到过滤和选择作用,这种情感的产生,或是来源于评价主体的经验、经历,或是来源于评价主体与评价客体的某种关系,或是由于评价对象瞬间所产生的第一印象等。所形成的主体情感会产生一定的排他性,好像一个过滤器。对信息进行筛选、选择时,有意无意地突出某些信息,掩盖或忽视某些信息。所以,当带着强烈的情感去收集信息时,往往偏听偏信,不能全面收集信息。

3. 项目评价客体

评价的客体即评价的对象。评价活动所指向、所要把握的对象,即作为实践和认识对象的世界、事物和人是客体。但就其评价客体的内涵发展到今天,却经历了

[①] 冯平. 评价论. 东方出版社,1995. 第174页
[②] 冯平. 评价论. 东方出版社,1995. 第175页

一系列认识的洗礼和升迁。在价值的哲学史上，有认知主义和非认知主义的争论。认知主义者认为，价值存在于事物中，是事物的属性和性质，或者是自然属性，或者是非自然属性，评价就是要认识这种属性、把握这种属性，因而评价也就是认知。照这一思路，评价所要把握的是事物的属性，由于这些属性是属于事物的，是事物的一部分，因而评价客体也就是所要评价的事物。这种理解价值和评价客体的思路，可看作是价值属性说的思路。

认知主义的弱点，是无法对价值属性的存在提出可靠的证明和验证方式，也解释不了为什么会出现同一事物对不同人有不同价值这种现象，而主观主义和情感主义的最大缺陷，是它无法说明一定行为的道德价值、一定理论的学术价值、一定工具的效率价值不以评价者的兴趣、爱好为转移这一事实，也无法解释何以会出现评价失误、失当这种现象。

评价客体究竟是一种什么样的存在呢？李德顺教授在《价值论》中指出，"价值事实作为评价认识的对象，是主客体之间价值关系运动所形成的一种客观的不依赖评价者主观意识的存在状态，它既是客体对主体的价值现实，又是客观的事实，所以叫价值事实"。[①] 价值事实的提出，为评价论奠定了理论基础。可以说，价值事实不仅是指价值关系运动的结果、后果、效果，而且包括了价值关系运动自身。从这个角度来看，价值事实包括了价值主体和价值客体及其关系，以及运动和运动的结果。也就是说，价值客体、价值主体都只构成了评价客体的一部分，不能把价值客体与评价客体相等同。同时，作为价值主体的情感、兴趣等在一定条件下也是评价客体，是评价客体的一部分，因为它参与了价值关系运动，对这运动的结果也有影响。

既然作为评价客体的价值事实是价值客体与价值主体及其关系，是这种关系的生成、变化、运动及其后果，所以评价客体必然是一种与价值主体相关联、以价值主体的需要为尺度、以价值客体的属性和功能为基础的二元关系性存在。价值主体需要和价值客体属性的任何变化，都会引起价值关系的变化，引起不同的变化后果。当然更不用说,同一价值客体与不同价值主体之间存在着不同的价值关系及其效果。同一事物对不同人、不同价值主体具有不同的价值关系，具有不同的价值，同一事物的价值随主体需要的变化而变化，这是一件可以用经验来确定的事实。但这一事实并不证明价值是主观的，它只证明了价值是一主体性的事实。价值以主体需要为转移与以主观为转移是不同的两回事。

4．评价主体和评价客体的辩证关系

评价所反映和认识的对象是价值主体与价值客体之间的价值关系及其运动和结

[①] 李德顺. 价值论. 中国人民大学出版社, 1987. 第263页

果，即价值事实，评价主体是评价这种价值事实的人即评价者。评价主体与评价客体是相对应的范畴，二者相互联系，同时产生，是相互规定、相互作用的关系。

评价客体作为客体，相对评价主体来讲，具有自己的相对独立性和客观性，这个相对独立性是逻辑意义上的相对独立性。无论是作为价值客体还是作为价值主体的需要，它总是评价的对象，是相对独立于评价，不以评价为转移的。如某一事物能否满足某人的需要，是否有价值，不以这个人的评价为转移。在价值与评价的关系上，是价值决定评价而不是评价决定价值。但是，不能把价值决定评价的关系误认为是价值客体决定价值主体的关系，也不能误认为是评价客体决定评价主体的关系。评价主体与评价客体是相互规定、相互作用的，它们之间不存在谁决定谁的问题。一些人把价值决定评价误认为是评价客体（价值）决定评价主体，或者从价值决定评价推论出评价客体（价值）决定评价主体。

评价主体与评价客体的相互作用，具体地体现为评价者通过评价来把握价值、选择价值、创造价值和享用价值的过程。也就是说，人通过评价在观念上掌握了事物对自己的价值，并选择和设计出各种可能的价值活动，又通过实践活动来创造出价值即建立起实际的价值关系状态，最后，在消费中享用价值，为此，实现了价值的循环过程。评价是由价值决定的，但它又是人选择价值、创造价值、享用价值的重要环节。

4.2.2 项目评价情境要素分析

情境是指某段时间和空间许多具体情形的概括。任何评价都是在一定的具体条件下对一定的具体对象的评价，所以，不仅不同类型的评价有其对象和任务所要求的特殊规定性，而且同一类型的评价在不同的条件下也有不同的特殊规定性和特殊要求。相对于评价来说，评价所处的客观环境条件，表现为一种先在的东西，它具体地规定着评价的目的和性质，甚至可以说，评价者在此时此刻需要进行什么样的评价，评价能达到什么精度，在很大程度上都受着评价情境的制约。

项目作为一次性、独特性的活动，项目评价同样具有全新性。由于项目的时间、地点、事件、人物都处在不停的变动之中，所以项目评价情境具有极强的变动性。一般来说，评价情境可分两大类，一类是常规性评价情境，一类是随机性评价情境。所谓常规性评价情境，指那些情况虽有变化但变化程度较小，规律性较强，主体对这些变化有一定的预料和思想准备，可以使用以往的经验来应付。而随机性评价情境则不同，它往往伴随着某些突发性事件，情况发生突然的较为重大的变化，超出了主体的预料，主体对此毫无思想准备，难以按常规的方法来加以处理，必须当机立断，急中生智，作出评价和决策。在评价中由于事过境迁，时间与空间的变化所造成的评价变化可谓不胜枚举，下面主要对评价情境中的时间因素和空间因素加以论述。

1. 时间因素

项目评价具有很强的时间规定性，如评价何时开始、何时结束等。

其一，项目评价时机。这是指项目评价活动的时间起点，也即是评价者在何时开始评价。直观地看，何时开始评价是评价者自由选择的结果，但从深层上看，它是由评价情境规定的，评价者的选择是在评价情境所规定、所提供的可能的范围内来进行的。这个时机相对于评价者而言是何时开始评价，而相对评价客体而言则表现为评价与价值的一种时间关系。实际的价值运动当然也是在时间中进行的，它当时处于什么样的状态，运动发展的趋势如何，评价主体把握相关信息的程度如何，都规定着评价所可能达到的精度。

其二，项目评价时限。即评价活动从开始到结束的历程。评价时限的长短可能对评价精度产生一定的影响。如评价时间充裕，评价策划可能做得更加细致，评价信息搜集得更加全面，审核工作做得更加仔细，因而评价出错的机会会相应地减少，精度会相应地提高。然而，这种时限往往又不是由评价者任意决定的，一定的评价情境客观地规定着时限的长短，也就是说，一定的情境不允许评价主体有那么多的时间去从容地搜集信息，反复思考审核，多次修正，而必须在一定时刻作出决定。当然，有时评价情境对时限的要求和规定较宽，评价者可以从容评价。但不管怎样，到底能有多长的时限，首先是由评价情境来决定，评价者只能在这个范围内来进行选择。

其三，项目评价的时效。时效是指时间效益。在项目评价过程中，对评价主体来讲，时间又是一种资源。在特定的评价情境下，规定了评价主体必须在一定时间限度内作出评价，这时时间就成了一种重要的约束条件。在这种有限的时间内如何安排评价活动，配置相应的评价资源，就是一个很重要的问题，因为不同的配置方案、不同的评价活动安排顺序会产生不同的效用和效果。如果评价者要在一定时间限度内作出几种评价，那么如何分配时间就更为重要。若是在较不重要的评价上用去了较多的时间，那就意味着在较重要的评价上可用的时间要相应减少，因而就可能会影响重要评价的精度，也会影响整个综合评价和决策的水平。

2. 空间因素

价值和评价也都离不开空间因素，空间因素也是评价情境中的一个重要方面，因为评价情境中的各种条件总是以一定空间位置和秩序而排列和运动的。空间因素对评价的制约作用主要表现在以下几个方面：

其一，评价的规模大小。评价的规模直接取决于项目的规模大小和项目的复杂程度。一定的评价总是针对一定的价值而进行的，对于重大价值的复杂项目，就得采用较大规模的有许多人共同参与的评价，反之，就不宜采用大规模评价。另一方面，由于评价情境的具体条件的限制，例如在需要采用规模较大的评价时，而人手又不够、资金很短缺，那就只能缩小规模。由于这种缩小，可搜集的信息的面就会相应缩小，如果要作试验也只能因陋就简，至少也得减少试验点，这些都可能影响评价的精度。

其二，评价主体与所评价事件的空间距离的远近。这种空间距离的远近，直接影响着评价者所获取的信息的速度和可靠性，对于距离较远的事件，其评价就主要靠间接性的信息，比如从情报部门得来的信息或从大众传播媒介所得到的信息。由于其间接性，经过二手或三手的传递，信息的失真度就会相应增大，相应地就会影响评价的精度。而对于周围或较近距离内发生的事件，许多信息就可以直接获得，有些虽是间接获得，但间接的程度小，且可对提供信息者有较多的了解，有时还可去直接调查访问，因而信息的失真性相对要小一些，这有利于提高评价的精度。

其三，评价主体与评价事件的内外关系。即评价者是评价事件的当事人还是第三方的问题。这种内外不单纯地指事件空间范围上的内外，也包括价值意义上的内外关系，但由于后者与前者有一定的关联，往往以前者为基础，所以我们也把它当作一种空间因素来处理。评价者若是事件中人，由于他参与了事件，故对其来龙去脉、实际过程有较多、较细的了解，对事件的影响有较直接的体会，所以他的评价可能会更真切。但是，从另一个角度出发，当事人的亲身体验和个人的情感，可能会对公正客观的评价有一定的影响，从而降低评价的精度。如果评价主体是事件以外的第三方，由于置身事外，则可能较为冷静，而不为情感所左右，会作出更为客观的评价，这是有利的一面。但是，作为第三方，也有不利的一面，由于第三方不身临其境，在评价细节的把握上和信息的获取上处于不利地位，可能会影响到评价的结果。

第三节 项目评价逻辑与层次模型

按照系统的观点把项目评价视为一个系统，项目评价系统中各组成要素以及外部环境各要素相互作用，形成逻辑结构、价值运动层次结构，使项目评价系统发挥有效地、合理地、科学地进行价值事实反映机能。各要素之间、要素与系统之间、系统与外部环境之间相互作用，合理制约，在特定的逻辑结构和层次结构模式下，使项目评价系统整体良性循环、和谐运行。

4.3.1 项目评价系统逻辑结构模型的构建

1. 项目评价系统的逻辑结构模型

系统内部各要素之间相互作用的逻辑关系称为结构。本节结合上一节的项目评价主客体要素和情境要素分析，基于整体与部分的关系、结构与功能的关系，提出项目评价系统逻辑结构模型。如图 4-1 所示。

图 4-1 显示，项目评价系统的组成要素涉及评价主体、评价客体、评价外部宏观环境（自然、社会、人文）、评价理论基础（哲学、科学、技术）、评价微观环境（评价标准、评价时间、评价空间、评价支撑条件），这些要素之间相互关联、相互作用，并以项目评价活动为中心，实现项目评价的功能。

2. 项目评价要素构成分析

整体与部分的方法是一种基本的系统方法，整体是由若干相关联的要素组成的统一体，部分指的是组成整体的要素。基于系统方法，结合图 4-1 所给出的项目评价系统逻辑结构模型中的主要要素，进行分析如下：

（1）评价主体

主体与客体是相对应的一对概念。主体和客体在哲学研究范畴和其他研究领域中，曾被赋予不同的含义。如何从哲学意义上界定其含义，研究其相互关系，学术界曾进行过广泛而持久的争论，形成各种各样的观点。目前，多数学者倾向于认为，主体是具有思维能力并运用一定物质和精神手段去认识和改造世界的人。客体是主体认识与实践活动所指向的对象。[1]

评价主体与价值主体并不是完全等同的。一般说来，评价主体与价值主体的关系有三种情形：第一种情形，评价主体与价值主体完全重合；第二种情形，评价主体与价值主体部分重合，即评价者是价值主体中的一员；第三种情形，评价主体与价值主体完全不重合，这时评价主体是相对独立的第三方。对这三种不同的情况，评价过程却是评价主体按照一定的评价标准，所把握的价值客体满足价值主体的利益关系的评定过程。

（2）评价客体

在现实社会里，评价客体可以认为是"价值事实"或"价值关系的结果、成果"。具有以下特点：第一，它既不是价值主体本身，也不是价值客体本身，而是两者相互作用和结合的产物；第二，价值客体它是客观存在的，这种客观存在表现为价值客体的运动变化所引起的价值主体的变化，这种变化不依赖于评价，而只是在评价中得到反映；第三，它的客观存在可以是现实的、已有的，也可以是可能的、未来的。这种可能性和未来的现实性，对于评价者来说，要么已经是无可怀疑的事实，要么是在评价主体头脑中依据客观的规律进行推断和预测。

---

[1] 杨春贵等主编. 马克思主义哲学教程. 中共中央党校出版社，1997. 第 52 页

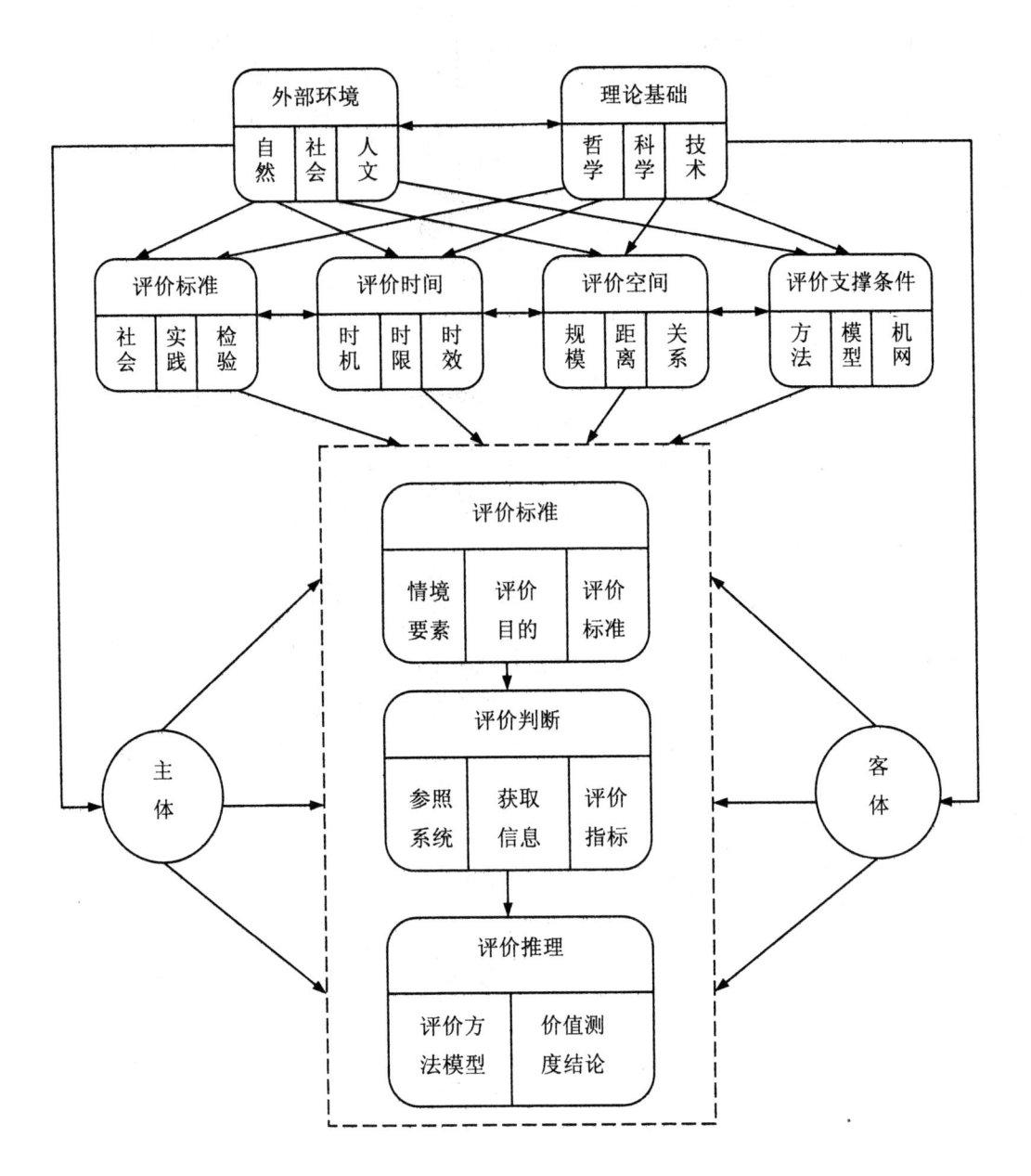

图 4-1 项目评价系统逻辑结构模型

（3）评价标准

我国从事价值哲学研究的学者李德顺教授在《价值论》一书中提出，"自从价值问题引起理论上的注意时起，评价标准和价值标准的问题，就成为一系列重大疑点和难点的发源地"。"价值标准理论构成了哲学学科中最困难、最严谨的领域之一"。①

在现实生活中，对于同一个评价客体，不同的人往往会有不同的评价；即使同一个人由于所处社会环境、地位的变化，对于同一个评价客体的评价也会发生变化。有些人便认为价值评价标准是一个没有客观规定性的主观标准，这种观点是完全错误的。

仔细考察人们所进行的各种评价活动就会发现，人们在对价值客体进行价值评价时总会从两个方面来考虑，一是主体的需要和利益，二是客体的属性和规律。人们对于不能够满足主体需要、损害主体利益的客体，必定给予否定的评价；反之，能够满足主体需要、实现主体利益的客体，则必定给予肯定的评价。这里的"肯定"或"否定"只是一种逻辑上的推理，而不是现实中的必然。要把这种逻辑上的推理变成现实中的必然，还要再深入一步来研究主体的需要和利益是否建立在真实的客观基础之上，主体对客体的属性和规律的把握是否是正确的。如果主体的需要和利益是建立在真实的客观基础之上，是符合客观事物的属性和发展规律的，就能够得到实现；如果主体的需要和利益是建立在主观意愿的基础之上的，是违背客观事物的属性和发展规律的，那么它们不但不能得到实现，甚至会受到规律的惩罚。因此，主体的需要和利益、客体的属性和规律这两个方面都是客观的，是不以人的主观意志为转移的，而这种客观性恰恰是形成评价标准的根据。

评价标准的合理性取决于以下几点：

其一，评价标准取决于人类社会实践的水平。具体讲，人们的社会实践达到什么水平，对客体的属性和规律的认识就会达到什么水平，相应地就会产生什么样的主体需要和利益，也就会形成什么样的评价标准。个体主体在个人实践的基础上，会形成个人的评价标准；群体主体在群体实践的基础上，会形成群体的评价标准。这是不同地域、不同民族、不同集团各有其价值评价标准的根本原因。

其二，评价标准随着实践水平的提高而变化。知识的积累，科技的进步，促使了人们实践水平的提高，随之人们对客体的属性和规律的认识和把握会提高，主体的需要和利益要求也会随之改变，评价标准也必然会随之变化。如随着经济全球化浪潮的冲击，人们已经开始自觉地超越于地域的、民族的界限，用世界性眼光、战略性思维来思考问题，来进行决策，抛弃了许多陈旧的评价标准，确立了许多新的

---

① 李德顺. 价值论. 中国人民大学出版社，1987. 第277页

评价标准。评价标准的更替，实际上是人们在实践中不断发现和发展自己的客观需要。

其三，实践是检验评价标准的最高标准。李德顺在研究评价标准的真伪时指出，评价标准之真伪，核心的和决定性的标志，是它是否符合主体的价值标准。价值标准就是人们的主体需要和利益。评价标准符合主体的需要和利益就是真的，反之就是假的。

另外，评价标准的选择，常常取决于评价主体意识到的价值主体需要及其与主体的各种客观关系相比较。例如主体的眼前利益与长远利益，局部利益与整体利益有时相一致，有时不一致。当不一致的情况发生时，评价标准的选择就要发生变化。可见，评价标准系统及其选择的复杂性。

（4）影响评价的因素

影响评价的因素多种多样，概括起来可以分为三种：

其一，影响评价的主体因素。主体因素主要包括主体的认知水平、立场、信念、个性和情感等因素。

其二，影响评价的客体因素。客体本质与规律认识的艰巨性，这是影响评价的重要因素。许多问题的评价失当，主要由于对客体属性及规律缺乏认识，这就不可能对客体的价值作出正确的评价。客体因素对评价的影响，一方面表现在客体的复杂性，另一方面表现在客体是不断发展变化的。有的评价的困难在于客体发展前景的不确定性。对眼前有价值的东西，随着时间的推移，被认为是无价值的，甚至具有负价值。

其三，影响评价的环境因素。评价环境是评价得以进行的客观背景中评价者可直接感知的、具体条件的总和。评价的外部条件与评价主体的心理背景的作用不是单向的，而是交互的。评价环境限定了评价者对评价客体及相关信息的获取范围、时间，同时限定了评价的比较范围。诺贝尔经济学获奖者赫伯特·西蒙提出了对于人类活动的许多领域都具有重要影响的理论，即有限理性。他认为，人类的理性是非常有限的，它受人所处的情境限制，受到人的生理、心理及所接受的文化等等的限制。所以在决策过程中，人们不可能知道全部选择的可能性，不可能掌握全部的备选方案，而只能根据决策的目标，在决策所处的环境中作出相对合理的决策。即用"满意标准"代替传统的"最优标准"，他将这一决策称之为寻求满意解。按照西蒙有限理性的理论，可以说合理的决策仅仅是符合决策目的、符合决策情境的决策。西蒙的这一研究成果不仅适用于经济行为的研究，同样也适合于除了经济行为之外的人类的其他行为研究。价值判断的作出依赖于评价者所掌握的关于价值客体本身的信息，以及与价值客体相关的参照客体的信息，等等。这些信息的获取在每一具体评价与具体决策中，都不仅受到评价者心理背景系统的限制，同时受到评价环境

（评价的时限、域限、目标、任务等）的限制，评价者无论在个人能力、精力、财力上都不可能无限制地收集评价信息。现实的评价或具有有限合理性的评价都只是或只能是有限的(有限合理的)评价。评价者所收集到的信息只是一定时间、一定空间范围内的信息。对这一点的确认，不仅有可能使我们不去做我们永远做不到的事情，而且有可能使我们对任何一种评价的判断都更趋近于恰如其分。

总之，通过对评价系统逻辑结构模型构成要素的分析，可以进一步认识到：

其一，主体与客体是相互作用的。主客体相互作用有三层基本关系，即实践关系、认识关系、价值关系。在实践、认识价值活动中，作为实践认识价值的活动者、行为者的人是主体，而作为实践认识价值对象的世界、事物和人是客体。

其二，价值是一个关系范畴，它表明主客体之间一种特定关系方面的质量、方向和作用。价值关系是一种以主体尺度为尺度的关系内容。因此，它以主体的不同层次而表现每一价值主体的个性；基于动态的观点，主客体价值关系的势态都随着价值主体的每一变化和发展相应地随之改变。另一方面，没有客体也就无所谓主客体关系，价值的客体性是指，就客体一方来说，客体与价值的关系是客体及其属性同主体活动的关系，是客体及其属性在实践认识价值活动中所形成的，为主体服务的作用、状态和效果。

其三，价值关系是主客体之间一种基本的关系，在这种关系中，客体的存在、属性和合乎规律的变化，具有与主体的生存和发展相一致，即客体按照主体的尺度满足主体需要，对主体的发展具有肯定的作用，这种作用和关系的表现就成为价值。同时主体与客体之间存在着方向相反，且又内在统一的两种运动，即客体向主体的运动和主体向客体的运动。客体向主体的运动是指客体对主体的制约性，即主体在认识活动中应遵循客体的尺度，这是实践的客观性。主体向客体的运动，是指主体对客体的改造，也就是实践的能动性。

其四，评价标准是人们在评价活动中应用评价客体的价值尺度和界限。它是主体需要和实际利益的客观反映，评价标准反映着价值标准，价值标准决定评价标准，评价标准应适合被评价的对象，即被评价对象的价值事实，而且要反映评价对象的客观的价值标准。

4.3.2 项目评价系统评价水平层次结构模型的构建

1. 项目评价系统评价水平层次分析

研究表明，评价是一种综合性、整体性的价值意识活动，是一种价值的反映。项目评价水平表现为人们对价值运动的态度。评价的水平表现为四个层次，即本能不自觉的价值反应水平、情感有意识的价值外露水平、观念理论的价值判断水平及实践能动的价值事实水平。

(1) 本能不自觉价值反映水平

本能是不知不觉地、下意识地作出的反应。生物主体不是对生物客体的认知，更不是对生物客体的认识，而是生物主体在没有相应精神准备的情况下，对来自生物客体的刺激所采取的价值反应；评价结果以快适与否为主要表现，与实践无关。

(2) 情感有意识的价值外露水平

情感是人受外界刺激而产生的心理反应。心理主体对心理客体只是感觉而不是认识；它是心理主体价值心理的直接外露；评价结果只是使心理主体形成未加思考的欲望、愿望、动机、兴趣、情绪和意识等，未付诸实践。由于情感具有很大的个体性、波动性和模糊性，情感评价也必然具有盲目性、随意性和不可靠性。因此，人们如果只停留在情感评价的水平上，将是很不够的。

(3) 观念理论的价值关系判断水平

认知主体对认知客体的认知，而不是认识；认知主体对一定价值关系的效果有较深的了解；评价结果局限在精神内部活动领域，而不涉及实践。是人们借助知识信息、逻辑方法、思维活动进行的评价。这一水平的评价当然也可分为不同层次，如经验层次、知性层次、理性层次等，但这一水平的评价很难只表现在某个单一层面上。正如人们的认知活动也并不只存在于一个单一层次上一样。理知水平评价的一个显著特点在于评价主体的知识水平，无论是对于价值客体还是价值主体的知识水平，对于评价都起着十分重要的作用。

(4) 实践能动的价值事实评价水平

实践在哲学上指人们改造自然和改造社会的自觉行动。价值主体对价值客体的能动的反映，价值主体对价值客体、价值事实的把握，它是动态的、现实的活动和实践的过程。

2. 项目评价系统评价水平层次结构模型

在对大量文献分析的基础上，结合认识过程动态逻辑结构模型和项目评价系统逻辑结构模型的研究成果，以及对项目评价水平的层次分析，提出项目评价系统评价水平层次结构模型。如图4-2所示。

图4-2所示的项目评价系统评价水平层次结构模型，由评价主体、评价客体、评价标准、外部环境、支撑系统要素，以及四层评价水平（生理、心理、认知、价值）组成的层次结构，描述了评价水平的变化过程。图中的箭线表示要素之间的逻辑关系，虚线框内的评价活动水平层次是递进关系，同时受评价标准、外部环境和支撑系统条件的直接影响。

第四章 项目评价方法论系统的构成 93

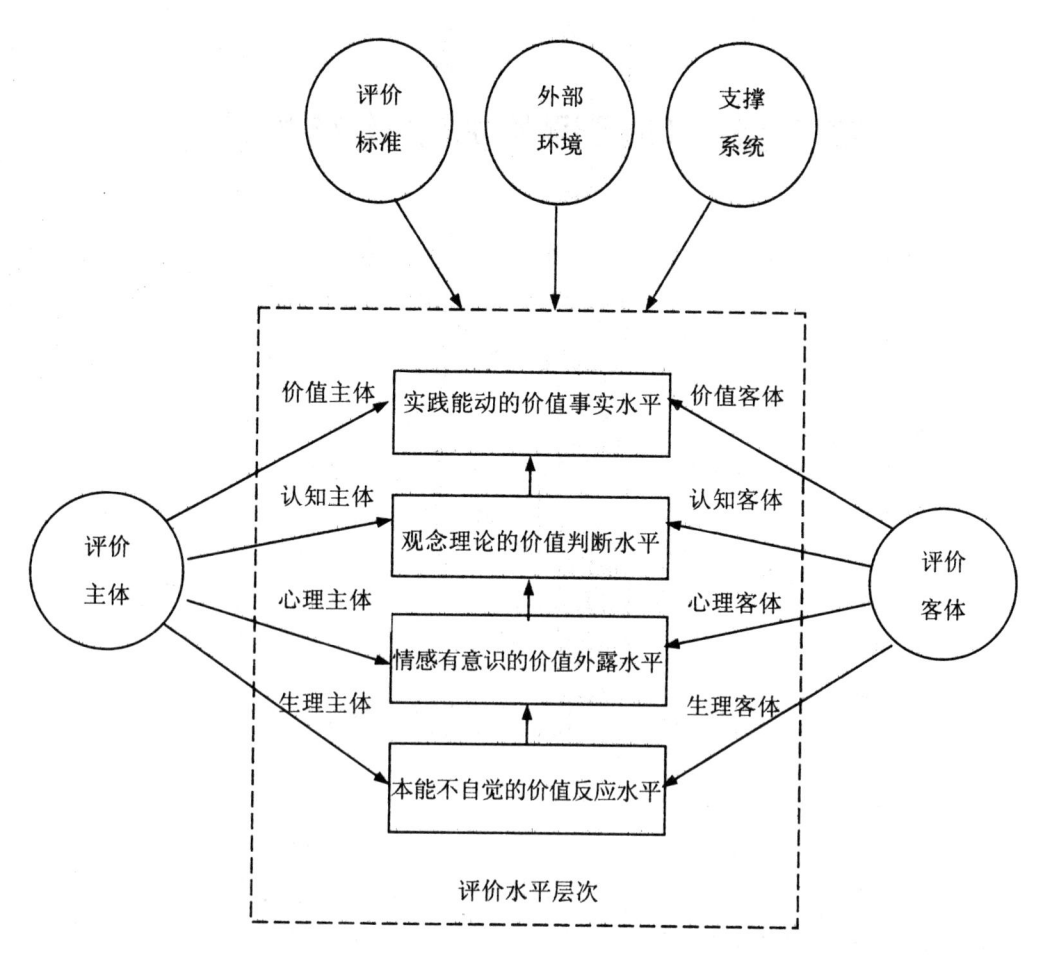

图 4-2 项目评价系统评价水平层次结构模型

第五章　项目评价方法论结构体系

项目评价方法论是基于评价问题的一般途径和方式方法，是关于项目价值（立项评价、实施评价、绩效评价）的方法积淀，是探讨、反思、创新的哲学命题。随着自然科学方法论和社会科学方法论，以及人文科学方法论研究的深入发展，项目评价方法论的研究也经历着向广度和深度两个方向发展的历程。一方面，项目评价方法论研究正在经历着不断分化的过程，它不仅深入到自然科学、社会科学、人文科学，以及交叉融合发展的系统科学等各个部门，而且还进一步深入到各个学科中去，总结各学科的方法论原理，建立各种具体科学的方法论科学；另一方面，方法论研究又在进行着综合的过程，对各门学科方法论进一步地概括，较深入地研究各种方法论共同的一般问题，构成具体学科方法论的一般原理。本章的重点主要包括一般方法论的结构模型分析，项目评价方法论范式转换，以及项目评价方法论结构。

第一节　一般方法论的结构体系

方法论是对方法的理论探讨，是关于方法的一门学说。方法论可在一定程度上视为对方法的反思，是众多具体方法的共性的升华，具有普遍适用性。研究表明，方法论具有层次性，通常，按照方法论的概括程度和适用层次的不同，方法论可以分为哲学层面上的方法论、科学层面上的方法论、技术层面上的方法论和项目层面上的方法论。本节对一般方法论的内涵与外延、一般方法论的层次结构，以及一般方法论的逻辑结构进行深入分析。

5.1.1　一般方法论的内涵与外延分析

方法是指人们为解决问题而采取的途径、步骤、程序和手段等。在古希腊文中"方法"是"μεταοδοs"。字面的意思是指沿着正确的道路前行。中国古代"方法"的本意是指衡量器物形状的办法和技术。"方法"一词，在我国最早见于《墨子·天志》篇，墨子把以规度量圆形之法称作圆法，把以矩度量方形之法称作方法。这里的圆法、方法就是规则规范的意思。孟子的"不以规矩，不能成方圆"就是说，"以规和矩作标准来做出方和圆的物体"。古人讲的"工欲善其事，必先利其器"，就是这个道理。概括地说，方法是主体认识客体和改造客体的桥梁。

方法以某种特有的规定性，总是力图告诉人们应该做什么，不应该做什么；先做什么，后做什么；怎样做才能更有效果等。它伴随着人们认识和实践水平的提高，丰富了方法的内涵。

方法论（Methodology）是一种古老而又时尚的概念。从众多的方法论定义中可以作出如下概括：

方法论是关于认识世界和改造世界的方法的理论，按其不同层次有哲学方法论、一般科学方法论、具体科学方法论之分（辞海，1999年版）。

方法论是作为每一门学科科学的特殊方法的一种总称（哲学词典，1983年版）。

方法论是一门学科所使用的主要方法、规则和基本原理，是对特定领域中关于探索的原则与程序的一种分析（韦伯斯特大学词典，1977年版）。

方法论是方法的科学或方法的有序安排，特别是对与科学探索和哲学探索的推理原理应用有关的逻辑学分支；是任何特定学科科学中的方法体系（韦氏美国英语词典，1968年版）。

方法论是指"在给定领域中进行探索的一般途径的研究"。[1]

方法论是对方法的理论探讨，即关于方法的一门学说。方法论可以看作是方法学，通常分为哲学方法论、科学方法论、学科方法论。方法论可在一定程度上视为对方法的反思。[2]

方法论已成为历史学家、哲学家、科学家跨越时代、超越时代、超越时空的一个永恒的哲学命题。本书认为，一般方法论是关于认识世界和改造世界的方法积淀，是探讨、反思和创新的理论体系与哲学命题。一般方法论的内涵与外延可以概括为：其一，方法论作为哲学命题，主要是指方法论与世界观密切相关，方法论的理论基石是哲学，因为哲学是理论化、系统化、集成化、实践化的世界观、人生观、价值观和方法论，哲学方法论是认识世界和改造世界最根本的方法；其二，方法论作为理论体系，是指若干相互联系的因素、事物或思想构成的有机整体，由自然、人类社会、人文，以及三者融合、交叉、综合而成的系统、管理、价值及其哲学、科学理论构成了方法论的理论体系；其三，方法论作为方法体系，是指方法论综观古今中外、人事物及其交叉融合综合集成众多的领域内的各种方法于一体，阐明方法的历史渊源、文化传统、研究价值、标准、规范科学伦理、理论探讨等诸多问题；其四，方法论作为操作体系，是指对研究程序的理论探讨和反思，其中涉及研究问题的价值分析、方法选择与方法论框架的构建、资料搜集、筛选与检验、模型建造与运作、研究成果的阐明与校验等。

在方法论的研究中，必须对其中的一些基本范畴作出科学的界定，避免混淆概

---

[1] [美]唐·埃思里奇. 应用经济学研究方法论. 经济科学出版社，2003. 第26页
[2] 朱成全. 经济学方法论. 东北财经大学出版社，2003. 第2~3页

念的错误。

第一,区分方法和方法论是两个不同的基本范畴。方法是指具体操作的手段、程序和途径。方法论是关于方法的理论,它是一门科学,是一门学问。方法论是关于从事工作、研究、想问题、做事情等各种活动的手段、程序和途径的学说。

第二,方法论是关于行动规律的科学。从评价的系统观点出发,都必须回答两个方面的问题。一是,必须回答所评价的对象"是什么"和"不是什么"的问题;二是,必须回答根据对评价对象的认识,评价应该"怎样做"和"不怎样做"的问题。前者是关于对象的理论,它的任务是揭示对象的本质和规律;后者是关于行动的理论,它的任务是揭示行动的规律,并根据对这种规律的认识,提出从事各种活动的方法。对象的理论主要是回答认识世界的问题,行动的理论主要是回答改造世界的问题。认识世界的目的在于改造世界,建立对象理论的目的是为建立行动理论提供理论基础。

第三,依据方法论各要素的概括程度、适用范围和层次水平的不同,方法论体系具有不同的层次结构,如哲学方法论、科学方法论、技术方法论、项目方法论。在这种划分的基础上,对每一个层次的方法论的构成还应进一步细化。不同学科的研究,应该采用不同的方法论。

5.1.2 一般方法论的层次结构分析

孙显文在《方法论的系统论和层次论》一文中,认为韦诚文中具有开拓性意义的是提出了方法论系统五级层次结构,即哲学方法论、科学方法论、理论方法论、技术方法论和公理方法论。《辞海》(1999年版)对方法论的注释中描述为"按其不同层次有哲学方法论、一般科学方法论、具体科学方法论"。本书基于前述的哲学是关于方法论的体系,提出了方法论的四层结构,即哲学方法论、科学(基础科学、一般科学)方法论、技术(技术科学、具体科学)方法论和项目方法论。

1. 哲学方法论

哲学方法论,作为具有普遍意义的方法论是不言而喻的,然而,对于哲学方法论的界定是有所不同的。在哲学界,比较流行的观点是站在世界观和方法论"同一论"的立场上,来界定哲学方法论的。《中国大百科全书·哲学I》把哲学方法论界定为"关于认识世界、改造世界,探索实现主观世界与客观世界相一致的最一般的方法的理论"。[①] 哲学方法论是关于认识、改造自然界、人类社会和人文的最根本的方法的理论。一般来说,有什么样的世界观就有什么样的哲学方法论。但是,这并不否定世界观和方法论的差异性。世界观是人们对于整个世界的根本看法。它是

[①] 《中国大百科全书·哲学I》. 中国大百科全书出版社,1987. 第203页

主体对关于宇宙世界的知识，是作为人们认识世界的成果形式存在的。而方法论，作为认识世界和改造世界的根本方法，则不仅包含着关于外部客体的各种知识，还包含着对主体获取客体知识过程的认识，以及对主体实现目标的具体的途径和相应手段的认识。

根据相关文献分析表明，哲学方法论可以分为宏观结构和微观结构，从事哲学研究的学者们已经做了大量的研究。哲学方法论的宏观结构是由三个部分或元素构成的。这三个部分或元素即是唯物主义方法论、辩证法方法论和历史唯物主义方法论。哲学方法论的微观结构，也就是说，哲学方法论宏观结构中的任何一个元素，即唯物主义方法，或辩证法，或历史唯物主义方法自身还具有一个内部结构。这种微观结构，对于哲学方法论宏观结构的任何一个元素都是适宜的。它也是由三个方面的要素或成分所构成，即原则的方法论、规律的方法论、辩证思维方法论。哲学方法论宏微观结构的各个要素并不是简单的堆砌，它存在着自身所特有的结构的组合方式。根据这些观点，可以构造如下一个结构模型。如图5-1所示。

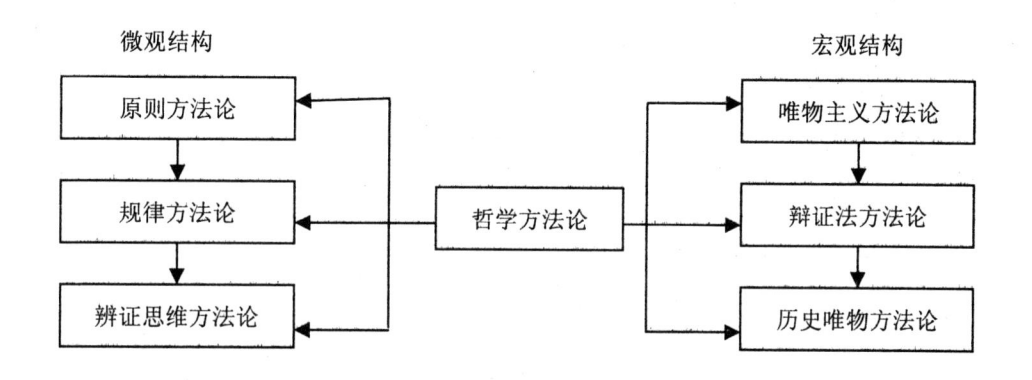

图 5-1 哲学方法论层次结构图

哲学方法论具有自身的一些特点：其一，哲学方法论与哲学世界观是统一的。恩格斯说，"马克思整体世界观不是教条而是方法"。深刻揭示了辩证唯物主义的哲学，既是世界观又是方法论的统一性。其二，高度的概括性，哲学方法论的高度概括性表现为对各种不同思维方法的概括总结。其三，普遍适用性，哲学方法论揭示了思维活动的一般规律，展示了思维过程的一般过程，决定了它在自然、人类社会和人文之间诸关系中可以普遍适用。

2. 科学方法论

科学方法论是"以科学方法为研究对象的学科，是关于科学认识及其方法的哲学学说或理论。狭义指自然科学方法论，广义指包括自然科学、社会科学等的科学方法论"。① 科学是关于自然、社会和思维的知识体系,科学的任务是揭示事物发展的客观规律,探求客观真理,作为人们改造世界的指南。人们最早是用拉丁文"scientia"表示"科学"概念;中国古代《中庸》上用"格物致知"表述实践真知的概念;日本转译为"致知学",明治维新时期,日本教育家福泽瑜吉将"scientia"译成"科学"。1893年,康有为引用"科学"二字,科学启蒙大师严复在翻译《天演论》时,也用"科学",此后"科学"二字在中国被广泛应用。

通过查阅相关文献可知,关于科学知识的分类,古希腊哲学家亚里士多德提出"三分法",即把人类知识按其对象分为自然界(物理学)、社会(伦理学)、思维(逻辑学)三个部分开始,后来有英国经验论哲学家培根的主观分类法,法国实证主义哲学家孔德的客观分类法等等。但是,各个分类方法,都无一例外地把所有人类的知识果实,包括哲学思维和技术应用在内,全方位地纳入到了自己审视的范围。但是,作为科学方法论的分类,应该在排除哲学思维和技术应用的基础上加以界定。也正是在这个意义上,我们可按照科学方法论的不同研究对象,从最基础的意义上将之划分为三个主要层次,即自然科学方法论、社会科学方法论和人文科学方法论。当然,这三个层次的科学方法论,也是互相贯通、相互衔接的。同时,每一领域内的研究又都离不开科学观察方法论、科学实验方法论和科学知觉方法论的指导和验证。这种科学方法论的理论结构可以描述为如下一个结构。如图5-2所示。

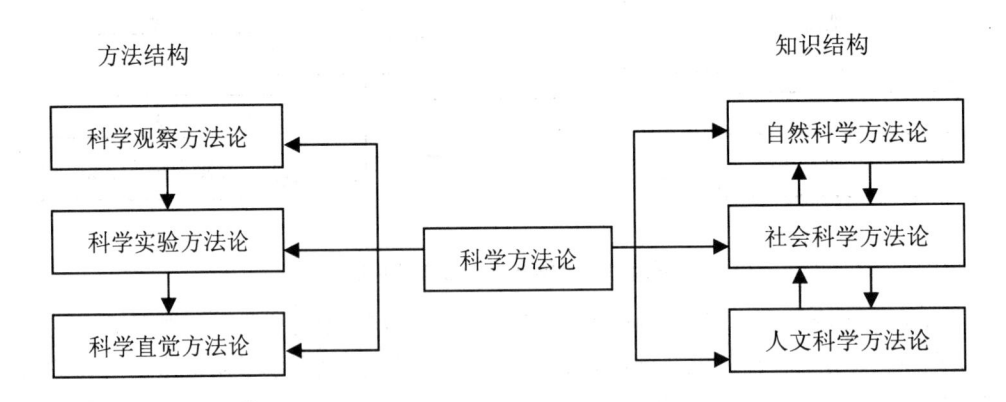

图 5-2 科学方法论层次结构图

科学方法论是指在科学理论指导下,以自然、社会和人文科学研究活动为对象,正确认识自然、社会和人文等客观事物的本质和规律,探索考察研究活动中所运用的科学方法的特点、功能、各方法之间的关系及其应用和发展规律的理论。

科学方法论的主要特点是:其一,相关性。科学方法与科学的产生和发展是相

---

① 宋健,惠永正. 现代科学技术基础知识. 科学出版社,中共中央党校出版社,1994. 第2页

辅相成的，科学随着科学研究方法的进步而发展，科学研究方法则在科学发展中不断完善和创新。其二，综合性。随着科学的发展，既高度分化又高度综合的整体化趋势，基于科学方法中各人、事、物科学方法的特点、功能和应用条件，可以探索其融合、综合、交叉适用于系统科学、管理科学、软科学和价值科学中。其三，移植性。随着各领域科学之间相互渗透、融合而产生"移植方法"，实质是指一个科学领域中，对另一个科学领域的理论和方法的借用，如数学规划论移植于多目标（多准则、准则间有冲突）、多决策者的项目选择中的 MCDM（multiple criteria decision making）。其四，整体性。整体性综合集成方法的产生和不断完善创新，使硬科学和软科学、定性综合集成和定量综合集成、自然科学、社会科学与人文科学的联系紧密，整合日益突出，加速了软科学、系统科学、管理科学和价值科学的交融与发展。其五，横断性。抛开具体的人、事、物运动形式，而从中找出具有的共同特性、关系和规律进行研究产生了既是新科学理论又是新科学方法的横断科学方法，把科学方法的研究提高到一个崭新的高度。如突变论、协同性、耗散结构论中的和谐理论用于社会和谐、人与自然的和谐、管理和谐等。

科学方法论是处于顶层哲学方法论和技术方法论之间的第二个层次，它以哲学方法论为理论基石，是哲学方法论的基础，同时科学方法论又是技术方法论的理论基石。

3．技术方法论

科学是技术的理论基础，技术是科学的实际应用。科学的目的在于认识自然，理解自然，解决"是什么"、"为什么"的理论问题；技术的目的在于利用自然、控制自然、改造自然，解决"做什么"、"怎么做"的问题；科学研究是把实践经验上升为理论，技术研究则是把理论认识应用于改造自然的实践。

狭义的技术概念是指技能、机器、工具和工艺。广义的技术可以概括为两种类别四种形态。两种类别，即硬技术（物态技术、机器、工具等）和软技术（经验、技能、工艺等）；四种形态，即实验技术、生产技术、服务技术和管理技术。技术方法是关于技术创新活动的正确手段和正确行动规则。

技术方法论是从技术总体上探讨技术的性质、作用、发展规律和技术创造活动的理论。它是把人类对人事物的技术创新活动及其一般方法为研究对象，是关于技术决策、技术创新、技术开发的一般方法的理论。技术方法论重视的不是创造发明的结果而是其方法。重视的是精神变物质，认识回归实践的过程。技术方法论的发展历经古代工匠的经验技艺阶段，近代以分析方法为主的阶段，至现在的系统综合集成方法阶段。技术方法论的主要特征是：其一，广泛性。技术方法是从特殊、个别的技术方法抽象、概括和发展起来的，它着眼于一般技术方法的规律性，考察客观世界的所有技术领域和范围之内的整个技术创新过程。研究范围之广是特殊技方法所望尘莫及的。其二，综合性。技术工作的特点是在科学原理的运用上具有明显的综合性，而且综合范围很广泛，要综合运用自然科学、社会科学、人文科学等科学阐述其原理。如技术经济学、技术美学、技术贸易学、技术创新学等。综合科学方法为理论基础。其三，整体性。技术方法论着眼于技术实施的客观效果的整体性，客观效果要从整体出发，要符合自然规律，要符合社会需求，要符合人文精神标准，以及这些因素之间的协调与和谐。其四，约束性。技术创新活动，必然在技术本身条件、自然环境条件、社会经济条件以及人文伦理道德准则等多约束的条件下进行，必须在众多约束条件下解决技术创新活动实践中出现的问题，即技术方法应用、选择和匹配等问题。

技术方法论是介于科学方法论和项目方法论之间的层次，它以项目方法论为基础，是项目方法论的理论基石，它的发展依赖于科学方法论的发展。

4．项目方法论

项目方法论是解决项目构思、决策、设计、管理和评价等过程所采取的特定活动方式和方法理论的探讨。项目方法论在研究项目决策管理评价等方法的功能、特点的基础上构建项目方法体系结构，以及决策管理评价等方法的综合集成和方法、问题的反思与技术方法的创新。

项目方法论的基本特点是：其一，广泛性。项目方法论的应用范围极其广泛，涉及人事物及其相互关联的领域，大至宇宙世界、区域、国家，如阿波罗登月，世界反恐，区域地震、海啸预警，中国三峡工程；小到一个企业的投资决策项目。其二，综合性。从项目整体效益来说，除了经济效益外，还要考虑社会效益、自然生态效益以及人文伦理效益。多数项目属于多目标、多属性、多准则，其相关性互斥性要综合集成处理。其三，复杂性。项目系统的参变量有定性的与定量的、静态的与动态的、确定性的与风险性的（随机的、灰色的、模糊的），且其相互间有非线性、时滞的特性。其四，多样性。项目决策管理评价等方法各具特色，呈现出五彩缤纷的多样性，如专家咨询的德尔菲法、定性定量结合的层次分析法、随机参变量的概率分析、灵敏度分析等。

5．一般方法论的层次特性比较

项目方法论是方法论层次结构的最低层，技术方法论是其理论基石，是微观意义上的技术方法论。作者基于上述各层次方法论的分析，对各层次方法论的目的任务、与生产力的关系、研究方法、形态、观察角度、层次间的作用，以及适用范围做进一步的比较分析。方法论的层次特性比较如表5-1所示。

表 5-1　一般方法论的层次特性比较

方法论层次 项目	哲学方法论	科学方法论	技术方法论	项目方法论
目的任务	认识世界与改造世界	认识世界	改造世界	改造世界
与生产力的关系	孕育生产力	间接潜在生产	直接形成生产	现实生产力
研究方法	创造思维探索	逻辑思维直觉	客观分析综合	微观公理运用
形态	无形且为 纯知识形态	←——→		有形且为 物质形态
观察角度	宏观一般性	←——→		微观特殊性
层次间的作用	指导理论			基础实践
适用范围	大而抽象	←——→		小而具体

5.1.3　一般方法论的逻辑结构

逻辑结构是由若干事物、思想、方法、要素按照其内在的相互联系、相互制约的规律性关系结合成的有机整体。作者通过对方法论的相关文献检索研究、传承创新，进而提出方法论的逻辑结构模型，它是由众多纵横（深度、广度）交叉融合的方法论构成，其横向（广度）由三个基本要素——自然科学方法论、社会科学方法论、人文科学方法论及其交叉融合综合集成的四要素——系统科学方法论、管理科学方法论、软科学方法论、价值方法论构成，其纵向（深度）层次由哲学方法论、科学方法论、技术方法论和项目方法论构成。如图 5-3 所示。

其中，第一层次为古代、近代、现代哲学思想；第二层次由三个基本科学方法论要素及其交叉融合的综合集成的四个科学方法论要素组成；第三层次由硬技术、软技术、综合集成技术方法论组成；第四层次由自然工程、经济社会、自然社会人和谐项目方法论组成。图中单向箭线表示组成要素之间的逻辑关系，即上层是相应下层的理论基石，下层是相应上层的应用。

下面对科学方法论层和技术方法论层的构成要素作概要分析：

1. 科学方法论层

（1）自然科学方法论。自然科学是关于自然界各种物质现象的本质及其运动规律的知识体系。自然科学的任务是研究自然界各种物质的形态、结构、性质和运动规律，不断探索新现象、揭示新规律、提出新概念、建立新理论。自然科学方法论是关于自然科学一般研究方法的规律性的理论，是以自然科学研究活动为对象，探讨在研究活动中运用的一般科学方法的特点、功能，以及各方法间的相关性、应用及发展规律的理论。

```
哲学       ┌─中国古代、近代、现代哲学思想（公元前11世纪～现在）─┐  ┌─西方古代、近代、现代哲学思想（公元前600年～现在）─┐
方法论                                              ↓  ↓
                              ┌──────── 哲学方法论 ────────┐

科学                 自然科学方法论          社会科学方法论           人文科学方法论
方法论                     ↓                    ↓                    ↓
                              系统科学方法论
                              管理科学方法论
                              软科学方法论
                              价值科学方法论

技术       硬技术方法论           软技术方法论           综合集成技术方法论
方法论

项目       自然工程项目方法论      经济社会项目方法论      自然社会人和谐项目方法
方法论    （结构化、定量、物）   （非结构化、定性、     论（非结构化，定性、定
                                 定量、事）            量、人、事、物）
```

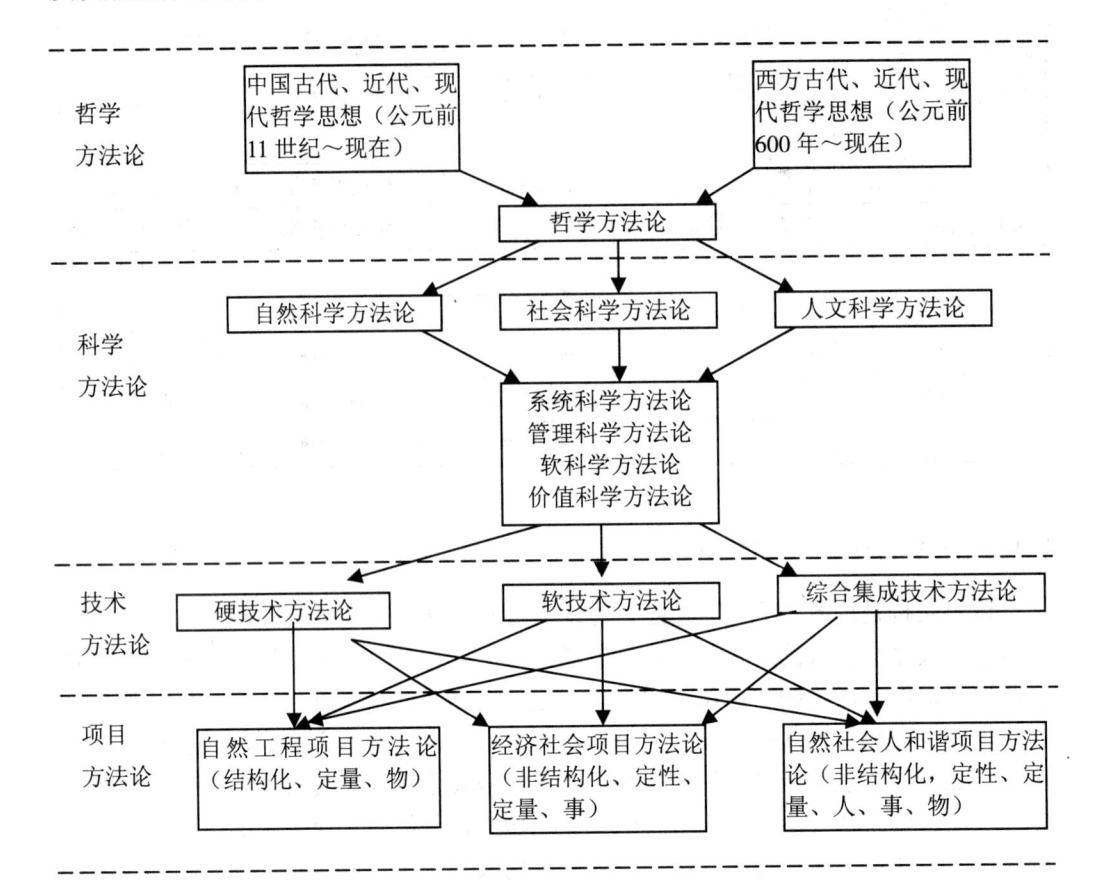

图 5-3　方法论逻辑结构模型

（2）社会科学方法论。社会科学是关于各种社会现象的本质及其产生和发展规律的知识体系。它通常是以社会的组织、结构和发展规律为研究对象。社会科学方法论是以社会科学研究活动为对象，主要考察研究活动中所适用的一般科学方法的特点功能、约束条件，以及方法间相互联系、相互制约的关系、应用和发展规律的理论。

（3）人文科学方法论。人文科学是以人的存在和意义为研究对象。人文科学方法论是以人文科学的研究活动为对象，阐明研究活动中所适用一般科学方法的特点、功用、应用条件及其综合集成适用规律的理论。

（4）系统科学方法论。系统科学是以系统思想为中心，研究系统概念、类型、

特点、运动规律的一类新兴科学群。系统科学方法论包括系统论、信息论、控制论、耗散结构论、协同论、突变论等。它是以系统科学研究为对象，开发和获取解决系统问题，提供选择一般科学方法的理论。

（5）管理科学方法论。管理就是指人们在认识客观事物内在联系和外在环境及其相互关系的基础上，通过计划、组织、指挥、协调、控制和创新等职能，有效地利用人力、物力、财力等资源要素，以达到人们预期目标的动态过程。管理科学是综合运用社会科学、自然科学、人文科学的理论方法研究管理活动的目标、基本规律和一般方法的综合性的科学。管理科学方法论研究管理方法的分类、结构、特点、应用时的范围、原则，及其各种管理方法的交叉、组合和互补、综合集成运用的理论。

（6）软科学方法论。软科学是现代自然科学、社会科学与人文科学交叉发展逐步形成的，以决策研究为核心，高度综合的新兴科学。软科学方法论是关于软科学研究方法的理论。它综合了自然科学方法论、社会科学方法论与人文科学方法论，以定性和定量相结合的系统方法为其主要研究方法。

（7）价值科学方法论。价值科学是研究一般价值理论和贯穿于各领域中的一般价值理论的综合性科学。价值科学方法论探讨价值问题研究的不同思维模式，从主客体的辩证关系出发，用马克思主义关于主体—客体的理论和方法考察科学价值问题，作为价值研究的主要方法。

2. 科学方法论的特点比较

作者检索了大量科学方法论的论述，从三个基本要素和四个交叉融合要素的研究对象及其特点、主要研究手段和目标、要素之间的关系、表达手段，以及从价值观的角度对科学方法论的特点进行比较分析。如表 5-2 所示。

3. 技术方法论层

作者按照硬系统思想（客观存在、结构化、数学模型）、软系统思想（主观描述、非结构化、概念模型）以及二者相结合的综合集成技术方法论分析如下：

（1）硬技术方法论。硬技术思想是指系统是客观存在的，通过客观分析，可以弄清系统内部各部分之间的相互联系、相互作用的规律，即结构清晰，可以实现对系统的预测和控制。硬技术方法论是以硬系统思想为基础，解决系统问题而提供的一组选择适用方法的思想、原则、步骤、操作的理论。常用的硬技术方法如运筹学、系统工程、控制论等。

（2）软技术方法论。软技术思想是指系统是人的主观意识构建的产物，通过对系统情景的描述和表达建立概念模型，通过与现实系统的比较，提出改进实施方案，逐步解决系统问题。软科学方法论是以软系统思想为基础，解决现实世界多数非结构化的"软"的问题而提供一套使系统内成员的价值观能够得到表现，其主观意识和偏好得以开展自由、开放、透明的辩论,在此基础上达到共识的理论、原则、步骤操作的理论。由于人的主观认识、偏好、权利、资源、信息的不对称,软技术方法论应用领域主要是解决非结构化的管理决策问题。

表 5-2 科学方法论的特点比较

类别\项目	自然科学方法论	社会科学方法论	人文科学方法论	系统科学方法论	管理科学方法论	软科学方法论	价值科学方法论
研究对象	自然界（物）	社会世界（事）	精神世界（人）	系统世界	管理世界（物、人、组织）	决策为核心	价值世界（主客体关系）
研究对象特点	简单、可重复	复杂、不可重复	个别性	整体性	综合性	交叉性	广泛性
主要研究手段	物理手段、实验法	社会调查、统计法	解释描述	运筹学、控制论等	综合效益、优化方法	定性、定量综合方法	解释学方法
关系	人文科学基础	自然科学、人文科学特质	自然科学灵魂	自然科学、社会科学综合	自然科学、社会科学、人文科学的统一	现代自然科学和社会科学的融合	人、事、物领域价值
研究目标	求真	求善	求善、美	整体最优	效益最大	科学民主决策	实效
表达手段	精确数字化	抽样统计	模糊解释	优化数理方法	投入产出	模拟仿真	描述解释
价值观角度	易"价值中立"	难"价值中立"	非"价值中立"	整体价值	价值优化	综合价值	追求目标

（3）综合集成技术方法论。基于系统思想,综合集成的含义是合成、组装、整合一体化的意思。是把各部分（要素）融合组成一个优化、高效、统一的有机整体。综合集成技术方法论是把专家体系、数据和信息体系,以及计算机网络体系结合起来,构成一个高度智能化的人、信息、计算机体系,发挥系统的智能优势、综合整体优势、现代信息技术优势及定性、定量结合辩证优势的一套途径、路线、原则、步骤、程序和操作理论。主要包括:

定性综合集成。由不同的学科不同领域组成的专家体系,把多学科交叉领域专家们的科学理论、经验知识、智慧结合起来。通过结合、磨合、融合,从不同领域（自然、社会、人文）、不同角度研究同一对象系统,提出定性经验性判断,如猜想、思路、对策、方案、设想等,这一过程是以形象思维、经验思维为主,是信息、知识和智慧的定性综合集成。

定量综合集成。基于研究对象系统相关数据信息资料建立数据信息体系，基于对研究系统的系统分析构建评价指标体系，基于对象系统的结构、功能、特征建立和选用评价模型和方法体系，在计算机网络体系支持下，通过模型运作、仿真试验等手段完成对象系统整体的定量描述。

定性与定量结合的综合集成。基于定性综合集成提出的经验假想与定性判断，为了用严谨的科学量度去验证经验性判断的正确性，需要把定性描述上升到整体的定量描述，这种定量描述可以用描述性指标或评价指标或其他数据关系表达。实现这一步，即定量定性相结合综合集成。可以用计算机网络的丰富信息资源通过模型运作、仿真试验等手段完成。定性方法论与定量方法论比较表如表 5-3 所示。

表 5-3 定性方法论与定量方法论比较

方法论类别 项目	定性方法论	定量方法论
世界观角度	不存在可重复性、可公共确认的客观真相	存在一个客观且唯一存在的真相
价值观角度	不存在价值中立，受研究者主观价值影响	价值中立，避免研究者主观价值影响
研究基础	经验事实	数据统计信息筛选
"真"的含义	研究者主观构建的是多元的"真"	客观存在的唯一的"真"
研究结果表达	描述和解释	数字表达
研究对象特点	非结构化	结构化清晰
研究成果检验	专家鉴定	实践检验
研究者与研究对象关系	接受二者互动	排除二者互动
研究类型	体验式观察访谈	非体验式调查试验
研究模式	人文主观的理解、解释	建立通则/客观存在

第二节 项目评价方法论的范式转换

范式是科学共同体在某一专业或学科中所具有的共同规范，它规定着共同体内所遵循的基本理论、基本观点、基本方法，提供了共同的理论模型和解决问题的框架。本节在项目评价方法及其特征分析的基础上，对项目评价方法论的基本范式及其转换问题进行阐述。

5.2.1 项目评价方法特征比较分析

对项目评价方法的选择直接影响到评价结果,科学有效的评价结果对项目决策是至关重要的,应根据评价的目的和评价项目的特点选择项目评价方法。

项目评价的概念有狭义与广义之分。狭义的项目评价是指对一个项目经济特性的评价;广义的项目评价是指在项目决策、实施和验收活动过程中所开展的一系列分析与评价活动。如项目决策阶段对其必要性、技术可行性、经济合理性、环境可行性和运行条件的可行性等方面进行的全面系统的评价工作(目的是为项目决策提供依据);在项目实施过程中对项目实施情况和未来发展所进行的跟踪评价(目的是对项目实际进展进行监督和跟踪检查);在项目完成以后一段时间里对项目进行的后评价(目的是检验项目前期决策和调整未来项目决策标准和政策)。[1]

按照项目评价与所使用的信息特征,项目评价方法模型不外乎三种形式:基于数据的定量评价,基于专家知识、经验、偏好的定性评价,以及基于数据、专家经验知识、偏好相结合的综合评价。

按照项目评价的内容,项目评价一般分为单项评价和综合评价。其中,单项评价通常包括经济、技术、运行条件、环境影响、社会影响和风险评价等。

按照时间维度,项目评价通常分为项目前评价、中评价和后评价。

通过相关文献阅读分析,结合项目评价实践,作者认为任何一个评价项目都是一个系统(人、事、物或三者的任意组合),并由诸多的相互联系、相互制约的子系统(或部分、要素、元素)综合成具有特定目的(目标、功能)的有机整体。项目评价系统的主要特征是:整体性(综合集成经济、技术、管理、运行环境、风险等);目标性;相关性(绩效、成本、时间、质量);环境适应性(自然环境、社会环境、人文环境等);结构性(时间维——生命周期,知识维——理论、方法、模型的集合,逻辑维——过程的有序性);动态性。下面分述如下:

1. 项目评价方法的特征

经阅读相关文献,发现不少的作者对方法有过精辟的描述,如:

方者,《论语:雍也》"可谓人之方也已。"意指实行仁的方法。如千方百计,教导有方。

方法是哲学的重要内容,它带有普遍性,即在一切活动中都有一个方法问题。[2]

方法是科学的共同问题,对于研究和发展各门科学来讲,方法学的研究都是必

---

[1] 戚安邦,李金海. 项目论证与评估. 机械工业出版社,2004. 第4页
[2] 韩民青. 现代思维方法学. 山东人民出版社,1989. 第1页

要的。①

方法是指完成一个既定目标的具体技术、工序或程序。②

方法是为了达到某种目标而采取的途径、步骤、手段等。③

作者基于不同文献对方法描述的含义，结合项目评价方法的梳理，把项目评价方法的特征概括如下：

（1）整体性

基于多数项目评价客体涉及极其广泛的知识学科领域（自然界、人类社会、人文等），项目评价应从项目评价对象的整体和全面出发研究测度其内部要素之间的相互联系及其规律，进而把握项目评价对象系统的整体结构，综合集成从整体上认识和量度评价项目。

（2）相关性

任何项目都处在多重系统联系之中，是一个内外联系的综合体，如项目系统内部的人、财、物的运行条件与外部自然、社会、人文环境的影响和约束等，因此，对于多准则多属性的复杂项目，咨询专家的权重、多种评价方法综合集成的权重是很重要的相关性问题。

（3）动态性

评价项目的动态性是指项目系统的过程性，即任何项目系统都是一个产生、发展、消亡的历史过程，项目评价系统内部要素的相互作用、外部环境的相互作用决定了项目系统必然处于运动变化之中。如项目通常分为立项投资决策、项目运行管理控制、项目绩效的后评价。又如资金的时间价值问题等。因此要选择动态评价方法，如净现值、动态投资回收期等方法研究探索评价项目系统的发展变化方向与趋势。

（4）最优化

项目评价标准是评价主体在评价活动中应用于评价客体的价值尺度和界限。客观地说，项目评价的理想境界是"真"、"善"、"美"（物质价值、精神价值、人文价值）。项目评价的最优化，一是指对一个项目方案本身的不断优化；二是指多个项目备选方案通过比较鉴别选择最优，使项目系统处于最佳状态。

（5）复杂性

面对人类社会既高度分化（多极化、多元化、多样化）又高度整合（信息化、一体化、全球化）的格局，现代评价涉及多种知识、学科和领域，面临着复杂的环境（政治、社会、经济、技术、生态、人文、反恐等），以及被评价项目本身不完全

---

① 韩民青. 现代思维方法学. 山东人民出版社，1989. 序言，第 2 页
② ［美］埃斯里奇. 应用经济学研究方法论. 经济科学出版社，2003. 第 27 页
③ 李行健. 现代汉语规范词典. 外语教学与研究出版社语文出版社，2004. 第 369 页

信息（灰色的）、不分明信息（模糊的）和不确定信息（随机的），以及时滞和非线性关系。因此，定性方法、定量方法、定性与定量相结合的方法以及物理、事理、人理方法要综合集成运用。

（6）多样性

项目评价方法之多令人难以适从。对评价方法的选择，直接影响到项目评价结果的有效性、科学性。常用的方法可以概括为四类：其一，定性方法是基于专家群体的知识、智慧、经验、推理、偏好和价值观，是主观定性推理；其二，定量方法是基于定量数据统计分析的客观定量法，如项目立项投资决策运用的净现值（NPV）、内部收益率（IRR）、投资回收期（IRP）等；其三，定性定量相结合的方法，这是量质结合、主客观互动的方法，如层次分析法（AHP）、模糊综合评判等；其四，综合集成方法，这是基于综合集成思想、改造和结合两个以上的方法，实现量质结合、专家决策者结合、经验与现代数学方法结合、人与计算机网络技术结合的一种新的面对复杂项目评价系统的新方法。

2．项目评价方法比较

比较是确定项目评价方法之间的差异点和共同点的基本逻辑方法，有比较才有鉴别。下面分别对常用项目评价方法、项目定性评价方法与项目定量评价方法等进行比较分析。

（1）常用项目评价方法比较

经过大量文献的阅读分析，结合项目评价的实践，作者选择了20种常用的项目评价方法，从项目评价方法的基本特征、具体内容，以及适用的范围进行比较分析。如表5-4所示。

表5-4 常用项目评价方法比较

评价方法	基本特征、具体内容	应用项目
专家评分法	以打分的方式化定性为定量，并进行数理统计分析	用于项目方案排序、选择、投资决策评价等
同行评议	同行专家对项目质量、水平、价值作客观有深度的评选	基础研究、应用研究项目的审批和选择等
层次分析法（AHP）	递阶层次结构两两相对，构建比较判断矩阵，化复杂问题为简单问题，专家决策者参与	各学科领域项目，应用广泛
德尔菲法（Delphi）	专家匿名多轮咨询，统计分析，专家知识、智慧、偏好、价值观综合	项目预测、决策、立项
模糊综合评价	用数学方法处理模糊性多目标问题	适合各学科领域、各阶段项目评价

续表

评价方法	基本特征、具体内容	应用项目
数据包络法（DEA）	用数学模型计算相对效率，时间序列测度	用于多目标决策项目
灰关联分析	灰色指标白化处理，相关性测度	用于多目标决策项目
文献检索计量	发表、引文统计分析，客观、公正、定量	研究类项目，高校、科研机构研究项目评价
主成分分析	筛选简化多目标、多属性评价指标体系，确定权重，精确处理	用于立项、绩效评价的多目标、多属性评价
价值工程（VE）	用最低成本费用实现必要功能	用于工程、产品开发立项
技术经济预测法	定性市场调查、定量时间序列因果分析	技术项目预测立项决策
成本效益分析	费用效益率、投资净现值、投资回报率等具体方法	投资产出效益评价，立项、预测、选择、决策
经济评价方法	时间性——投资回收期 价值性——净现值 比率性——内部收益率 利润——盈亏平衡分析等	从经济角度对各学科领域的立项、绩效评价
数学规划法	单一目标或多目标准则的最优化定量评价方法	数据收集齐全的项目优化选择、评价
风险及不确定性分析	敏感分析、概率分析、盈亏分析等具体的方法	技术经济预测、决策，用于立项方案选择、过程控制
物理—事理—人理（WSR）方法	东方系统方法论 定性定量方法结合 专家决策者结合 经验与数学方法结合	覆盖自然、社会、组织和人的各个领域的评价
综合集成方法	专家体系、数据信息体系与计算机网络体系相结合，定性定量多种评价方法组合	广泛具有复杂性的各个领域各阶段的项目评价
MCDM	多决策者、多目标、各准则冲突，且指标无公度性的动态决策方法	非共识项目的投资与决策评价
DHGF 集成法	Delphi 法构建评价指标体系，AHP 法确定指标权重，灰关联分析统计专家评分，模糊综合评判得结论	各领域各阶段的复杂项目评价
人工神经网络	大规模分布式、并行处理、非线性系统	用于多目标、多属性、多层次、多结构复杂项目评价

(2) 定性项目评价方法与定量项目评价方法比较

从哲学观点出发，任何事物都同时具有质和量两个方面。研究表明，定性分析是认识事物的"质"，通常是用语言描述的，认识是初步的、模糊的；定量分析是对事物进行"量"的描述，量是指事物的规模、发展程度、速度，以及其构成成分在空间上的排列组合等，可以用数量表示的规定性。定性分析是定量分析的基础，是认识事物的起点；定量分析是认识事物的精确化。为此，对项目定性评价方法和项目定量评价方法之间的本质、特性、模型、视角等内容进行比较是十分必要的。项目定性评价方法和项目定量评价方法比较分析如表 5-5 所示。

表 5-5 定性项目评价方法与定量项目评价方法比较

评价方法 比较内容	定性项目评价法	定量项目评价法
项目本质	社会、人主观构建的定性描述的社会（事）、人文（人）系统	客观存在的可知的定量表达的自然（物）系统
项目特性	非结构化	结构化
项目信息特征	偏于灰色的（不完全信息）模糊的（不分明信息）	偏于确定性、精确的信息
项目风险性	不确定性——难测定的	风险性——基于一定概率的不确定性
项目评价目标	可用、有利	准确、公正、科学
项目评价结论	定性经验性判断	定量数学表达、科学结论
项目评价基础	经验事实描述	数据统计、信息筛选
项目成果检验	专家群体鉴定	实践检验
评价者角色	互动的	被动的
价值观视角	不存在价值中立、评价结果受评价者价值观的影响	价值中立 避免评价者价值观偏好影响
项目评价模型	概念逻辑模型	定量数学模型
项目决策过程	演绎式	归纳式
项目方法例	专家评分、DELPHI 法、同行评议、层次分析法、灰色关联分析、模糊综合评判等	经济评价法（净现值、内部收益率、动态回收期等）、主成分分析、文献计量、价值工程、成本效益分析等
	MCDM 模型，物理—事理—人理综合集成方法	

(3) 经济、技术、R&D 项目评价比较

作者对不同类型的项目（经济项目、技术项目、R&D 项目）评价进行了理论分析，对经济、技术、R&D 项目评价，从评价目的、目标、参数、指标、程序和具体方法方面进行比较分析。比较结果如表 5-6 所示。

表 5-6 经济、技术、R&D 项目评价比较

评价项目 比较内容	经济项目评价	技术项目评价	R&D 项目评价
评价目的	多个候选项目选优，单个项目优化立项		
评价总目标	经济可行性、合理性	技术可行性	科学价值、质量、水平
基本评价目标	盈利能力、清偿能力、外汇平衡能力	技术先进性、适用性、可靠性、经济性	技术产出（专利等）、经济产出（投资回收等）、知识创新（论文著作等）
评价参数或标准	基准收益率、标准投资回收期、社会折现率	成功概率、经济效益、市场需求、研发成本	经济效益、学术或技术收益、社会收益
主要评价指标	基于资金时间价值的动态指标、基于指标性质的时间性、价值性、比率性指标	功能性指标、经济型指标、环境社会分析指标、适应性指标	经济性指标（现金流量回收率）、学术或技术性指标（发、引文分析）、社会指标（政策性建议，国际交流）、人才培养指标
分析评价程序	分析基础财务数据、编制基本财务报表、分析财务效益指标、提出财务评价结论	收集分析相关技术资料、分析技术发展趋势、划分技术问题层次、技术经济分析	确定评价对象、选择评价方式、确定评价指标、构建评价模型、提出评价结论
具体评价方法	定量分析为主的数学规划法、净现值内部收益率、投资回收期等	定性定量相结合为主，价值工程、市场调查、时间序列与因果分析预测法	专家定性判断为主、非共识为辅的同行评议，回溯分析，文献计量
	DELPHI 法、层次分析法、数据包络法、模糊综合评价、灰关联分析、敏感性分析、概率分析、MCDM、综合集成评价、成本效率分析、财务与国民经济评价		

5.2.2 项目评价方法论的范式转换

范式（paradigm）一词源于希腊文，有"共同"之意，由此引申出模式、模型、范例、规范等意，而对于范式的深入研究应追溯到美国科学家托马斯·库恩的研究，他在 1962 年出版了经典著作《科学革命的结构》，在此书中，库恩创造性地引入"范式"概念，目的在于说明科学理论发展的本质和规律性。用库恩的范式概念分析项目评价方法论发展，目的是为了探索项目评价方法论的本质和规律。

1. 范式述评

用库恩的范式概念，考察审视古、近、现代人类的评价认识活动，一个是笛卡儿·培根开创的"分析"范式；另一个是由亚里士多德、贝塔朗菲和道家始祖老子倡导的"整体"范式；再有是由中国科学家钱学森提出的"综合"范式。"分析"范式与"综合"范式比较如下：

还原论的"分析"范式的特点是：事物可以分解还原成要素，要素间割裂联系，解决了要素问题也就解决了整体问题，要素好整体一定好，事物不存在进化发展历程。整体论的整体"范式"和综合"范式"的特点是：事物是相关要素有机结合的整体，要素间联系复杂，要素性质不能决定整体性质，以整体功能最优为目标，事物有产生、发展和消亡的历程。基于两种基本范式的特点，结合人们认识问题、分析问题的方式方法，提出两种基本范式方法比较。如图 5-4 所示。

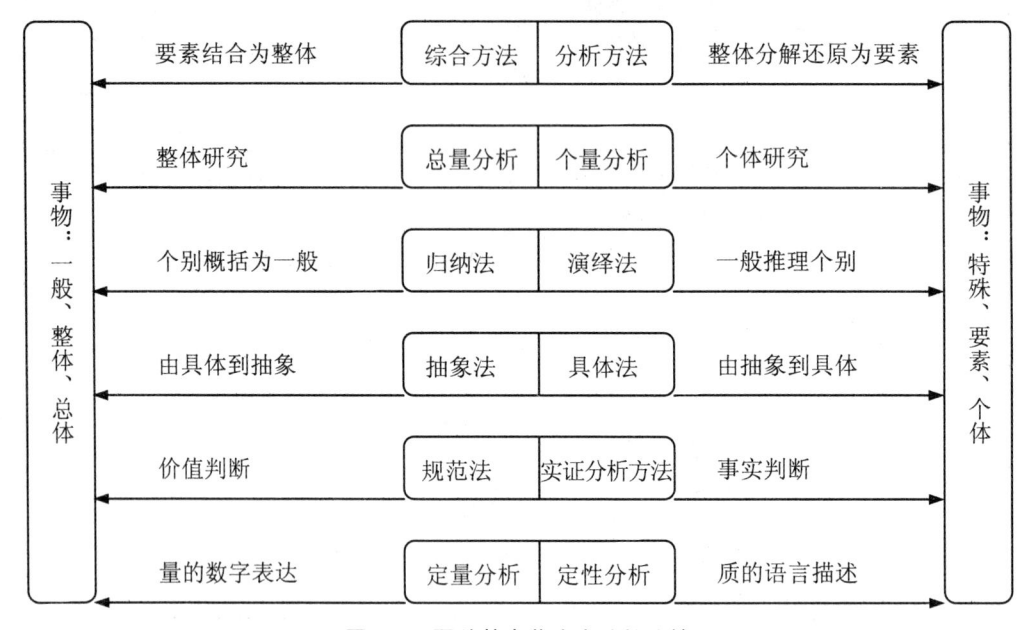

图 5-4 两种基本范式方法的比较

(1) 分析与综合。分析与综合是抽象思维的基本方法。分析是把整体分解为部分，把复杂的事物分解为简单要素分别加以研究的一种思维方法，分析的方法体现了具体问题具体分析这一辩证法的活的灵魂，分析方法的局限性在于把本来相互联系的东西割裂开来考察，易于造成孤立、片面地看问题；综合是把事物的各个部分、各个方面和各种因素联结起来考虑的一种思维方法。综合不是把事物的各部分捏合、机械相加、简单堆砌在一起，而是按照事物各部分间的有机联系从总体上把握事物的一种思维方法。综合方法优于分析方法之处在于把握了事物本来的有机联系，揭示出事物的本质。

人类整个认识过程是分析与综合的辩证统一。恩格斯说，"思维既把相互联系的要素联合为一个统一体，同样也把意识的对象分解为它们的要素。没有分析就没有综合"。[①] 分析与综合的辩证统一，表现为二者相互依存、相互渗透。综合以分析为基础，认识才能深入，避免空洞抽象，只有分析没有综合，认识可能囿于枝节之见，不能统观全局。

(2) 个量分析与总量分析。个量分析又称个体的研究方法，主要是以单个主体活动为研究对象。它是在舍弃其他复杂的外在因素的前提下突出个体活动。个体分析对个体的具体情况和局部特征的描述十分清楚，对其认识达到一定的精确性。但其局限性表现为只注重个体，而忽视宏观整体问题及其对个体行为的影响。总量分析，又称整体分析，是以项目总体或总量为研究对象，它是假定个量不变（或已知）的前提下研究宏观总量，对项目运行的总量状况及其总体结构的基本状况把握具有重要作用。但这种分析的局限性是忽视个量对总量的影响。系统科学表明，个量与总量不仅是相互区别的，而且是相互联系的。对于复杂的项目影响来说，个量是总量的基础，但总量不是个量简单地相加、机械地堆砌，而是有机地联系，所以，个量分析和总量分析是互为前提的，必须综合地利用。

(3) 归纳法与演绎法。归纳法是从个别或特殊的事实中概括出一般原理的一种思维方法。归纳法的客观基础是个性与共性的对立统一，个性中包含着共性，通过个性可能认识共性。但从个性中概括出来的结论不一定是事物的共性，也不一定抓住了事物的本质。它往往是一种不严密的、或然性的推理。演绎法是从一般到个别的推理，从一般原理推演出个别结论的一种思维方法。演绎推理的主要形式是由大前提、小前提和结论组成的三段论。演绎推理是逻辑证明的工具，是一种必然性的推理，是作出科学预见的一种手段。

正如一切客观事物都是个别和一般的统一体，在思维中，从个别到一般和从一般到个别的推理也是相辅相成的。演绎必须以归纳为基础，因为演绎出发点的一般

---

① 恩格斯. 反杜林论. 人民出版社，1970. 第39页

原理往往是由归纳得出来的。归纳需要以演绎为指导。在实际的认识过程中，归纳与演绎是互为条件，互相渗透的。

（4）抽象法与具体法。任何事物都有它的现象和本质。事物的现象指事物的外部形态、外部联系；事物的本质是指事物内部的矛盾运动、内部联系。抽象法，就是透过现象，深入里层，抽出本质的过程和方法。如毛泽东同志精辟地概括为"去粗取精、去伪存真、由此及彼、由表及里"。[①] 更确切地说，抽象法是在大量具体成性材料的基础上，舍弃其现象的、表面的、偶然的和孤立的成分，抽取其本质的、内在的和必然的东西，以揭示事物的本质和规律的思维方法。具体法是我们认识客观现实的起点，充分地、实在地、详尽地掌握和占有客观事物的多方面属性、特点、关系和它们的统一整体，作为科学抽象的前提、基础和必要条件。

从对事物完整的认识来说，科学抽象法的适用过程，一般表现为从"感性的具体"到"抽象的概念规定"，再从"抽象的概念规定"上升到"思维中的具体"这样两个阶段。"感性的具体"是人在实践中获得的对于研究对象的感性直观，它虽然具有生动性和整体性，是我们认识现实的起点，但它本身不能对事物的本质及其关系作出说明，必须把"感性的具体"通过思维分析活动，抽取那些本质的、必然的东西，形成各种"抽象的概念规定"，这也是思维的抽象过程。要真正达到对事物本质的全面认识要运用综合的方法把各个方面的"抽象的概念规定"联结为一个统一的思维的具体整体。

（5）规范法与实证法。实证主义创始人孔德认为，实证一词具有"实在"、"有用"、"确定"、"精确"、"相对"等含义。一切科学知识必须建立在来自观察和实验、经验事实的基础上，经验事实是知识的唯一来源和基础。实证分析是指分析项目"是什么"的方法，是对事实判断的分析，即对客观事物的状况及客观事物之间关系是什么的事实性陈述的分析。"规范就是标准，包括两个方面：具体的和原则的，前者属于规定的，后者属于提倡的"。[②] 规范分析是指分析项目"应该是什么"的方法，即关于价值判断的分析，也即对价值主体与价值客体之间的价值关系的分析。

实证分析与规范分析不仅是有区别的，而且是统一的，即规范分析应以实证分析为基础，这是因为规范分析所必需的演绎的前提应是经过实证检验的，且其分析成果也必须经过实证检验。而实证分析应在规范分析的前提下进行，对实证分析来说，无论是项目的选择、方法的采用、成果的形成等或多或少带有规范的成分。总之，两种分析是相互渗透的。

（6）定性分析和定量分析。（见本章 5.2.1，项目评价方法比较中的定性项目评

[①] 毛泽东选集（第一卷）．人民出版社，1966．第 268 页
[②] 李行健．现代汉语规范词典．外语教学与研究出版社语文出版社，2004．序，第 8 页

价方法与定量项目评价方法比较部分)。

2. 项目评价方法论的范式转换

库恩认为,科学发展是从"前科学"开始到"常态科学",经过科学革命(反常危机),再到新的常态科学。[①] 可以看出,范式是科学活动的实体和基础,科学的发展正是范式的运动,旧的范式为新的范式所代替,则导致科学革命,标志着科学发展的又一个重大转折。借鉴库恩的范式概念,可以推演出,任何理论都不是在相同的思维框架内连续地发展变化的,而是在不断改变思维框架的前提下发展,思维框架随着时代的变迁而不断地发展扬弃,评价方法论的发展变迁,同样适合这个规律。

研究表明,项目评价方法论的范式转换,可以概括为从还原论分析方法、整体论方法到综合集成论方法的过程。下面从古代、近代、现代方法发展历程,从方法论的发展阶段,从西方评价方法,以及 R&D 评价方法的发展阶段分别分析如下:

(1) 基于历史年代(古代、近代、现代)方法论发展比较

通过对相关大量文献的阅读分析,对于从历史年代方法论发展历程的年代、基本论点、代表人物、局限性归纳如表 5-7 所示。

表 5-7 古代、近代、现代方法论发展历程

比较内容＼发展阶段	古代传统整体论方法	近代还原分析论方法	现代综合集成论方法
年代	公元前 300~1000 年	公元 16 世纪前后	20 世纪
基本论点途径	朴素整体论,把客观事物的整体形态作为考查的基本原则	分析论,把事物分解成局部或层次进行研究	综合集成论,直接从整体入手全局把握,分解子系统(部分、要素)综合集成为整体特性
中西方代表人物论点	古希腊哲学家亚里士多德"整体大于部分之和",整体由"干、湿、冷、热"四要素构成;中国道家始祖老子的论点"道生一,一生二,二生三,三生万物"	近代哲学之父笛卡尔《方法论》,"把问题尽可能分成细小的组成部分,深入地、分别地研究每一部分"	中国著名科学家钱学森提出,"从定性到定量的综合集成方法(定性经验判断—定量数学描述—定量科学结论)"
特征局限性	对事物一般性质认识比较正确,但不够精确和严密。	对自然的认识达到空前深度、广度、精度,但对事物的整体难以把握和认识	为解决包括自然、社会、人文的复杂系统问题开辟了新路,但实际操作待开拓探究

---

① 张俊心等. 软科学手册. 天津科技翻译出版公司, 1989. 第 580 页

对于近代还原分析方法，未来学家托夫勒在为普里戈金所著的《从混沌到有序》的序言中指出，在当代西方文明中得到最高发展的技巧之一就是拆零，即把问题分解成一些尽可能小的部分。我们非常擅长此技，以致我们竟时常忘记把这些细微部分重新装到一起。① 季羡林先生在"21世纪文化瞻望——天人合一新解"一文中，论述分析与综合时比喻："东方的思维模式是综合的，西方的思维模式是分析的。勉强打一个比方，我们可以说，西方是'一分为二'的；而东方则是'合二而一'的。通俗的说法可以说，西方是'头痛医头，脚痛医脚'，'只见树木，不见森林'；而东方则是'头痛医脚，脚痛医头'，'既见树木，又见森林'"。②

（2）还原方法论、整体方法论和综合集成方法论比较分析

从方法论角度论述评价方法的发展可以概括为培根还原方法论阶段、贝塔朗菲整体论方法阶段和钱学森综合集成方法论阶段。作者从年代、途径、作用、特点、局限性等方面进行比较。比较结果如表5-8所示。

表5-8 三种典型的方法论比较

方法类别 比较内容	培根还原论方法论	贝塔朗菲整体论方法论	钱学森综合集成方法论
年代	培根（1561~1626）	贝塔朗菲（1901~1972）	20世纪80年代末至90年代初
途径	自上而下由整体到部分，事物分解为局部或低层，低层或局部问题清楚，高层或整体问题不清楚	整体方法，从整体到整体，从学科间联系着眼于研究整体性问题	定性综合集成—定性经验判断 定性定量集成—定量描述 专家、数据、网络—定量科学结论
作用	促进自然科学获巨大成功（物理—夸克，生物—基因）	推动系统科学研究与发展	加速现代科学技术飞跃（系统科学、软科学、管理科学、价值科学）
特点	着重简化、归纳和认识	定性描述，概念阐述居多	四种结合：定性与定量结合，专家与决策者结合，经验与数学结合，人机网结合
局限性	局部低层问题清楚，高层整体问题不完全清楚	未能解决整体论方法的具体问题	应用推广的操作问题尚需努力

---

① 伊·普里戈金. 从混沌到有序——人与自然的新对话. 上海译文出版社，1987. 第5页
② 季羡林. 21世纪文化瞻望——天人合一新解. 21世纪中国战略大策略——大国方略. 红旗出版社，1996. 第181页

续表

方法类别 比较内容	培根还原论方法论	贝塔朗菲整体论方法论	钱学森综合集成方法论
代表人物及其主要著作	培根——英国哲学家、科学家、思想家《新工具论》、《新的方法论》	贝塔朗菲——美籍奥地利科学家,理论生物学家《关于一般系统论》、《一般系统论——基础、发展、作用》	钱学森——中国著名科学家,航天事业开创者之一《现代科学技术的特点和体系结构》、《系统论中的科学方法与哲学问题》
构思新科学体系	科学分类研究,新方法论,宇宙现象学,理智的发展阶段,新哲学远景,技术哲学	系统研究的三个方向:系统科学——数学系统论;系统技术——系统工程;系统哲学——本体论、认识论、价值论	四层次(哲学、基础科学、技术科学、工程技术),十大门类(自然科学、社会科学、系统科学等),现代科学体系
方法形象描述	1+1≤2	1+0=1	1+1≥2

（3）西方评价方法的发展阶段比较

经研究表明,西方评价方法历经方法独立阶段、方法互补阶段和方法集成阶段。这里主要从应用领域和基本方法模型作比较研究。如表 5-9 所示。

表 5-9 西方评价方法的发展阶段

方法类别 比较内容	方法独立阶段	方法互补阶段	方法集成阶段
应用领域	评价组织工作和结构以及投资条件	解决复杂系统、参与者关系多元化问题	采用混合方法和交叉变量解决评价环境复杂问题
基本方法模型	目标模型、系统资源模型、多行动者模型、文化模型	创新——选择目标选择——选择方法实施——行动方案	定量的交互式管理、生存系统建模、定性的软系统方法、理想设计

（4）R&D 评价方法发展阶段比较

经过大量相关文献的阅读分析,作者认为 R&D 评价方法历经定性评价方法、定量评价方法和综合集成评价方法三个阶段,这里主要从具体方法和应用角度进行比较分析。如表 5-10 所示。

表 5-10　R&D 评价方法发展阶段[①]

方法类别 比较内容	定性评价方法	定量评价方法	综合集成方法
具体方法	领导拍板决策、同行评议、回溯分析、Delphi、经验趋势外推等	投资回收、资金收益、单目标定量模型、多人多目标规划	基于综合集成思想将多种方法改造结合成一个新的评价方法，如同行评议与 MCDM 结合等
应用	项目评价决策	项目管理、资源管理、最优化、收益最大决策	多目标多属性、准则冲突且不可公度项目

作者通过对评价方法论的发展历程进行不同角度的分析，可以归纳概括出项目评价方法论的发展趋势特点如下：

①从片面现象认识到全局本质认识的飞跃

分析与综合是逻辑思维的基本方法。还原分析基于感性材料的分析是把整体分解为部分，把复杂事物分解为简单要素，分别加以研究的一种方法，体现具体问题具体分析的辩证思想。其局限性是关注狭小的领域，割断联系，容易造成孤立、片面，只从现象看问题。整体观念普遍联系的整体方法是把想像的各个部分因素有机联合起来，从总体上全局把握事物的一种逻辑思维方法。分析与综合是相互联系、相互依存、相互渗透、相互转化的辩证统一体。综合集成化方法体现综合以分析为基础，否则整体认识抽象空洞；分析必须综合，否则认识可能囿于枝节之见不能统观全局。综合集成实现从片面现象认识到全局本质认识的飞跃。

②从定性经验判断到量质辩证统一的飞跃

定性评价方法或定性综合集成方法是经验思维、形象思维为主的专家经验、知识、智慧、直觉、推理、偏好和价值观综合集成得出的以语言描述形式的经验假说定性判断。客观事物的"质"一般要通过一定的"量"来表现。恩格斯在《自然辩证法》中说，任何学科只有引进数学才能成为真正的学科。定量方法是理论思维的一种有效方法，通过量的考察和分析得出对事物的定量描述。客体事物都是质和量的辩证统一，质和量共同构成事物的规定性。综合集成方法是集定性判断和定量描述为一体，通过理论抽象推导和计算得出事物质的定量科学结论，是从定性经验判

---

① 杨列勋. 研究与开发项目评估及应用. 科学出版社，2002. 第 21 页

断到量与质统一的飞跃。

③从简单系统独立评价到复杂巨系统集成评价的飞跃

面对现代科学技术的巨大发展，我国系统工程专家提出，"今天人类正探索从渺观、微观、宏观、宇观直到胀观五个层次时空的客观世界。"[①] 根据系统结构的复杂性，子系统的数量和种类、系统与子系统、子系统之间关联关系的复杂程度（非线性、时滞、不确定性、灰色和模糊的信息等）以及层次结构，钱学森将系统分为简单系统、简单巨系统、复杂巨系统。简单系统和简单巨系统已有相应的评价方法，即单独评价方法、机理互补评价方法。而综合集成评价方法是评价复杂巨系统的宝贵探索。综合集成方法的哲学观点是认识论、价值论和辩证法，其思维方式是经验思维、逻辑思维、理论思维的辩证统一。其支撑是数据信息体系、模型方法体系、计算机网络体系，其基石是专家体系。从简单系统独立评价到复杂巨系统的综合评价是评价方法的一种飞跃。

第三节　项目评价方法论结构体系构建

结构是指系统内部各种要素之间的关系、秩序、组织形式，是要素之间的空间表现，也是系统的性质、功能、内部构成与数量的集中表现。项目评价方法论作为一个系统，掌握和研究其结构，对于理解项目评价方法论的实质，以及促使项目评价方法论的良性发展是十分重要的。本节将依次对项目评价方法论的结构分析、评价方法论结构模型作进一步的分析探讨。

5.3.1　项目评价方法论结构分析

美国系统科学家霍尔在 1969 年提出了系统工程三维结构，被视为各种系统工程方法论的基础。霍尔三维结构是指时间维（解决问题的工作进程，分七个阶段）、逻辑维（解决问题的逻辑过程）、知识维（解决问题所需要的各类知识）。作者基于霍尔三维结构的构想，结合项目评价的实践，提出项目评价方法论的三维结构。

1. 项目评价方法论结构设想分析

项目评价方法论作为一个系统与系统工程方法论具有相似的特点，即整体性、综合性、优化性和动态性。思考借鉴霍尔三维结构研究的结果，作者提出项目评价方法论结构，即时间维，基于项目生命周期三个阶段（或称之为立项阶段、实施阶段、运营阶段）所从事的评价活动，对应的三个阶段的评价通常称为立项评价（前评价）、实施评价（中评价）和绩效评价（后评价）；逻辑维，表明项目各个阶段内

[①] 于景元，刘毅. 复杂性研究与系统科学. 科学研究，2002（20）5：449

项目评价过程的各个逻辑步骤，包括确定项目评价目标、构建项目评价指标体系、确定权重、指标量化规一化、构建项目评价模型、得出评价结果等步骤；知识维，表明评价各阶段、各步骤所用的知识、方法，以及评价项目所属的知识领域，主要是自然科学技术、社会科学技术、人文科学技术和各类评价方法。如图 5-5 所示。

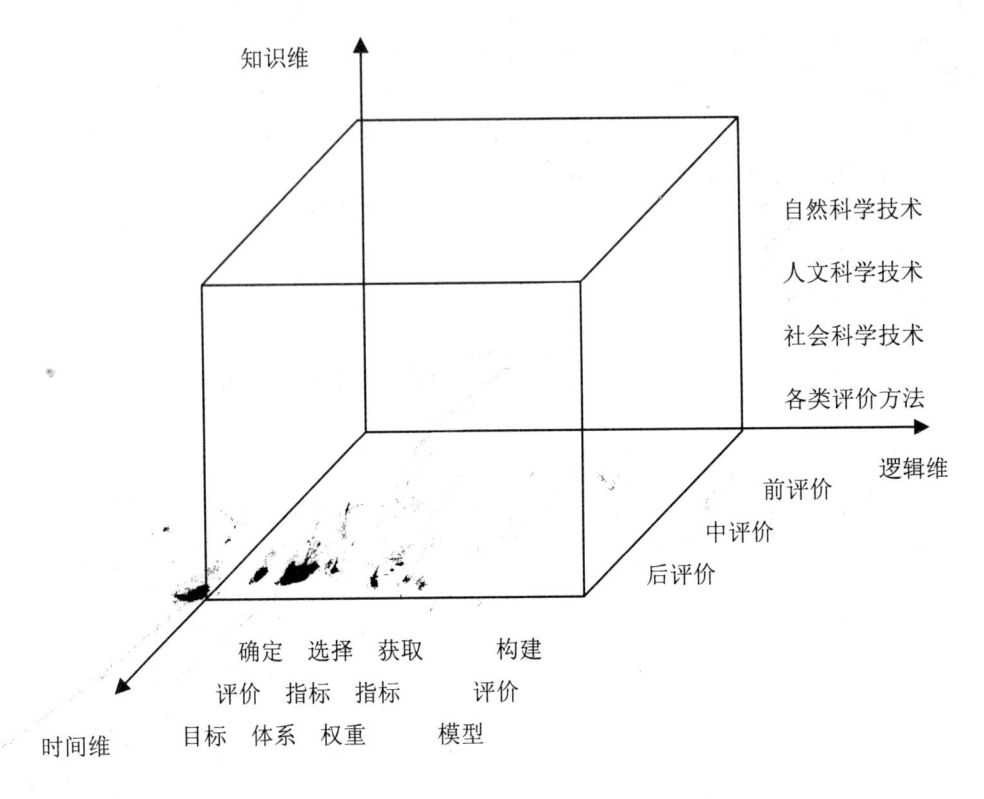

图 5-5　项目评价方法论三维结构

（1）时间维度

项目作为一个系统，从系统观点说，是过程的集合体。[①] 项目自始至终，具有产生、成长、发展、成熟、衰老、结束的项目生命周期，这是从时间维度对项目的一种质的描述。不同学科领域的项目生命周期包括不同的阶段和内容，但绝大多数项目都会经过相似的历程，典型的项目生命周期包括三个阶段，立项阶段，实施进展阶段，交付运营阶段。三阶段及其评价内容、方法比较如表 5-11 所示。

（2）逻辑维度

逻辑维是解决项目评价问题的逻辑过程，一般的项目评价过程可以概括为确立

---

① House E. The future perfect of evaluation. Evaluation Practice, 1994 (15):239–247.

评价对象、明确评价目标、确定评价指标体系、评价指标处理、选择评价模型、得出评价结论等。详细内容，参见第六章。

表 5-11　基于时间维度的项目评价内容、方法比较

比较内容＼评价阶段	立项评价	进展评价	绩效评价
评价对象	各项目选优或单一项目优化评价	具体单一项目评价	具体单一项目评价
评价方法测度（逻辑维分析）	定性定量结合向综合集成发展	以定性为主向综合集成发展	定性定量结合向综合集成发展
评价主要任务	从资源配置、收益及风险预测，为立项决策提供信息支持	过程监控、跟踪评价、监测项目目标阶段完成情况，为进展决策提供信息支持	测度项目目标（成本收益时间）实现程度，为项目绩效决策以及今后投资项目决策提供借鉴
评价特点	一次性评价，时间较长且复杂	多次（反复）评价，时间较短且简单	一次性评价，时间较长且复杂
评价原则	目标明确,投入产出描述清楚,综合评价客观公正,科学合理	以立项目标作参照标准，准确有效地作出进展评价结论	合理、公正、科学地衡量完成项目的产出绩效
评价结论	项目多种选一或单一项目立项与否结论	项目继续、中止、暂缓、追加或缩小投资决策意见	项目成功或失败（超额、正常、大致、未完成）结论
评价方法发展历程与趋势	几百年前定性评价 60 年代定量评价 现在趋势综合集成评价	80 年代开始进展定性评价，现在趋势综合集成评价	现代定性定量结合的综合评价，发展趋势是综合集成评价
评价主要指标	资源配置、收益预测、风险分析	目标实施、计划执行、阶段成果测度	项目最终产出（时间、成本、投入产出结果）满意度
运用具体方法	定性方法：专家评分、同行评议、Delphi 法、AHP 法、灰关联评价、模糊综合评判 定量方法：财务评价方法（净现值、内部收益率、投资回收期、投资回报率等），数学规划（目标规划、线性规划、多目标规划等），MCDM 模型，主成分分析，风险不确定分析	综合统计法（德尔菲法与综合统计处理）	非财务分析法（综合效益评价基准法、记分卡法）
综合集成方法举例	同行评价与 MCDM 综合集成（定性专家判断与 MCDM 模型处理）	综合统计法（德尔菲法与综合统计处理）	非财务分析法（综合效益评价基准法、记分卡法）

（3）知识维度

知识是人类实践中认识客观世界（包括人类本身）的成果和结晶。项目评价方法运用的知识或应用的学科领域极其广泛，涉及众多专业知识，包括自然科学知识、社会科学知识、人文科学知识，以及各类评价方法（项目评价分析法、项目评价综合法和项目评价综合集成法等）。基于知识维度的项目评价方法比较如表 5-12 所示。

表 5-12 基于知识维度的项目评价方法比较

项目类别 比较内容	自然工程项目 （定量、结构化、物）	经济社会项目 （定性、定量、非结构化、事、物）	自然社会人和谐项目 （定性、定量、非结构化、人、事、物）
时间维分析	多数项目要经历生命周期三个阶段：前评价，中评价，后评价		
逻辑维分析	任何项目的评价都要经历确定评价目标、建立指标体系、确定权重、指标量化规一化、选择评价方法模型、得出评价结论等步骤		
科学技术范畴	以自然科学技术为主（物）	以社会科学技术为主（物、事）	自然科学、社会科学、人文科学交叉融合（人、事、物）
知识范畴 （学科、领域）	科学（基础研究、应用研究、试验开发） 技术学（工艺技术、工程设计、设备选择与更新、技术开发引进、改造与创新） 工程学（市场分析、生产规模、建设条件、改扩建等） 产业学（农业产业化、工业现代化）	经济学（微观财务分析、宏观国民经济分析） 知识经济学（知识资本、无形资产、专利、循环经济） 军事学（军事对阵、现代作战模拟、信息化战争） 管理学（目标、质量、设备、标准化、人力资源、项目实施管理）	人文学（道德伦理、素质、科学发展观） 环境学（自然、社会、人文环境，环境影响与环境价值） 效益学（经济效益、社会效益、人文效益、生态效益等） 产业学（服务业、知识产业、教育、科研、信息服务）
具体评价方法	同行评议、回溯分析、文献计量法、数学规划	经济评价法（净现值、内部收益率、投资回收期等），价值工程	综合效益法（基准法、平衡记分卡法、雷达图等）
	Delphi 法、层次分析法、专家评分法、数据包络法、模糊综合评判、灰关联分析、成本效益分析法、主成分分析法、MCDM 模型，基于计算机技术的评分法（决策支持系统、人工神经网络、智能决策、支持系统 MEIDSS 等），综合集成法、不确定性分析法		

5.3.2 项目评价方法论结构体系模型构建

结构体系是由若干思想，事物、要素相互联系、相互制约结合成的有机整体。作者根据前面对一般方法论的结构模型分析、项目评价方法论范式转换分析，并结合项目评价的实践调查，提出项目评价方法论结构模型。它是由三个基础（哲学基础，即认识论、价值论、评价论；理论基础，即系统论；方法论基础，即系统集成）、三个支撑（计算机网络体系，专家体系，数据信息、模型体系）和三个维度（时间维、知识维、逻辑维）构成有机整体。如图 5-6 所示。

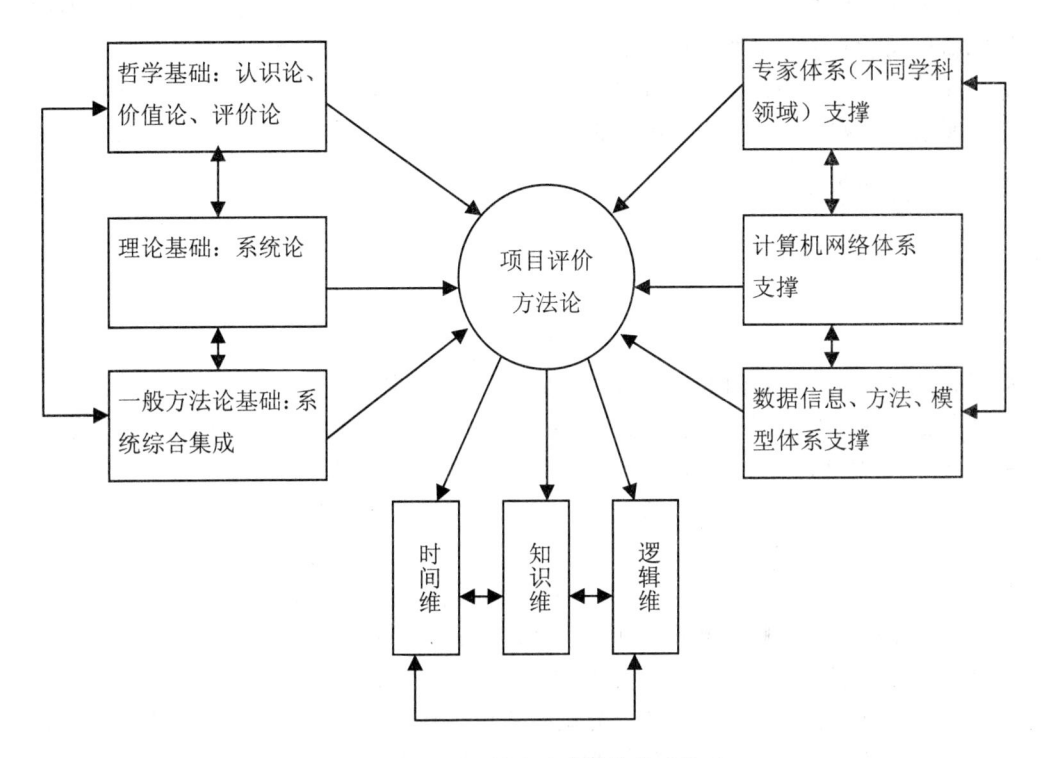

图 5-6　项目评价方法论结构体系模型

图 5-6 给出了项目评价方法论结构体系模型，说明项目评价方法论依据三个基础（哲学、系统论、系统集成），运用三个支撑（专家、机网、数据信息方法模型），生成三个维度（时间、知识、逻辑）的项目评价方法论结构。其中，图中的双箭线表明连接对象之间的互动因果作用关系，图中的单箭线表明对象之间的输入、输出传递关系。详细说明如下：

1. 项目评价方法论依据的三个基础

（1）项目评价方法论的哲学基础——认识论、价值论、评价论

按照第三章评价的哲学基础给定的概念，认识是"人脑在实践基础上对外界现实的能动性反映，包括感性认识和理性认识"；价值是指主客体相互关系中，客体对主体的功能或效应，即客体按照主体的尺度，满足主体需求；主体尺度、需求就是评价的标准、准则。认识论、价值论、评价论从哲学高度指出了项目评价方法要实现的直接目标是按照评价标准提供客观真实公正的评价结果。

(2) 项目评价方法的理论基础——系统论

系统论是系统科学的基础科学。项目评价作为一个系统，其主要特征是：其一，整体性——系统"整体大于部分之和"，整体产生其要素（部分）在孤立状态下所没有的新质功能（要素相互联系形成结构产生的新质功能）。综合评价方法不是单项指标的简单相加、拼凑。其二，相关性。是指评价系统要素与系统、系统与环境、要素与要素之间相互联系、互相制约的关系。从系统角度说，系统整体功能 $E_{整}$ 与各要素功能之和 $\sum E_{要素}$ 关联度为：

$$E_{整} \propto \sum E_{要素}$$

$\propto$ 可以是 $>$、$\geq$、$\approx$、$\leq$、$<$，分别描述为和谐（亲密融合、共生共荣、系统继承后总成效极佳）、协同（相互激励、配合适当、获得满意的成效）、协调（相互配合、维持共存）、制约（相互牵制、配合失当）和对抗（坚持对立、从认知冲突到情感冲突）。运用项目评价方法时，要注意单项独立评价、互补机理评价与综合评价的关联度分析，以及评价要素间的关联度——权重的科学、公正选择。其三，环境适应性。耗散论证明，有高度组织性的系统必须是开放的，与环境进行的物质、能量、信息的交换，增强系统内部组织的活力，以适应环境的变化，保持系统与环境的和谐。项目环境影响评价，特别是项目进展（实施运营）中的自然环境、社会环境、人文环境所造成的影响要全面评价。环境评价，以及积累影响（数量众多的人类活动所造成的影响共同作用于环境，在一定时空范围内进行叠加或相互作用，造成环境状态或结构变化、环境功能受损等类型的积累效应）的评价方法值得探讨。其四，目的性（目标、功能）。它是指在给定目标条件下，明确构成系统的要素和要素权重，以系统整体功能最优化作为系统集成的价值取向，并追求其最大值。其五，结构性。先哲贝塔朗菲定义系统结构是"部分的秩序"，即评价项目系统各要素之间的关系。项目评价方法论的三维结构如图 5-6 所示，其中三维结构中的基于时间维项目评价内容方法比较，以及基于知识维项目评价方法比较如表 5-11 和表 5-12 所列。

(3) 项目评价方法的方法论基础——系统集成

集成的含义是集中、合成、组装、综合、整合一体化的意思。系统集成是将组合系统的各个部分、子系统，按照系统原理，采用现代科学技术方法进行综合集成，融合组成一个优化、高效、统一的有机整体。[①]

杨列勋指出，综合集成评价方法，指的是采用综合集成思想，将两种或两种以上的方法加以改造并结合，获得一种新的评价方法。这种新的评价方法能解决原先

---

① James R. Sanders. A Vision for Evaluation. American Journal of Evaluation, 2001, 22 (3):363–366.

单独的评价方法无法解决或难以正确评价的问题，获得比单个评价方法更为满意的评价结果；同时又能发挥单个评价方法的优势，弥补各个组成方法的不足。[①] 还提出同行评议与 MCDM 的综合集成评价方法，用 Delphi 法和 AHP 法综合起来作项目前期的处理，然后再用目标规划进行定量化评价。

钱学森教授提出的从定性到定量综合集成方法，即从定性综合集成提出经验性判断，到人机结合的定性定量相结合，再到从定量综合集成获得科学结论，这就实现了从经验性的定性认识上升到科学的定量认识。[②]

2. 项目评价方法论的三个支撑体系

由专家体系（不同学科领域）、计算机网络体系和数据信息方法模型体系构成综合集成方法（项目评价方法之发展趋势）的支撑，实质是把专家体系、数据与信息方法模型体系以及计算机网络有机结合起来，构成一个高度智能化的人机结合系统，这个方法的成功应用在于发挥支撑系统的综合优势、整体优势和智能优势。比单纯靠专家体系有优势，比只靠机器（计算机网络体系）更有优势。能把人的思维成果（经验、知识、智慧）以及各种情报、资料、数据信息统统结合起来。从多方面定性经验判断认识上升到定量描述、科学结论认识。

3. 项目评价方法论形成的三维结构

项目评价方法论的三维结构为时间维、逻辑维和知识维。时间维表明按项目生命周期阶段进行相应的评价；逻辑维表明项目各个阶段内项目评价过程的各个逻辑步骤，包括确定项目评价目标、构建项目评价指标体系、确定权重、指标量化规一化、构建项目评价模型、得出评价结果等步骤；知识维表明评价各阶段、各步骤所用的知识、方法以及评价项目所属的知识领域。

---

① 杨列勋. 研究开发项目评估及应用. 科学出版社，2002. 第 50 页
② 于景元，涂元季. 从定性到定量综合集成方法——案例研究. 系统工程理论与实践，2002（5）：4

第六章　项目评价过程集成

项目评价方法论技术层面的内容包括程序和方法两方面。方法涉及评价过程中所运用的工具和技术；程序则是我们按特定的次序和方式将工具和技术集成在一起的有效方式。本章主要包括项目评价工作流程分析、项目评价程序分析、项目评价过程逻辑模型的构建和项目评价过程优化。

第一节　项目评价工作流程的分析

项目评价是为项目决策提供支持，在项目的生命周期中每个阶段都有不同的项目决策任务，这些项目决策任务以给定的约束条件和评价数据为基础，通过分析给出不同项目阶段所需的项目决策支持信息。一般情况下，项目评价分为立项评价（前评价）、实施评价（中评价）和绩效评价（后评价）。立项评价是在具有很多假设前提条件下使用预测数据对于项目的可行性和各个项目备选方案所作的可行性研究；而项目实施评价是在相对比较确定的情况下使用预测和实际数据针对项目实施情况对整个项目所作的评价；项目后评价则是在项目投入使用以后使用项目实际数据和一定的预测数据对项目和项目前期决策所作的评价。不同的项目评价阶段，项目评价目的不同、所使用的基础数据不同、所处条件不同和评价对象与内容不同，因此，项目评价的工作流程也不同。

6.1.1　立项阶段的评价工作流程及其分析

立项评价是指项目立项之前所进行的评价，通常也称为项目前评价。主要是对项目的必要性和项目备选方案的技术、经济、运行条件和社会与环境影响等方面所进行的评价，是为了减少甚至避免盲目和错误项目投资决策的根本方法。

1. 立项评价的工作流程

经过对相关文献的分析，以及对实际项目立项评价的跟踪调查，给出立项评价的工作流程。如图6-1所示。

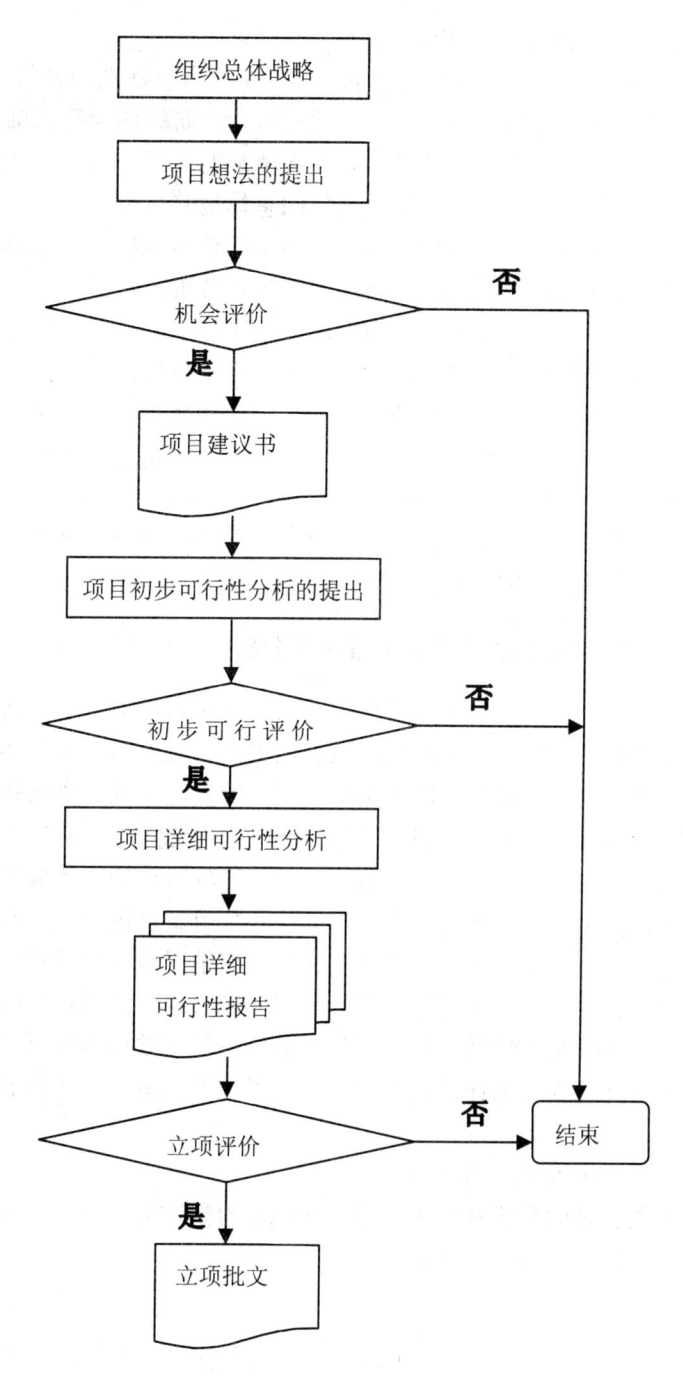

图 6-1 项目立项评价阶段工作流程示意图

2. 项目立项评价阶段工作流程分析

由图 6-1 中可以看出，项目前评价实际上主要有三次选择评价（三个菱形），即机会评价、项目初步可行性评价和基于项目可行性研究的项目标准、备案或者立项批复评价。自上而下，各个环节是一个递进增殖的过程。首先，从组织的总体战略出发，项目的开发是为了有助于实现组织的总体战略目标，换句话说，在项目导向型组织中，要以项目、项目群的开发来支撑组织总体战略，即与组织总体战略目标一致。所谓机会评估，主要从外部环境方面进行分析，包括社会因素、经济因素、政治因素、人文因素、资源条件、市场环境等进行粗略分析，得出对项目未来前景的基本判断，如果机会评价可行，需进一步提出项目建议书，按照项目建议书所提供的内容，进行项目初步可行性分析；初步可行性分析主要是对项目进行必要性评价，结合组织的内部条件和外部环境进行评价，如果初步可行性评价为可行，接下来进行详细可行性分析，包括对项目进行财务、经济、技术、运行条件和环境影响等方面的必要性和可行性评价，同时还要进行综合评价，项目详细可行性通过立项标准、备案或者批复，则项目转入下一阶段，即项目实施阶段。

6.1.2 项目实施阶段的评价工作流程及其分析

项目实施评价是在项目实施过程中对项目的实施和项目整体情况所作的评价，它是为项目实施过程中的各种项目决策提供支持和服务的。项目实施评价包括两个方面，即监督与评价。其中，监督是指对项目的实施情况、资源使用情况以及与项目实施中的各种变化，尤其是引起的各种环境的变化等方面的信息收集；而评价是指对照项目计划与设计对项目实施情况以及随着项目实施而造成的各种变化的全面评价。对项目实施进行监督可以为项目业主和项目资金提供者及时地提供项目实施的反馈信息，使他们及早地了解项目实施的进展情况以及项目实施过程中出现的问题。对项目实施进行评价是为了及时地发现问题，尽早地对项目的实施进行调整，确保项目实施能够实现预期目标，项目实施评价的主要内容包括对项目实施情况的评价、对项目环境变化的评价、对项目未来发展的预测、对项目必要性的再评价和对于项目可行性的再评价等。

1. 项目实施评价的工作流程

根据相关文献的分析和本人对项目实施评价的实际调查，给出项目实施评价的工作流程示意图。如图 6-2 所示。

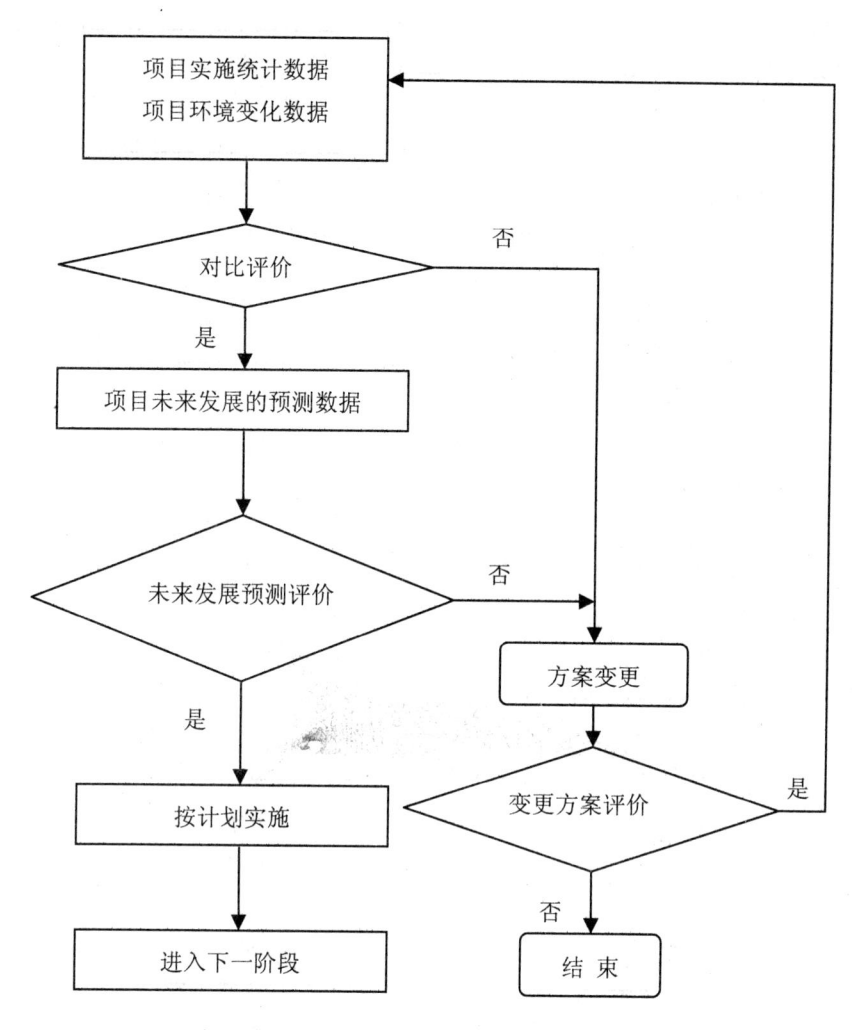

图 6-2　项目实施评价阶段工作流程示意图

2. 项目实施评价工作流程分析

由图 6-2 可以看出，项目实施评价主要涉及三个方面的内容，一是项目实施情况和项目环境发展变化情况的评价，二是项目未来发展预测评价，三是项目变更方案的评价。这三个方面的评价工作并不是在每一个项目都必须有的，当项目实施情况与项目计划安排相对比较一致的时候，人们不需要对项目作出重大的变更，此时就不必开展项目变更评价。

项目实施评价过程中同样需要使用多种技术和方法，其中最主要的是项目专项指标的计划完成情况评价方法，项目工期、成本和范围的集成评价方法（也叫挣值分析方法），统计预测的分析方法以及在项目前评价中用于评价项目备选方案的各种技术和方法等。

项目实施评价的根本目的是为项目实施中的控制决策提供支持和保障，任何项目实施工作都需要不断地评价项目实施的实际统计数据与项目计划的差异，不断地评价环境变化数据和环境预期之间的差异，并且根据这些差异去调整项目计划和修订项目设计，并进一步评价这些调整、修订、变更方案的必要性和可行性，任何项目在实施过程中都会出现各种各样的变更，这包括由于客观情况的变化而引起的项目变更，由于项目前期决策失误所引起的变更，以及由于项目实施过程中的工作失误所造成的项目变更等等。所有原因引起的项目变更都会以两种方式提出，一是由某个项目相关利益主体主动提出变更请求，二是由项目实施者被动作出项目变更的决策。不管以哪种形式出现的项目变更都必须以项目的实施评价作为其前提条件，从而确保项目最终能够生成既定的产出物和实现项目既定的目标。

6.1.3 项目投入运行阶段的评价工作流程及分析

1. 项目投入运行阶段的评价工作流程

项目运行评价，通常也称为后评价，是指对已经完成的项目的结果、状态、效益、作用和影响以及已完成的项目的前期评价和项目决策所进行的系统的客观分析与评价。[1] 通过项目后评价检查总结项目工作和项目预期目标的实现情况并分析、找出项目成败的原因，从而为项目后续运营提出改进建议，通过项目后评价检验项目前期的评价结论是否合理和正确，目的在于学习和吸取经验教训，以便为未来的项目评价提供借鉴。项目后评价的工作流程如图6-3所示。

2. 项目运行评价工作流程分析

图6-3中的项目运行评价工作流程表明，项目后评价主要涉及五个方面的内容，一是实际运营状况与前期的评价预期进行对比评价；二是根据所获得的现有数据和信息，对项目未来可持续发展进行二次预评价，修正前期评价的结果；三是对前期评价（立项评价、实施评价）进行效果和准确度的检验评价，以积累评价经验；四是对自然环境所产生的影响进行评价；五是项目运营对社会产生的影响和危害进行评价。所有这些评价工作各自具有不同的目的，并使用不同的评价方法。对检验前期评价的有效性的评价，主要采用比较对照评价方法；对项目未来发展的二次预评价，主要是利用运营之后获得的新信息和数据，采用前期评价的相同评价方法进行修正；对环境影响和社会影响评价，主要采用影响识别技术、防范措施和应对措施

---

[1] 戚安邦，李金海. 项目论证与评估. 机械工业出版社，2004. 第54页

等方法。图中所列举的评价内容不是所有的项目都需要开展这些评价,而是要根据项目的规模大小、周期长短和项目的影响情况以及组织的管理需要,选择项目后评价的内容。

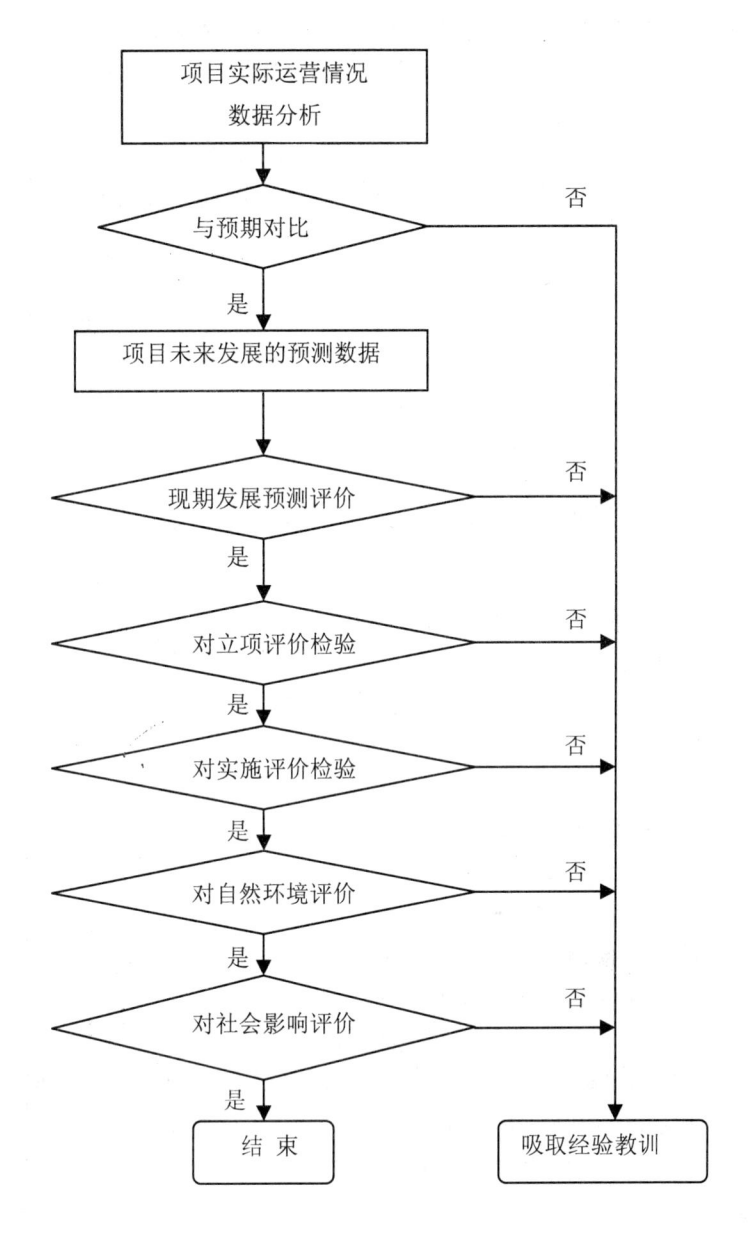

图 6-3　项目运行评价阶段工作流程示意图

实践调查表明，项目前评价是为项目决策服务的，而项目后评价是为提高组织的项目决策水平服务的。因为到了项目后评价的时候，项目的实施已经完成而且项目已经投入一段时间的运营，人们已无法改变项目既定的事实。可是这时可以运用项目后评价来发现项目前期决策和项目实施中的各种问题和失误，从而找到项目全过程中出现的各种决策失误和经验教训，并根据这些经验和教训修正组织的项目决策程序、调整评价标准、整合评价方法。

第二节 项目评价全过程的分析

项目评价程序，是指评价过程中的各种要素动态组合、相互作用的环节、活动的有序关联，是评价主体运用、调控各种要素使之有序地趋向目标的序列活动。项目评价作为一个评价系统不仅具有整体性、目的性、环境适应性、结构性，而且具有过程性，即评价活动是一个动态过程。对这一动态过程的描述可以借助项目评价过程图、程序图、流程图等。

6.2.1 项目评价过程及其分析

过程是事物发展变化所经过的程序，是将输入转化为输出的一组彼此相关的资源和活动。任何一个过程都有输入和输出，输入是实施过程的基础和依据，输出是完成过程的结果，既可以是有形产品也可以是无形产品，也可以两者兼有。完成一个过程就是将输入转化为输出。过程本身是价值增值的转换，完成过程必须投入适当的资源和活动。

项目评价过程是借助于一系列过程构成的"过程网络"来实现的，过程网络体现了各个过程组合的特定结构。

1. 项目评价的基本过程图示

本书在对基于项目评价过程相关文献进行梳理和分析的基础上，结合项目评价的实地调查，经过认真的分析与归纳，提出项目评价基本过程图示。如图 6-4 所示。

2. 项目评价的基本过程图示分析

从图 6-4 可以看出，项目评价基本过程由五个环节构成，即确定评价对象、明确评价目的和目标、界定评价属性的标值、进行综合评价和提出评价结果。连接五个环节的实箭线，表明从确定评价对象到提出评价结果的各个环节的递进关系，评价主体与各个环节的虚箭线表明评价主体的干预作用，其他的虚箭线表明有效信息的传递。

第一环节为确定评价对象。主要说明评价对象的来源不同，来源于不同的委托人，来源于不同的项目类别。由于评价对象的类别不同，评价的内容、方式方法会有所不同，评价的委托人不同，又影响到评价的目的和目标。

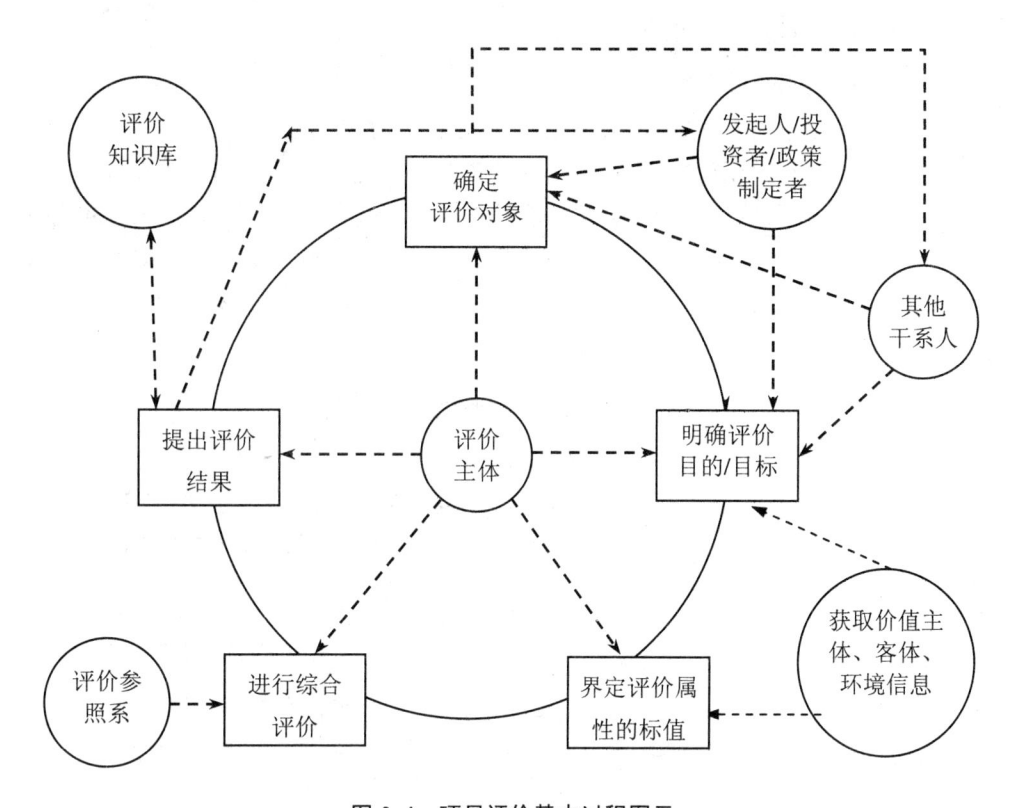

图 6-4 项目评价基本过程图示

第二环节是明确评价目的和目标。图中表明该环节需要获取价值主体、价值客体和环境信息，同时明确委托人的意图。不同干系人有不同期望和预期，如投资人期望获取满意的投资回报，合伙人期望以较低的投资风险获取满意的投资分成，承包商期望获取满意的施工回报，顾客期望获取满意的项目质量和运营运行，政府追求国民经济的稳步发展和公平稳定的社会环境。

第三环节是界定评价属性的标值。有了评价的目的和目标之后，结合价值主体、价值客体和环境的具体情况，可以给出评价属性的标值。标值可以是定性的或是定量的，可以是相对的或是绝对的，可以是分数、级数或是序数等。如果评价只是单一目标或单项属性时，那么有了标值即可作出评价。

第四环节是综合评价。综合评价是在单项评价的基础上选择合适的模型和权重，注重指标的一致性、齐备性和必要性，权衡各种利弊得失，给出评价结果。

第五环节提出评价结果。根据综合评价结果，并借鉴评价知识库（专家知识的集合）的可比项目信息，最后写出评价结果报告，并提交给委托人。

6.2.2 项目评价流程程序分析

1. 项目评价流程程序图

程序是指按时间先后或依次安排的工作步骤。一般而言，确立评价目的、目标和评价的参照系，获取评价信息，形成价值判断，是评价问题的一般性过程，无论在任何一个阶段的项目评价，评价的程序基本相同。具体流程是：确定评价对象－明确评价目标－收集评价信息－确定评价指标体系－选择评价方法－进行单项评价－进行综合评价－评价结果分析－提交评价结果报告。具体流程程序如图 6-5 所示。

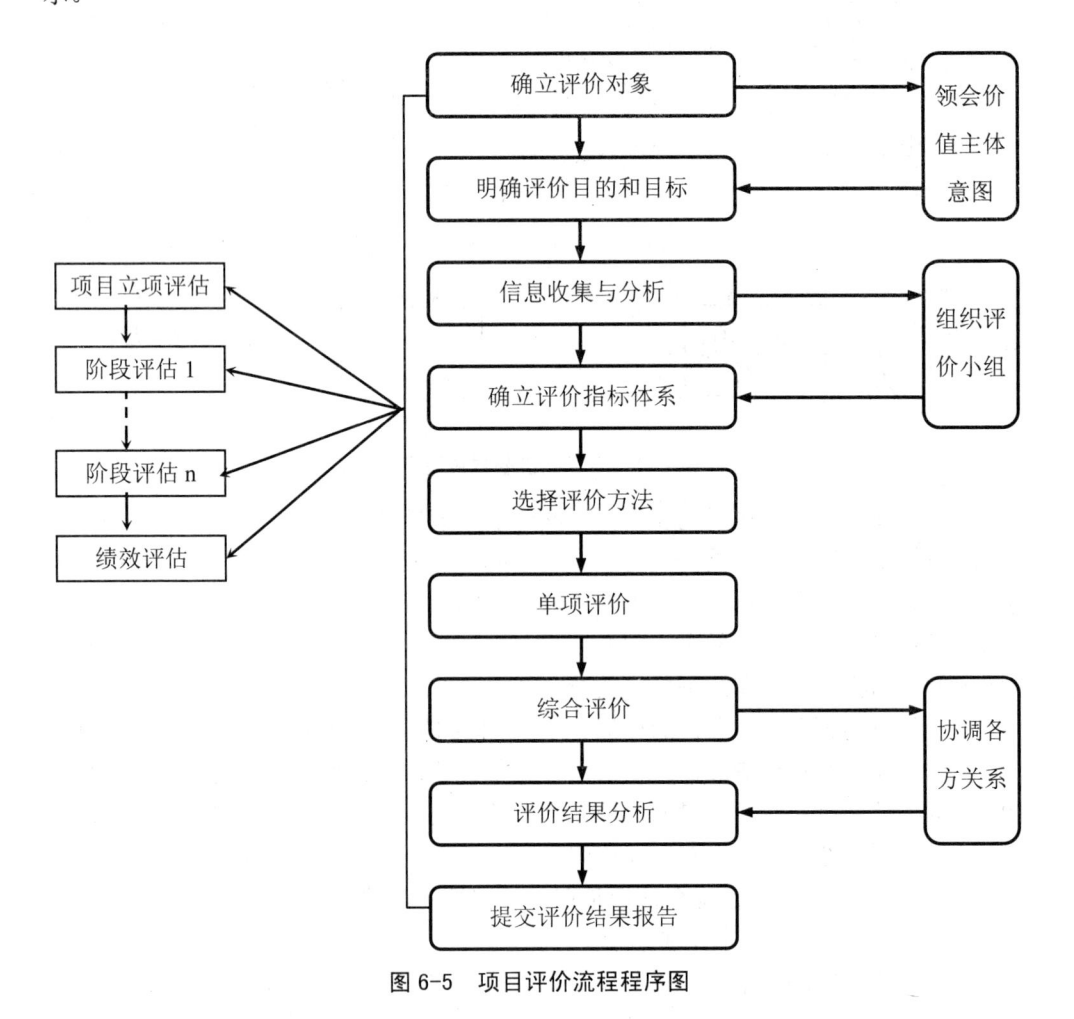

图 6-5 项目评价流程程序图

2. 项目评价流程程序分析

图 6-5 表明，项目评价按时间维度可以分为不同的项目评价阶段，虽然不同评价的评价流程程序相同，但是具体的评价内容都有其各自的规定性。具体分析如下：

（1）确立评价对象。评价对象可能是人、事、物，也可能是它们的任意组合，评价对象可能是评价主体的自我选择，也可能是评价对象相关利益主体的委托。

（2）明确评价目的和目标。开展项目的理想状态是合目的和合规律的统一，所以明确评价目的非常重要。评价目标制约着评价标准，通过评价标准制约着整个评价过程，评价目标与评价方法的匹配是体现评价科学性的重要标志，评价目标不同，所考虑的因素就有所不同。

（3）信息收集与分析。主要包括有关价值主体信息、价值客体信息、参照客体信息和环境信息的获取。所谓获取包括收集、搜索、筛选和正确处理的过程。

（4）组织评价小组。评价小组通常由评价所需要的技术专家、管理专家和评价专家组成。参加评价工作的专家资格、组成以及工作方式等都应满足评价目标的要求，以保证评价结论的有效性和权威性。

（5）确定评价指标体系。指标是衡量投资项目态势的尺度，指标体系是综合评价对象系统的结构框架，是综合反映、说明评价对象的状态，指标名和指标值是其质和量的规定。指标体系的特点主要表现为：其一，每一项子目标和指标都与总目标或上一级目标的规定保持一致；其二，各级子目标和指标不宜设置过多，要形成紧凑的、人们易于把握的体系；其三，在同一级子目标之间和各指标之间，其地位、作用不是等同的，即权重不同；其四，指标或分指标是整个指标体系最低的不可再分的一级。为了从整体上综合反映项目的价值并便于操作，建立指标体系的原则可以概括为科学性与实用性、完备性与可操作性、互斥性和有机结合性、绝对指标和相对指标、静态指标和动态指标、定性指标和定量指标、客观指标和主观指标的辩证统一。

（6）选择或设计评价方法。评价方法根据评价对象具体要求的不同而有所不同，总的来说，要按系统目标与系统分析结果恰当选择成熟、公认的评价方法，并注意评价方法与评价目的的匹配，注意评价方法的内在约束，掌握不同方法的评价角度与评价途径。

（7）单项评价。单项评价是基于系统的某一特殊方面进行详细的评价，以突出系统的特征。单项评价不能解决最优方案的判定问题，只有综合评价才能解决最优方案或方案优先顺序的确定问题。

（8）综合评价。综合评价是在单项评价的基础上利用模型和各种资料，用系统综合的观点对比各种方案，考虑科技资源与效益的关系，权衡各个方案的利弊得失，综合分析问题，选择适当而且可能实现的优化方案。

（9）协调关系。在具体的评价过程中，为了得到满意、合理的评价结果，必须考虑到项目政策的导向性、决策者的决策意图、项目承担者努力的程度及项目本身的客观规律等各方面的因素。

（10）评价结果分析。提出项目综合评价结论和建议是项目综合评价最为重要的一个环节。评价人员将各专项评价结论作为论据得出综合评价结论，如果各专项评价结论一致，则各专项评价结论即为综合评价结论；当各专项评价结论相反或不一致时，则应进行综合分析，抓住主要方面，统筹兼顾，提出结论性意见，根据项目存在的问题，提出建设性意见，供项目投资者与相关部门作为项目决策的参考。

第三节 项目评价过程逻辑模型构建

在项目评价工作流程和项目评价程序分析的基础上，结合前人对项目评价过程研究的成果，本节重点构建项目评价过程逻辑模型。本书的第五章，在借鉴霍尔的三维结构模型的前提下，提出了项目评价方法论的三维结构模型，逻辑维主要是指解决问题的逻辑过程，那么，作为项目评价方法论的逻辑维，主要是指解决项目评价问题的逻辑过程。逻辑模型是对逻辑过程的简化与抽象。

6.3.1 项目评价过程逻辑模型

逻辑的方法是从纯粹的、抽象理论的形态上来揭示事物的本质，借助概念、判断、推理等思维形式，研究事物内在的矛盾及其发展规律，形成科学理论体系的方法。模型是对评价系统的一种科学抽象和近似。模型的主要特点是，合理地抽象和有效地摹仿项目系统，充分、明确地表达出评价系统组成要素之间的有机联系，由反映评价系统本质特征的一组最少的要素构成。

按照项目评价系统要素之间的逻辑关系建立的模型为逻辑模型。它是描述项目评价过程的总体结构和规律性，为了便于理解和分析研究项目的评价过程，构建项目评价过程逻辑模型是十分必要的。

1. 项目评价过程逻辑模型的构建

经研究表明，按照评价对象结构复杂性，可以分为简单项目单目标评价、大项目多目标多属性评价和复杂大项目网络型指标评价，三种评价对象可以采用不同的评价过程、不同支持系统和不同的关联反馈环节。结合项目评价过程程序分析，借鉴系统理论知识，经过对大量项目评价过程的调研，提出项目评价过程逻辑模型。如图6-6所示。

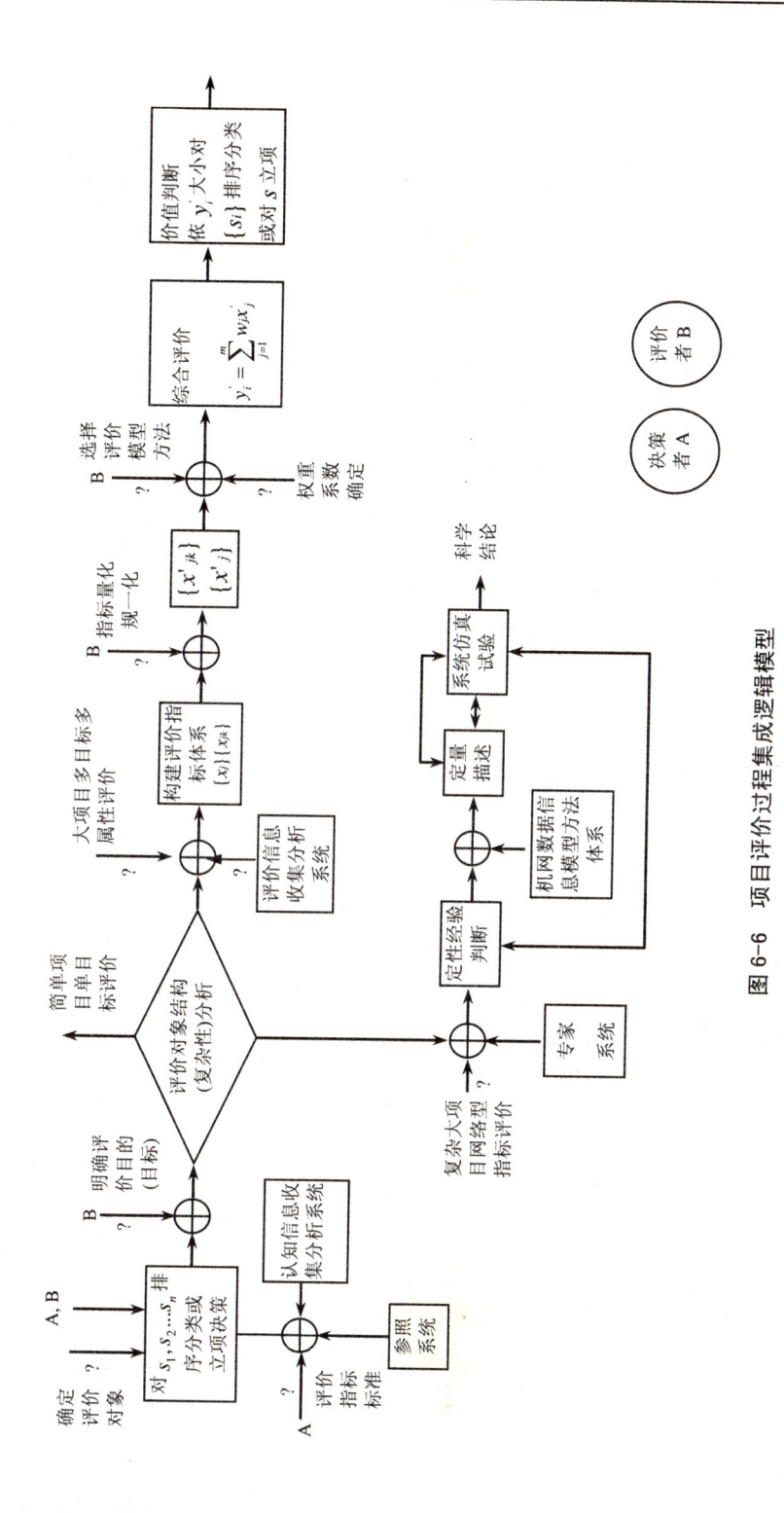

图 6-6 项目评价过程集成逻辑模型

2. 项目评价过程逻辑模型说明

图 6-6 表明，研究对象是对 n 个项目 $S_1, S_2, \cdots S_n$ 进行排序分类或立项评价，如果是简单项目单目标评价，则可由 n 个项目的评价值的大小排序，判断、选择最优方案；如果是大项目多目标多属性评价，则可采用三层递阶结构评价指标体系，设目标为 y_i ($i=1,2,\cdots,n$)，指标为 x_j ($j=1,2,\cdots,m$)，分指标为 x_{jk}。首先，进行指标和分指标的量化和规一化处理；其次，进行权重确定和评价模型的选择；最后，进行排序、判断。

复杂大项目网络型指标评价，由专家群体经验智慧得出的定性经验判断，以及由机网数据信息模型方法体系支撑得到的定量描述，经系统仿真试验，实现从定性到定量的综合集成，最后得出科学结论。这三个环节的处理功能用长方型框描述。

作为实现项目评价过程的支撑系统，有参照系统、认知信息收集分析系统、评价信息收集分析系统，以及专家体系、机网数据信息模型方法体系。

过程逻辑框图中的"？"，表明需要谨慎处理的环节，包括确定评价对象、选择评价指标、明确评价目的（目标）、获取评价信息、指标量化、指标规一化、权重确定、模型选择等。图 6-6 中的单箭线表示各个环节的逻辑关联，双箭线表示各个环节之间的关联与反馈。

6.3.2 项目评价过程逻辑模型分析

项目评价过程逻辑模型是对项目评价过程中的问题描述、目标陈述、指标构建、权重确定、模型选择的一种规范性的集合。因此，为了有效地理解和使用模型进行项目评价，对项目评价过程逻辑模型进行分析是十分必要的。

1. 项目评价过程的主要功能是服务于决策

《辞海》（1999 年版）定义决策是指人们在改造世界过程中，寻求并决定某种最优化目标和行动方案。以对事物发展规律及主客观条件认识为依据。[①] 通俗地讲，决策是提出问题、分析问题、解决问题。评价的主要功能是服务于决策，评价是决策的前提。图 6-6 中所述的对 $S_1, S_2, \cdots, S_n$ 排序或分类，以及单个项目 S 的立项，就是决策。

2. 评价过程的核心行为是测度

本书在第四章中，曾提出，评价的本质是一定价值关系主体以价值需要尺度衡量客体的价值属性。图 6-6 中构建的评价指标体系、指标量化、规一化、模型方法选择、权重确定都是对项目价值的测度。

3. 项目评价过程是动态反馈循　过程

---

① 《辞海》（1999 年版）. 上海辞书出版社，2000. 第 446 页

项目评价作为一个系统具有生命周期，从确定评价对象到价值判断再到科学结论，体现动态过程。项目评价要素，决策者、评价者、被评价对象、评价指标、权重以及评价模型之间具有一定的反馈，并且构成循环过程。

4. 项目评价过程的计算机化趋势

面对大型项目评价，传统的项目评价方法乏力（缺乏对环境的适应能力、缺乏智能决策能力、缺乏资源管理能力、缺乏分布式控制能力）。为实现项目评价过程自动化，出现了计算机辅助评价系统 CASS，[①] 突破基于线性处理的人工神经网络 ANN，智能综合评价决策支持系统 AODSS 等，[②] 成为项目评价过程计算机化的发展趋势。

5. 项目评价过程的创新

评价研究是一个创造过程，这一点怎么强调都不过分。创造力的概念被定义为新思路的产生，且其类型包括想像创造力（通过想像产生）、规则创造力、应用创造力、理论创造力等。以创新观点指导项目评价过程研究是很有意义的。

第四节　项目评价过程优化方法

以大型项目多目标多属性综合评价为例，项目评价过程优化处理包括综合评价指标体系的构建、指标量化、指标一致性处理、权重系数确定、综合评价模型的选择等。

6.4.1　项目综合评价指标的选优

综合评价指标体系是衡量被评价项目系统总体目标的具体标志，是被评价项目系统的结构框架，指标名和指标值是其质和量的规定，在实际评价活动中，并非指标越多越好，但也不是越少越好，关键在于评价指标在评价中所起作用的大小，总的原则应是以尽量少的"主要"评价指标用于实际评价运作。[③] 而初步建立的评价指标集中可能存在一些"次要"评价指标，这就需要按某种原则进行筛选，分清主次地构建指标体系。构建和筛选评价指标体系的主要原则包括科学性与实用性、系统性与可获得性、完备性与互斥性、精确性与简便性、时效性与通用性、有效性与可比性，定量指标与定性指标、绝对指标与相对指标、静态指标与动态指标的辨证统一。

---

① 王凭慧. 科技项目评价方法. 科学出版社，2003. 第 65 页
② 王凭慧. 科技项目评价方法. 科学出版社，2003. 第 256 页
③ David C. Novak, Cliff T. Ragsdale. A decision support methodology for stochastic multi-criteria linear programming using spreadsheets. Decision Support Systems, 2003 (36): 99–116.

1. 利用专家法打分法选取指标

基于专家群体的知识、智慧、经验、直觉、推理、偏好和价值观的特尔菲（Delphi）法是专家评定的典型方法。该方法的主要特点是匿名性（专家背靠背函询）、反馈性（多轮调查、结果反馈）；统计性。评价者可根据评价目标及评价对象的特征，在所设计的调查表中列出一系列的评价指标，分别征询专家对所设计的评价指标的意见，然后进行统计处理，并反馈咨询结果，经过几轮咨询后，如果专家意见趋于集中，则由最后一次咨询确定出具体的评价指标体系。过程中需要注意以下几点：

（1）集中程度用均值 $\overline{E_i}$ 测度

假设指标的主要程度采用五级分制，则：

$$\overline{E_i} = \sum_{j=1}^{5} E_j n_{ij} / p \qquad i=1，2，\cdots，m \qquad (6.1)$$

式中，E_j 是指标重要程度的量值（1、2、3、4、5，越小越重要），n_{ij} 为评价 i 指标为 j 重要等级的专家数，m 为指标个数，$\overline{E_i}$ 为由小到大排序确定指标重要程度顺序，它反映了 p 个专家的评价期望值。

（2）咨询统计处理

咨询统计处理如表 6-1 所示。

表 6-1 指标重要程度咨询处理统计表

编号	指标名称	重要程度 E_j 的评价专家数 n_{ij}					集中程度	离散程度	协调程度	
		极重要	很重要	重要	一般	不重要				
i		1	2	3	4	5	$\overline{E_i}$	σ_i	V_i	W

（3）离散程度用标准差 σ_i 描述

$$\sigma_i = \left[\sum_{j=1}^{5} n_{ij} \left(E_j - \overline{E_i} \right)^2 / (p-1) \right]^{1/2} \qquad (6.2)$$

它反映专家对 i 指标重要程度评价的分散程度。若 σ_i>0.63 则进行第二轮函询。

（4）协调程度

对于各个指标的协调程度，用变异系数 V_i 和协调系数 W 来表示：

$$V_i = \sigma_i / \overline{E_i} \qquad (6.3)$$

它反映专家对 i 指标评价的协调程度。

$$W = \frac{12}{p^2(m^3-m)}\sum_{i=1}^{m}(\overline{E_i}-\overline{E})^2 \quad (6.4)$$

它反映专家对整个评价系统的协调程度，其中 $\overline{E}$ 是全部指标等级的均值，即：

$$\overline{E} = \sum_{i=1}^{m}\overline{E_i}/m \quad (6.5)$$

V_i 越小 W 越大则越协调。由 $\overline{E_i}$、σ_i、V_i 和 W 的综合分析可以决定是否进行下一轮咨询，以确定指标体系。

2. 利用主成分分析筛选简化评价指标

对于多个指标描述评价项目，指标过多是一种麻烦，删除一些对描述项目提供很少信息量的指标，为人们所关注。实现减少指标个数的办法是寻求一个变换，把原来存在相关关系的一组指标变换为一组新指标。主成分分析就是根据新变量方差的大小及其在所有变量方差总和中所占的份额，来删除一些变量，即以损失少量信息为代价来换取变量个数的减少。

基于数据统计分析的主成分分析法是筛选、简化指标体系的典型方法。

设原指标向量（成分）$X = (X_1, X_2, \cdots, X_m)$

新指标向量（成分）$Y = (Y_1, Y_2, \cdots, Y_m)^T$

Y 是 X 的线性组合，即 $Y = CX^T$ (6.6)

其中，Y_1 是线性组合时方差最大者，叫第一主分量，Y_2 是方差次大者，叫第二主分量……，而 C 是特征方程，即：

$$|R - \lambda I| = 0 \quad (6.7)$$

M 个特征值 $(\lambda_1 > \lambda_2 > \cdots > \lambda_m > 0)$ 所对应的特征向量，其元素数值反映了各原指标属性对相应主分量的大小，即权重。R 是原指标评价样本数据标准化后的相关系数矩阵。

筛选指标的方法是：将最小特征值（该主分量对总体几乎没有什么贡献）所对应的特征向量中具有最大分量相对应的原指标（贡献最小的成分中起最大作用的指标量）删除掉。余下的 M-1 个指标再作主成分分析，直到筛选出最佳指标子集为止。

3. 按最小均方差法删除指标

对于 n 个取定的被评价对象（或系统）$s_1, s_2, ..., s_n (n>1)$，每个被评价对象都可用 m 个指标的观测值 x_{ij} $(i=1,2,...,n; j=1,2,...,m)$ 来表示。容易看出，如果 n 个被评价对象关于某项评价指标的取值都差不多,那么尽管这个评价指标是非常重要的,但对于这 n 个被评价对象的评价结果来说,它并不起什么作用。因此,为了减少计算量就可以删除掉这个评价指标。这就启发我们建立最小均方差的筛选原则如下:

记:

$$s_j = \left(\frac{1}{n}\sum_{i=1}^{m}(x_{ij}-\bar{x}_j)^2\right)^{1/2} j=1,2,...,m \tag{6.8}$$

为评价指标 x_j 的按 n 个被评价对象取值构成的样本均方差。其中:

$$\bar{x}_j = \frac{1}{n}\sum_{i=1}^{m}x_{ij}, j=1,2,...,m \tag{6.9}$$

为评价指标 x_j 的按 n 个被评价对象取值构成的样本均值。

若存在 $k_0(1 \leq k_0 \leq m)$,使得 $s_{k_0} = \min_{1 \leq j \leq m}\{s_j\}$ 且 $s_{k_0} \approx 0$,则可删除掉与 s_{k_0} 相应的评价指标 x_{k_0}。

4. 按极小极大离差法简化指标

先求出各评价指标 x_j 的最大离差 r_j,即:

$$r_j = \max_{1 \leq i,k \leq n}\{|x_{ij}-x_{k,j}|\} \tag{6.10}$$

再求出 r_j 的最小值,即令:

$$r_0 = \min_{1 \leq j \leq m}\{r_j\} \tag{6.11}$$

当 r_0 接近于零时,则可删除掉与 r_0 相应的评价指标。

常用的方法还有"相关系数法"等。

6.4.2 项目评价指标体系的优化

项目评价指标体系的优化过程是评价成功与否的关键环节,经过对大量文献的分析,本书认为评价指标体系的优化过程,主要涉及指标体系的有效性、一致性和齐备性的优化处理分析。

1. 指标体系的有效性分析

熵释义为科学技术上泛指某些物质系统状态的一种量度,或者说明其可能出现的程度。对于指标体系的有效性,可以考虑由结构有序度——负熵来衡量。通常情况下,指标的完备性和互斥性的辨证统一是理论上建立指标的准则,指标的建立应能反映评价对象的总体价值,而且是最简单的有效指标子集。

指标体系结构有序度的熵的度量公式为：

$$H(r) = -\sum_{i=1}^{k} \frac{L_i}{M^2 - M} \lg \frac{L_i}{M^2 - M} \tag{6.12}$$

其中，L_i 是具有相关关系的指标二元组序对个数，称为外延长度，M 为全部指标个数，$M^2 - M$ 是全部指标二元关系最大可能数目，即最大可能外延长度。

由 $H(r)$ 的大小可以反映指标体系结构的简化程度。$H(r)$ 越小，则指标体系越简洁，越有效。

2. 项目评价指标一致性分析

研究表明，现实项目评价指标通常有四类，即"极大型"指标、"极小型"指标、"居中型"指标和"区间型"指标。对于某些定量指标，如产值、利润等，取值越大越好，这类指标称之为极大型指标；而对于诸如成本、能耗等一类指标，取值越小越好，这类指标称之为极小型指标；诸如人的身高、体重等指标，既不期望它们的取值越大越好，也不期望它们的取值越小越好，而是期望它们的取值越居中越好，称这类指标为居中型指标；而区间型指标是期望其取值以落在某个区间内为最佳的指标。根据指标的不同类型，对指标集 $X = \{x_1, x_2, ..., x_m\}$ 可作如下划分，即令：

$$X = \bigcup_{i=1}^{4} X_i, \text{ 且 } X_i \bigcap X_j = \Phi, \quad i \neq j \quad (i, j = 1, 2, 3, 4) \tag{6.13}$$

式中 $X_i (i = 1, 2, 3, 4)$ 分别为极大型指标集、极小型指标集、居中型指标集和区间型指标集，Φ 为空集。

若指标 $x_1, x_2, ..., x_m$ 中既有极大型指标、极小型指标，又有居中型指标或区间型指标，则必须在对各备选方案进行综合评价之前，将评价指标的类型作一致化处理。否则，就无法根据 y 值的大小来综合评价各备选方案的优劣。因此，需将指标做类型一致化的处理。

对于极小型指标 x，令：

$$x^* = M - x \tag{6.14}$$

或

$$x^* = \frac{1}{x}, (x > 0) \tag{6.15}$$

其中 M 为指标 x 的一个允许上界。

对于居中型指标 x，令：

$$x^* = \begin{cases} \dfrac{2(x-m)}{M-m}, & \text{if } m \leqslant x \leqslant \dfrac{M+m}{2}, \\ \dfrac{2(M-x)}{M-m}, & \text{if } \dfrac{M+m}{2} \leqslant x \leqslant M \end{cases} \tag{6.16}$$

其中，m 为指标 x 的一个允许下界，M 为指标 x 的一个允许上界。

对于区间型指标 x，令：

$$x^* = \begin{cases} 1.0 - \dfrac{q_1 - x}{\max\{q_1 - m, M - q_2\}}, & \text{if } x < q_1 \\ 1.0 \\ 1.0 - \dfrac{x - q_2}{\max\{q_1 - m, M - q_2\}}, & \text{if } x \in [q_1, q_2] \end{cases} \quad (6.17)$$

式中 $[q_1, q_2]$ 为指标 x 的最佳稳定区间，M、m 分别为 x 的允许上、下界。

通过以上变形，非极大型评价指标 x 就可以通过（6.14）、（6.15）、（6.16）、（6.17）转换成极大型指标。

3．指标的无量纲化

在进行指标无量纲化之前，首先要进行指标量化。指标量化（精确量化和模糊量化）数值级别通常基于心理学测度原理定为 7±2 级。不论何种量化方法，量化后的数值应考虑如下数字特征：位置参数、离散参数、分布参数等。位置（水平）参数，是评估指标的平均水平和集中趋势的量度，常用的公式是算术平均值和几何平均值；离散参数是评估样本量化数据的分散程度，经常用极差、平均偏差和标准差等；分布参数，若评价指标量化数据符合正态分布，则可用标准偏差系数反映其对称程度。最后，基于量化后数字特征可以修正或调整量化级的数值范围，也可以对灰色信息的白化函数和模糊信息的隶属度函数进行调整与修正。

研究表明，指标 $x_1, x_2, ..., x_m$ 之间由于各自单位及量级（即计量指标 x_j 的数量级）的不同而存在着不可公度性，这就为比较综合评价指标 y 的大小带来了不便。为了排除由于各项指标的单位不同以及数值数量级间的悬殊差别所带来的影响，避免不合理现象的发生，需要对评价指标作无量纲化处理。无量纲化，也是指标数据的标准化、规范化。通常可以通过数学变换来消除原始指标单位影响的方法。常用的方法有标准化法、极值法和功效系数法。

（1）标准化处理法

即取：

$$x_{ij}^* = \frac{x_{ij} - \bar{x}_j}{s_j} \quad (6.18)$$

显然 x_{ij}^* 的（样本）平均值和（样本）均方差分别为 0 和 1，x_{ij}^* 称为标准观测值。式中 $\bar{x}_j$、$s_j(j=1,2,...,m)$ 分别为第 j 项指标观测值的（样本）平均值和（样本）均方差。

（2）极值处理法

如果令 $M_j = \max_i \{x_{ij}\}$，$m_j = \min_i \{x_{ij}\}$，则：

$$x_{ij}^* = \frac{x_{ij} - m_j}{M_j - m_j} \tag{6.19}$$

是无量纲的，且 $x_{ij}^* \in [0,1]$。

特别地，当 $m_j = 0(j=1,2,...,m)$ 时，有：

$$x_{ij}^* = \frac{x_{ij}}{M_j},(x_{ij}^* \in [0,1]) \tag{6.20}$$

（3）功效系数法

令：

$$x_{ij}^* = c + \frac{x_{ij} - m_j}{M_j - m_j} \times d \tag{6.21}$$

式中 M_j、m_j 分别为指标 x_j 的满意值和不允许值，c、d 均为已知正常数，c 的作用是对变换后的值进行"平移"，d 的作用是对变换后的值进行"放大"或"缩小"。通常取为 $c=60, d=40$，即：

$$x_{ij}^* = 60 + \frac{x_{ij} - m_j}{M_j - m_j} \times 40, x_{ij}^* \in [60,100] \tag{6.22}$$

在评价模型、评价指标的权重系数、指标类型的一致化方法都已取定的情况下，应选择能尽量体现被评价对象 $s_1, s_2, ..., s_n$ 之间差异的无量纲化方法，即选择使 $y_1, y_2, ..., y_n$ 的离差平方和 $\sum_{i=1}^{n}(y_i - \bar{y})^2$ 最大的无量纲方法。

4．项目评价指标齐备性分析

所谓齐备性，是分析评价指标体系的"和"是否为"全集"，是指项目评价指标体系是否已全面地、毫无遗漏地反映了最初的描述评价目的与任务。一般通过定性分析进行判断，可以根据指标体系层次结构图的最底层（指标层或分指标层），检验每个侧面所包括的指标是否比较全面、完整，是否出现有指标交叉而导致结构混乱的情况。重点是对平行的节点(子目标对子目标)进行重叠性与独立性的分析，检查是否存在平行的某一个子目标包含了另一个或几个子目标的部分或全部内容。若出现这种包含关系，则有两种方法：或是进行归并处理，即将有重叠的子目标合并成一个共同的子目标；或是进行分离处理，将重叠部分从中剥离出来。

研究表明，指标体系结构完备性分析一般采用定性分析的方法进行优化。在这个优化过程中，专业知识起最主要的作用，评价专家的组成至关重要。

5. 项目评价指标权重系数的确定

相对于某种评价目的来说，评价指标之间的相对重要性是不同的。评价指标之间的这种相对重要性的大小，可用权重系数来刻画。若 w_j 是评价指标 x_j 的权重系数，一般应有：

$$w_j \geq 0 (j=1,2,...,m), \quad \sum_{j=1}^{m} w_j = 1$$

很显然，当被评价对象及评价指标（值）都给定时，综合评价（或对被评价对象进行排序）的结果就依赖于权重系数了。即权重系数确定的合理与否，关系到综合评价结果的可信程度，因此，对权重系数的确定应特别谨慎。

权重是综合评价的重要信息，应根据指标的相对重要性，即指标对综合评价的贡献来确定。基于评价对象的信息基础，可以选择定性的经验判定法，如专家调查法、二项系数法、环比评分法；也可以选择定量数据处理法，如主成分分析法、均方差法、多目标规划法等。另外也可以选择混合方法定权重，如 AHP 法等。

6.4.3 项目综合评价数学模型的选择

所谓综合评价即对评价对象的全体，根据所给的条件，采用一定的方法，给每个评价对象赋予一个评价值，再据此择优或排序。多指标综合评价需要通过一定的数学模型将多个评价指标值"合成"为一个整体性的综合评价值。可用于"合成"的数学方法很多，问题在于我们如何根据评价准则及被评价系统的特点来选择较为合适的合成方法。研究表明，项目综合评价所选取的模型主要涉及加法合成法、乘法合成法、增益型线性加权法、理想点法和混合法等。

1. 线性加权综合法（或加法合成法）

所谓线性加权合成法是指应用线性模型

$$y = \sum_{j=1}^{m} w_j x_j \tag{6.23}$$

来进行综合评价的。式中 y 为系统（或被评价对象）的综合评价值，w_j 是与评价指

标 x_j 相应的权重系数 $\left(0 \leqslant x_j \leqslant 1(j=1,2,...,m), \sum_{j=1}^{m} w_j = 1\right)$。若权重系数相等,则为简单和。

线性加权综合法具有以下特征:

(1)线性加权综合法适用于各评价指标间相互独立的场合,此时各评价指标对综合评价水平的贡献彼此是没有什么影响的。由于"合成"运算采用"和"的方式,其现实关系应是"部分之和等于总体",若各评价指标间不独立,"和"的结果必然是信息的重复,也就难以反映客观实际。

(2)线性加权综合法可使各评价指标间得以线性地补偿。即某些指标值的下降,可以由另一些指标值的上升来补偿,任一指标值的增加都会导致综合评价值的上升。任一指标值的减少都可用另一些指标值的相应增量来维持综合评价水平的不变。

(3)线性加权综合法中权重系数的作用比在其他"合成"法中更明显些,且突出了指标值或指标权重较大者的作用。

(4)线性加权综合法,当权重系数预先给定时(由于各指标值之间可以线性地补偿)对区分各备选方案之间的差异不敏感。

(5)线性加权综合法对于(无量纲的)指标数据没有什么特定要求。

(6)线性加权综合法容易计算,便于推广普及。

2.非线性加权综合法(或乘法合成法)

所谓非线性加权综合法是指应用非线性模型

$$y = \prod_{j=1}^{m} x_j^{w_j} \tag{6.24}$$

来进行综合评价的。式中 w_j 为权重系数, $x_j \geqslant 1$。

非线性加权综合法具有以下特征:

(1)非线性加权综合法适用于各指标间有较强关联的场合。

(2)非线性加权综合法强调的是各备选方案(无量纲)指标值大小的一致性,即这种方法是突出评价指标值中较小者的作用,这是由乘积运算性质所决定的。

(3)在非线性加权综合法中,指标权重系数作用不如线性加权综合法那样明显。

(4)非线性加权综合法对指标值变动的反应比线性加权综合法更敏感。因此,非线性加权综合法更有助于体现备选方案之间的差异。

(5)非线性加权综合法对指标值的数据要求较高,即要求无量纲指标值均大于或等于1。

(6)与线性加权综合法相比,非线性加权综合法在计算上要复杂些。

对于非线性模型来说,观测值越小的指标,影响综合评价结果的作用也越大。

"木桶原理"恰如其分地给出了这种非线性加权综合法的一个直观性解释。即假定一只木桶是由多个(满足一定长度的)长短不同的木板组成的,那么它的容量取决于长度最短的那块木板(因为当液体平面超过最短的那块木板的高度时,液体就会溢出)。因此,若增大木桶的容量,首先必须加高长度最短的那块木板。也就是说,在评价指标当中,只要有一个指标值是非常小,那么总体评价值将迅速地接近于零。

但是从另一方面来说,如果评价者或决策者经常应用非线性加权综合评价模型,将有力地促使系统(即被评价对象)全面、协调地发展。

3. 增益型线性加权综合法

对取定的 s ($s>0$ 且 $s \neq 1$),称映射

$$\mu : [0,1] \to [0,s]$$ 为一个增益函数,如果它满足:

① μ 连续,分段可导;
② 若 $x_1 \geq x_2$,则 $\mu(x_1) \geq \mu(x_2), \mu'(x_1) \geq \mu'(x_2)$;
③ $\mu(0)=0, \mu(1)=s, \mu(0.5)<0.5$。

当 $s>1$ 时,μ 为增益,当 $0<s<1$ 时,μ 为折损。

例如:

$$\mu_v(x) = \begin{cases} 0 & x \in [0, 0.5] \\ s\left(\dfrac{x-0.5}{0.5}\right)^k & x \in [0.5, 1] \end{cases}$$

是一个增益函数,其中 $s, k \in N_k$ (N 为自然数集合),通常可取 $s=2, k=4$。

现在,将增益函数用于综合评价上。构造综合评价函数

$$y = \sum_{j=1}^{m} w_j \frac{x_j + \mu(x_j)}{2} \tag{6.25}$$

便是具有增益功能的线性加权综合评价函数。

综合评价模型(6.25)体现了"价值梯度"的含义,它意味着某项工作做得越好,付出的代价越大。因此,在综合评价值中应有一个相应的增益。

当取 $s=1$,且 $\mu_v = x$ 时,综合评价模型(6.25)就是普通的线性加权综合评价模型了。

4. 理想点法

这一类综合评价问题实际上是多元统计分析中的判别问题。该类综合评价问题首先要选定一种合理的分类标准。即设定一个理想的系统或样本点为 $\left(x_1^*, x_2^*, ..., x_m^*\right)$,

如果被评价对象 $(x_{i1}, x_{i2}, ..., x_{im})$ 与理想系统 $(x_1^*, x_2^*, ..., x_m^*)$ 在某种意义下非常接近,则称系统 $(x_{i1}, x_{i2}, ..., x_{im})$ 是最优的。基于这种思想所得出的综合评价方法,称为逼近样本点或理想点的排序方法(the technique for order preference by similarity to ideal solution,即 TOPSIS),简称为理想点法。

被评价对象 $(x_{i1}, x_{i2}, ..., x_{im})$ 与理想系统 $(x_1^*, x_2^*, ..., x_m^*)$ 之间的加权距离定义为:

$$y_i = \sum_{j=1}^{m} w_j f(x_{ij}, x_j^*), i=1,2,...,n$$

式中 w_j 为权重系数,$f(x_{ij}, x_j^*)$ 为分量 x_{ij} 与 x_j^* 之间的某种距离。通常取欧氏(加权)距离,即取:

$$y_i = \sum_{j=1}^{m} w_j (x_{ij} - x_j^*)^2, i=1,2,...,n \tag{6.26}$$

作为评价函数。这时,即可按 y_i 值的(显然 y_i 的值越小越好,特别的,当 $y_i = 0$ 时,s_i 即达到或成为理想点 s^*)大小对各被评价对象进行排序。

总之,不管采用哪种形式的综合评价模型,能否客观地、综合地对各备选方案进行评价,关键在于进行多指标综合评价之前如何正确地解决如下三个问题:

(1)各项评价指标的类型一致化问题;
(2)各项评价指标的无量纲化、数据可比化问题;
(3)确定相应的权重系数 w_j $(j=1,2,...,m)$。

通过研究表明,项目综合评价过程是一种动态的集成过程,简要概括为:

其一,明确评价对象。评价对象可能是人、是事、是物,而更多的是人、事、物任意组合的集成系统;评价对象可能是评价主体的自我选择,更多的是价值主体的委托。

其二,把握价值主体的需求,确定评价目的。评价的目的统揽着整个评价过程,并制约着评价标准。

其三,把握价值客体的属性与功能,提出评价标准。评价标准是人们在评价活动中应用于评价客体的价值尺度和界限。

其四,选择评价指标体系。指标体系是被评价对象系统的结构框架,建立指标体系的原则是科学性和实用性、完备性和可操作性、互斥性和一致性、绝对指标与相对指标、静态指标与动态指标的辩证统一。

其五,优化指标和指标体系。对指标体系进行一致性、有效性和完备性处理,在此基础上对指标值进行量化和规一化处理,以及指标权重的确定,指标权重是指标的相对重要性的标志。

其六，选择构建评价模型。模型是对被评价对象系统的一种科学抽象和近似。指标体系的建立是被评价对象系统的分析过程，是对系统的一种"拆零"，评价模型是将指标"组装"成一个系统，是系统的综合集成过程。

其七，给出项目综合评价结论。

总之，项目综合评价过程主要包括：项目评价指标的优选、项目评价指标体系的优化和项目评价综合模型的选择。

第七章 项目评价方法的集成

《韦氏新世界美国英语辞典》(1968年版)将方法论定义为:"方法的科学或方法的有序安排,是任何特定科学中的方法体系。"[①] 按照这个权威概念的推演,项目评价方法论是对项目评价方法的有序安排,是项目评价方法的集成。本章结合第五章所提出的项目评价方法论结构体系,对项目评价方法进行具体的逻辑安排。主要从项目时间、项目评价知识及物、事、人的角度对项目评价方法进行有序安排,并在此基础上提出项目评价全面集成的模型。

第一节 基于时间的项目评价方法逻辑安排

随着项目进展,项目的不同阶段会有完全不同的项目评价工作,这些不同的项目评价工作使用的基础数据不同、所处条件不同、评价对象与内容不同,所采用的评价方法等都有所不同。其中,项目前评价是在具有很多假设前提条件下(不确定性因素)使用预测数据对于项目的可行性和各个项目备选方案所作的可行性研究;而项目实施评价是在相对比较确定的情况下使用实际数据和部分预测数据针对项目实施情况对整个项目所作的评价;项目后评价则是在项目投入使用以后使用项目实际数据对项目和项目前期决策所作的评价进行验证和再评价。

7.1.1 基于项目时间的评价方法的分类

项目评价是为项目决策提供支持的,基于项目时间维度的项目前评价、项目实施评价、项目后评价都有着不同的决策内容,特定的评价阶段具有特定的约束条件和特有的数据信息,为此,所选用的评价方法也有所区别。按评价内容的特点与评价方法的分类和适应范围的相关性构成项目评价方法体系。

1. 项目生命周期与项目评价关系分析

把项目评价与项目生命周期相结合,可以将项目的评价过程按照项目的进展划分为三个阶段:项目前评价(形成性评价)、项目中评价(项目实施进展评价)和项目后评价(项目绩效评价)。如图7-1所示。

---

① [美] 唐·埃思里奇著. 应用经济学研究方法论. 经济科学出版社,第26页

152　项目评价方法论

```
         项目前评价              项目实施评价              项目后评价
    |←──────────────→|←──────────────────────→|←─────────────────→|
    
    机会评价  可行性研究  项目计划与设计  项目开工  项目竣工  投入运营  项目后评价           项目废弃
    ─●────────●──────────●──────────────●────────●─────────●─────────●──────────────●──────→
    A        B          C              D        E         F         G              H

    • 机会评价          • 实施状况评价        • 运营管理评价
    • 必要性评价        • 实施进度评价        • 绩效评价
    • 可行性评价        • 环境变化评价        • 前期评价的再评价
    • 立项决策          • 未来发展预测        • 项目持续发展评价
```

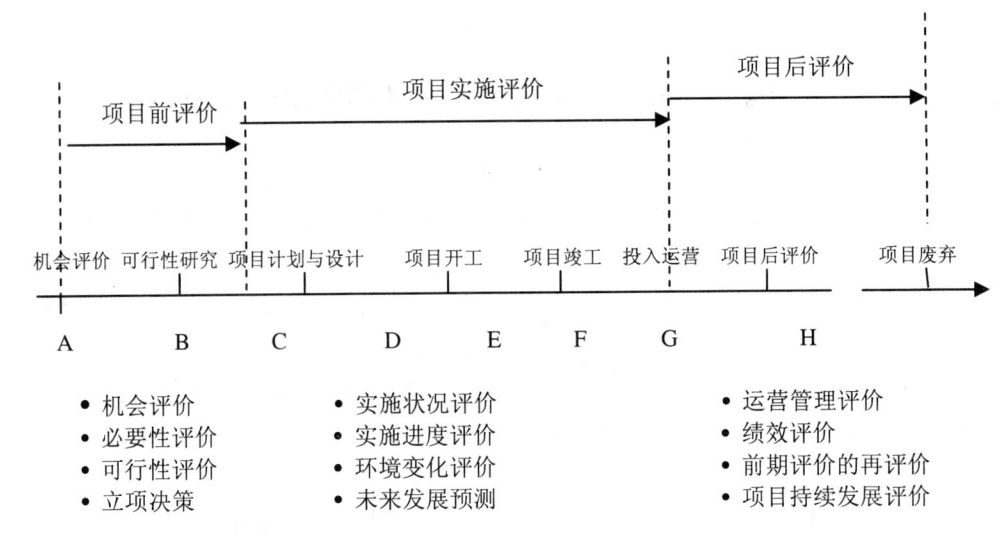

图 7-1　项目生命周期与项目评价关系图

资料来源：根据项目生命周期与项目评价关系图整理制作。
戚安邦. 项目论证与评价. 北京：机械工业出版社，2004. 第 39 页

由图 7-1 表明，项目前评价是项目尚未实施立项之前对项目及其被选方案所进行的各种评价总和。进一步可以分为机会评价、必要性评价、可行性评价、决策评价等。项目前评价的机会评价主要涉及在充分考虑项目的环境条件的前提下，结合组织的发展战略、组织的使命、远景、宗旨和目标进行潜在的机遇的预测与评估；项目的必要性评价是在分析评价项目机会之后，对该项目是否能够为实现既定的战略目标服务，要实现战略目标是否一定要开展该项目，是否可以有替代的解决方案等等进行必要性评价；项目可行性研究是在确认项目十分必要以后，对项目各个方面的专项可行性和项目总体可行性进行详细研究，专项的可行性研究主要包括技术可行性（主要分析项目技术的适用性和先进性）、经济可行性（主要分析项目的成本与效益）、运行可行性（主要分析运行条件是否可行）、社会评价和环境影响评价等，最后进行综合评价，提出综合性的结论。

项目实施评价是为了及时了解环境条件的变化对项目实施结果的影响，以及项目实施进度与预期之间的偏差所进行的项目实施进展评价。[1] 项目实施评价内容主要包括：其一，项目实施情况的评价。这是对照项目方案和项目计划对项目整体实

---

[1] Crawford P., Bryce P. Project monitoring and evaluation: a method for enhancing the efficiency and effectiveness of aid project implementation. International Journal of Project Management, 2003, 21(5): 363–373.

施情况的评价，这种项目评价首先要度量项目实际的实施情况，然后要对照项目的实施方案和计划进度找出存在的偏差和问题。当项目的实施情况远远偏离了最初的方案和计划，那么它就有可能发生根本性变化而无法实现最初制定的项目目标，此时就应该根据评价而决定是否终止整个项目或者进行变更。其二，项目实施进度评价。主要衡量项目实际工期进度、成本支出、完成的工作量等与预先制定的计划之间的差异，通常采用甘特图法、网络图法、挣值管理法进行综合管理和调控。其三，项目实施环境变化评价。依据项目实施过程中所获得的最新信息，对照项目决策阶段给定的各种约束条件和假设前提条件，分析项目实施过程中项目的各种环境条件的发展变化情况，从而对这种发展变化作出基本判断的工作。因为如果项目的环境在项目实施过程中发生了巨大的变化，也会使项目失去原有的意义而不得不放弃整个项目。其四，项目未来发展的预测。这是根据已经发展变化了的项目实施情况和项目环境，对于项目未来结果的分析和预测，它也是项目跟踪评价的一项重要基础性工作，它给出了在项目和项目环境发展变化后项目未来可能的最终结果数据，而这些数据是项目跟踪评价中有关项目必要性和项目可行性变动评价的基础数据。

项目后评价是在项目实施完毕并运营一段时间之后所作的项目评价，项目后评价的主要内容包括对于项目本身实际情况的评价和对于项目前评价与项目前期决策正确性的评价，它的根本目的是总结经验教训和修订未来项目决策的指标和标准。主要内容涉及项目实际运营情况的评价、效果评价、前评价的检验评价、可持续发展评价。在项目实施完成一段时间以后（一般 2 年左右），根据项目实施的实际数据（主要是项目投入情况）和项目已经运行的这一段时间的运行数据（主要是项目收益情况），以及项目后续运营周期的预测数据，对于项目实际情况的全面评价，包括对项目前评价给出的各单项评价结果的检验评价、可持续发展评价等。同时总结项目和项目管理方面的经验教训，修订项目决策的政策和规则，为未来新项目的前评价和项目决策提供经验和指导。

2. 基于时间维度的项目评价方法选择

由于项目不同评价阶段的评价目的、评价对象、评价内容、评价所选用的数据参数不同，所以项目评价方法的选择也有所不同。[①] 可以构造二维矩阵，横向按照时间维度的项目评价三阶段，每一阶段涉及不同的评价内容；纵向是评价方法的分类及其每一分类中所包含的具体方法。项目评价的内容不同、阶段不同，所需要的评价方法不同，这就形成了一个基于时间维度的评价内容与评价方法的选择二维矩阵表。如表 7-1 所示。

---

① Daniel L., Stufflebeam. Evaluation Checklists: Practical Tools for Guiding and Judging Evaluations. American Journal of Evaluation, 2001, 22(1): 71–79.

表 7-1　基于时间维度的项目评价方法选择[①]

评价方法 \ 评价内容		项目形成性评价					项目进展评价			项目绩效评价			
		必要性评价	条件评价	技术评价	经济评价	社会评价	环境评价	整体评价	组织管理评价	进度评价	质量评价	变更评价	运营管理评价	经济效益评价	社会效果评价	持续发展评价	整体评价
专家评价法	同行评议法	△	△	△		△	△			△	△						
	德尔菲法 Delphi	△	△	△		△	△	△									
	层次分析法	△	△	△		△	△	△	△							△	
	逻辑框架法							△									
	……																
经济分析法	费用效益分析				△								△	△			
	社会费用效益分析					△									△		
	投入产出分析法				△		△						△				
	技术经济预测法	△	△	△													
	净值分析法									△							
运筹学及数学方法	数据包络方法				△	△											
	主成分分析				△	△	△										
	灰关联分析				△	△											
	聚类分析				△	△											
	数学规划法				△	△	△							△	△	△	△
	计划评审技术									△		△					
	……																
混合及综合集成方法	综合评价方法				△	△	△	△						△	△	△	△
	物、事、人理方法						△										△
	模糊 AHP																△
	模糊+指数法				△	△	△	△									△
	模糊聚类法				△	△	△	△									△
	模糊综合评价					△	△										△
	MCDM					△	△										△
	人工神经网络					△	△										△
	……																

[①] Andersen E., Jessen S. Project Evaluation Scheme: A tool for evaluating project status and predicting project results. Project Management, 2000,6(1):61–69.

7.1.2 项目前评价、实施评价和后评价的关系分析

项目前评价是项目立项之前的各种评价的总称。根本任务是择优，解决资源有限与需求无限的矛盾。目的是分析并确认项目的必要性和可行性，并给出各种可替代项目备选方案中的评价结果，以供项目决策者选择。项目实施评价是从项目正式立项到项目正式结项之间所进行的评价，其根本任务是跟踪监督项目实施状况，为了弥补项目前评价信息量不足的弱点，以及项目本身及其环境条件处于不断发生变化的现实情况，借助项目实施评价不断地修正项目实施方案，是实现项目成功的重要环节。项目后评价是项目正式结项之后的评价总称，主要任务是测度资源利用效果及其总体产出结果，目的是总结经验教训和修订未来项目指标和评价标准。[①]

基于时间维度的前评价、实施评价与后评价是项目生命周期中所涉及的一个完整评价流程的三个阶段，三者之间相互联系、相互影响，构成一个项目链，下面通过三阶段评价的一般性比较，分析其评价一致性和差异性，构建项目评价链，分析三种评价的关系。

1. 三种阶段性评价的一般性比较分析

基于对众多项目阶段性评价相关文献的检索，特别是参考了杨列勋在《研究与开发项目评估及应用》一书中，对 R&D 项目的三种评估比较，从多方面思考、探索、综合分析，本书对三种阶段性评价的对象、目的、内容、方法等方面进行比较。如表 7-2 所示。

表 7-2 项目前评价、实施评价、后评价之间的区别

	项目前评价	项目实施评价	项目后评价
评价对象	不同项目方案对比	实施状况与计划对比	项目结果与预期对比
评价目的	分析项目必要性 确定项目可行性 （技术先进、经济合理、环境可行） 为决策提供依据	检测项目实施状况 识别进展偏离程度 提出实施变更方案 及时补救	总结经验教训 改进决策质量 为类似项目提供决策支持

[①] Jinhai Li, Manyi Wu, Yu Bai, Xinxin Li, On product development performance measures in manufacturing company, Proceedings of the 33rd international conference on computers and industrial engineering, March 25-27, 2004, Korea.

续表

	项目前评价	项目实施评价	项目后评价
评价内容	项目机会评价 项目必要性评价 项目各单项评价（技术、经济、环境、社会） 项目综合评价	项目实施进展评价 项目时间进度评价 项目成本支出评价 项目环境变化评价 项目未来发展预测	项目运营状况评价 项目绩效评价 前期评价的再评价 项目持续发展评价
评价方法	定性评价 不确定性定量评价 综合评价	定性评价 半确定性定量评价 综合评价	确定性定量评价 结论性定性评价 综合评价
所用数据	预测数据	部分实际数据	实际数据
评价时间	一次性评价，时间长	多次性评价，时间短	一次性评价，时间长
评价难度	评价难度大	评价较易	评价较难
评价作用	择优、预测、决策	监督、控制、修正	检验、总结、学习
评价成本	较高	单次评价成本低，累计总成本较高	相对成本较低
涉及部门	委托人、投资者、管理部门、评价部门	承担者、投资者、管理部门、评价部门	用户、委托人、评价部门

2. 三种阶段性评价的一致性与差异性分析

由表 7-2 可以看出，三种阶段性评价存在着多方面的一致性和多种差异性，作者从其主要方面分析如下：

（1）三阶段评价的一致性[①]

评价的一致性主要表现为：其一，最终目标一致。立项评价的目的是项目选优，为项目立项提供决策支持；实施评价目的是监控实施进度，根据实施环境变化及时调整实施方案；后评价的目的是项目绩效衡量，吸取经验教训。三阶段的评价最终目标是一致的，即实现资源的有效配置，取得良好的阶段效果。其二，评价方法的联系和继承，如专家评价法、经济分析法等，在三种评价中同时运用，具有联系和继承性。其三，前、中、后评价具有因果关系，立项评价正确、实施运行顺利，会导致项目绩效明显；若立项缺依据、实施无监控，则难求绩效好。

（2）三阶段评价的差异性

评价的差异性主要表现为：其一，解决的主要矛盾不同，立项评价为择优选项，实施评价为跟踪监控、绩效评价测评运营效果。其二，评价的强制性程度不同。经

[①] Gredler M. E., Johnson R. L. Lessons learned from the directed evaluation experience. American Journal of Evaluation, 2001 (22): 97–104.

过调查研究表明，立项评价是强制性的，实施与绩效评价则不做强制性要求。其三，不同项目、不同的部门对评价的重要性要求不同，如用户认为立项与实施评价不重要，只有绩效评价重要，而实施方只注重实施进度和效果等。

3．基于时间维度的三阶段评价的逻辑关系分析

基于时间维度的立项评价、实施评价和绩效评价在时间顺序上构成一个评价流程。前面的评价为后面的评价提供数据、背景等方面的支撑。如果立项评价的决策科学，项目实施阶段的运行控制监督顺利，可为绩效评价提供诸多方便之处，减轻后面评价的工作量；如果前期立项评价的决策把关和实施过程控制监督不利，则后面的绩效直接受影响。总之，三阶段评价的逻辑关系主要表现为：其一，三阶段评价在评价方法的选择上，存在着因果关系。其二，三阶段的前评价的结果对后面实施评价、绩效评价的结果有很强的因果关系，同样实施评价的结果对后面的绩效评价也有很强的因果关系。如图 7-2 所示。

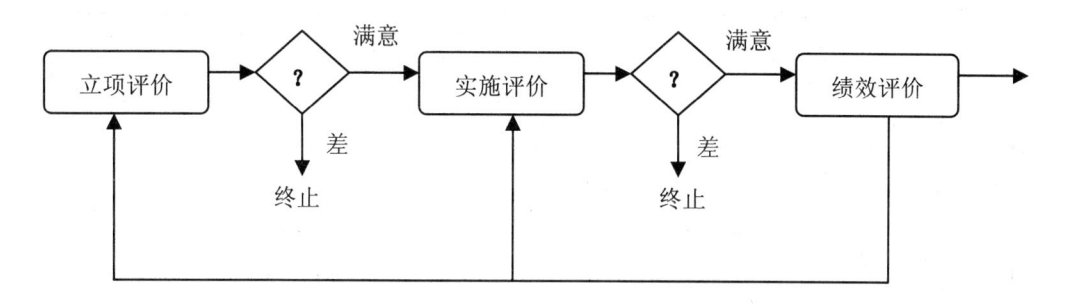

图 7-2 三阶段评价的逻辑关系图

7.1.3 基于时间的项目评价方法体系构建

体系是指若干有关事物互相联系、互相制约而构成的一个整体。基于时间维度的项目评价内容分析，以及项目评价方法的选择分析，借鉴前人对项目评价方法的应用研究结果，我们可以构建基于时间维度的项目评价方法体系，即由项目评价三个阶段、项目评价方法分类（定性评价、定量评价、综合集成评价）和项目评价方法构成的集合体。如表 7-3 所示。

表 7-3 基于时间的项目评价方法体系框架

评价方法 \ 评价内容	项目形成性评价						项目进展评价			项目绩效评价			
	项目机会评价	必要性评价	项目技术评价	项目经济评价	项目社会评价	项目环境评价	项目整体评价	实施状况评价	实施进度评价	实施质量评价	实施变更评价	运营管理评价	经济效益评价	社会效果评价	前评价再评价	持续发展评价
定性评价 同行评议法	△	△	△		△					△	△					
德尔菲法，Delphi	△	△	△		△											
层次分析法		△	△	△	△		△									
逻辑框架法						△										△
……																
定量评价 费用效益分析法				△	△							△	△	△		
投入产出分析法					△		△						△			
技术经济预测法	△	△														
净值分析法								△	△							
计划评审技术法								△	△							
主成分分析法					△	△	△									
聚类分析法					△	△	△									
数学规划法					△	△							△	△	△	
…………																
综合集成评价 综合评价方法					△	△	△						△	△	△	
模糊 AHP							△									△
模糊+指数法					△	△										△
模糊聚类法						△	△									△
模糊综合评价						△	△									△
MCDM						△										△
人工神经网络							△									△
……																

第二节 基于知识的项目评价方法的逻辑安排

项目前评价、项目实施评价和项目后评价是基于项目时间维度的划分。按照第五章提出的项目评价三维结构,知识维是指项目评价所用的知识和所属的知识领域。在项目评价的微观方面,知识可以指具体的项目评价内容,一般分为项目的单项评价和项目的综合评价。其中,单项评价通常是从经济、技术、运行条件、环境、社会等方面进行评价。如图 7-3 所示。

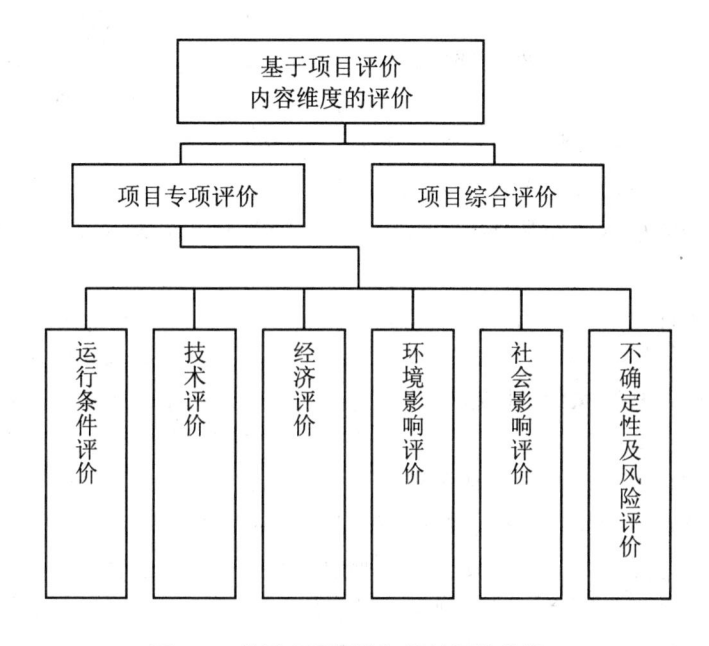

图 7-3 基于项目评价知识的评价分类

资料来源:李金海,刘辉,赵峻岭. 评价方法论研究综述. 河北工业大学学报,2004,(2)33:第 131 页

7.2.1 基于知识的项目评价分析

经研究表明,不管是项目的立项评价、实施评价,还是项目的绩效评价,项目评价的内容一般必须包括两方面的内容,即项目的专项(单项)评价和项目的综合评价。下面主要对专项评价和综合评价分别进行分析。

1. 项目专项评价分析

随着人们认识世界和改造世界水平的不断提高，项目评价的发展也经历了从简单到成熟的过程。也就是说，评价目标从只考虑眼前利益到眼前利益与长远利益兼顾，从只考虑局部利益到着重考虑整体利益；评价方法从单一的定性到定量评价再到定性定量综合评价；评价阶段方面从只注重立项评价到项目全过程评价；评价内容上从项目单项评价到综合评价。就单项评价本身而言，人们认识和重视的程度也不同，经历了从财务评价到国民经济评价再到社会评价的一个过程。

（1）项目经济评价分析

项目经济评价是指对于项目各种经济特性的分析和评价。可以分为财务评价和国民经济评价两个方面。财务评价是以国家现行财税制度为依据，从企业的经济效益出发所作的项目经济特性的评价，即通过计算项目直接发生的财务效益和费用，考察项目的盈利能力、清偿能力等财务状况，并给出项目的可行性结论。这一评价中所使用的主要指标包括项目投资利润率、项目投资回收期、财务比率、项目财务净现值和项目内部收益率等，主要用于衡量项目的盈利能力和项目的清偿能力。[①]项目财务评价的根本目的是分析和确认项目在企业财务和成本效益方面的必要性和可行性。

项目经济评价中的国民经济评价是从国家（地区、行业）和整个社会的角度出发，对项目在国民经济方面的成本效益进行的全面评价，即按照国家或地区资源合理配置的原则，从国家或地区整体经济利益的角度去考察一个项目的可行性的评价工作。它使用的数据都是以影子价格为基础的各种实际和预测数据。这一评价的根本作用在于防止出现对企业有利而有损于国家和全社会利益的项目，确保全社会投入的项目能够达到对国家和企业的经济效益都好的目标，因此，对于大型项目来说，国民经济评价是项目评价的主要内容。所使用的主要指标包括项目投资利税率、项目经济投资回收期、项目经济净现值和项目经济内部收益率（运用影子价格、影子汇率和社会折现率等）等。财务评价与国民经济评价的主要区别如表7-4所示。

（2）项目技术评价分析

大卫·敏德尔（David Mindell）把技术定义为：是为了人类的目的而操纵自然世界的工具、机器、系统和技巧的集合。从历史视角思考技术的方式，认为技术是知识和知识发展的产物，技术是人类、社会的产物，这种观念认为社会力量或政治力量施加了影响并且塑造了技术的发展方向和形式。项目技术是指在整个项目中所使用的技术总和，项目技术评价是对项目所使用的工艺技术、技术装备和实施技术等方面的可行性所进行的评价。研究表明，项目技术评价的主要内容包括两个方面，

---

① Gardiner P D, Stewart K. Revisiting the golden triangle of cost, time and quality: the role of NPV in project control, success and failure. International Journal of Project Management, 2000, 18:251–256.

一是对于项目本身生产运营技术的可行性、先进性和科学性的评价,二是对于项目实施过程中所使用技术的可行性、先进性和科学性的评价。其中,前者是对于项目建成投入运营以后所使用的生产工艺和技术装备的全面评价,这种评价会涉及对于各种不同的生产工艺技术方案的科学性、可行性和先进性的评价和确认,在很多时候这一评价是整个项目各项评价的基础和首要任务,因为选用不同的生产运营技术项目的投资和效益都是不同的。后者是对在项目实施过程中所采用的项目开发或实施技术方案的科学性、可行性和先进性的评价,甚至包括对于项目实施所采用的施工组织技术方案的评价等。这种评价除了要确保项目技术的科学性、可行性和先进性以外,在很大程度上还需要考虑项目实施技术的经济特性(即要对项目技术进行必要的价值分析——价值工程)、生态特性、社会特性和人文特性,识别并给出能够在确保项目质量的前提下以较低投资或成本去实现项目目标的实施技术和生产工艺技术。

表 7-4 财务评价与国民经济评价的区别

对比内容	财务评价	国民经济评价
评价范围	企业角度	国民经济角度
采用价格	市场价格	影子价格
现金流量	财务现金流量	经济现金流量
折现率	财务折现率	经济折现率
静态评价指标	静态投资回收期、借款偿还期、投资利润率、投资利税率、资本金利润率、财务比率等	投资收益率、资金产出率等
动态评价指标	动态投资回收期、借款偿还期、财务净现值(FNPV)、财务内部收益率(FIRR)等	经济净现值(ENPV) 经济内部收益率(EIRR) 经济外汇净现值

在开展对于项目的生产运营工艺技术和项目实施技术和实施组织技术的全面评价过程中,还必须同时考虑项目技术设备选用的评价和项目技术支持体系的评价。因此,项目的技术评价内容通常包括技术方案、设备设施方案和工程方案的选择评价。

(3)项目运行条件评价分析

项目运行条件主要是指项目投入运营以后所面临的各种运行环境和支持条件以及项目实施过程中的外部支持环境条件等。项目运行条件评价是指对项目必须依赖而且项目本身对其无法控制和改变的运行条件所进行的评价。由于这些项目运行环境条件对项目的经济效益和技术运行等都有很重要的影响，所以这方面的项目评价同样是十分重要的。项目运行条件评价的主要内容包括项目运行的各种资源供应条件的评价（包括人力资源、物力资源和财力资源的供应条件等），这是对项目运行的各种输入条件的评价；项目运行产出所面对的市场条件评价（包括项目市场需求情况、市场竞争情况和市场运行情况等），这是对项目运行的各种输出条件的评价；项目运行宏观条件的评价（包括项目运行的国民经济环境条件、国家和地方的政治法律环境条件、社会文化环境条件、自然环境条件等），这是对于项目运行所涉及的支持条件的评价。

（4）项目环境影响评价分析

环境影响是指人类活动(经济活动、政治活动和社会活动等)导致环境变化以及由此产生的对人类社会的效应。研究表明，项目环境影响评价是指对项目实施和运营给自然环境、社会环境和人文环境所造成的各种影响的全面评价。项目对于自然环境的影响评价主要是分析和评价由于项目实施和运营而向自然环境排放的各种有害废弃物对于环境所造成的破坏和污染，如废水、废气、固体废弃物和噪音等。项目对于社会环境和人文环境的影响评价主要是分析和评价由于项目的实施和运营造成的社会文化风气的恶化、文化遗产的损失、少数民族文化的破坏以及造成的失业、流离失所、道德沦丧等。需要注意的是在针对自然环境、社会环境和人文环境的评价时，都是从由于项目的实施和运行对于各种自然、社会环境和人文环境所造成的危害进行分析和评价。包括两个方面的内容，一是项目对环境造成的负面影响的评价（包括对于危害的估算和对于消除这些危害所需代价的估算等），二是对项目有关消除对环境影响的各种措施的评价。

（5）项目社会影响评价分析

项目社会影响评价，可以表述为分析评价项目对实现国家各项社会发展目标过程中所产生的不利影响和有利影响。初期的社会影响评价（Social Impact Assessment）被包含在环境影响评价之中，后来才逐步独立出来。20世纪60年代，美国最先在水资源开发项目中应用社会影响评价，以后又推广到城市建设等项目中。从1975年起，美国在对外援助项目中也开始开展社会影响评价工作。同时，英国也开始进行项目的社会分析（Social Analysis）。随后，世界银行在向发展中国家投资时要求进行社会评价（Social Assessment）。美国的社会影响评价、英国的社会分析与世界银行的社会评价有许多共同之处，目的都是集中分析拟议中的项目与当地的社会、人文环境之间的相互影响的作用。三者的区别如表 7-5 所示。

表 7-5　几种社会评价的比较

几种社会评价	评价对象	评价目的
社会影响评价 （Social Impace Assessment）	项目对社会的影响范围和程度	度量、预测项目对社会影响的范围和程度，消除不利影响
社会分析 （Social Analysis）	社会对项目实施的影响	确保项目成功地实现预期目标
社会评价 （Social Assessment）	双向相互影响分析 项目对特定地区的社会影响 特定地区对项目的影响	确保项目成功

社会影响评价和环境影响评价与国民经济评价、财务评价有相当大的差异。一是目标多元化，这一方面是由于社会和环境因素复杂，没有共同的度量标准，另一方面是各个利益主体考虑的角度不同，没有一致的评价准则；二是涉及面广、时间跨度大，宏观性较强；三是不确定性大，一般以定性分析为主，这是由于因素之间的因果关系比较模糊，又缺乏准确的数据和定量指标；四是间接效益和间接影响较多；五是每个项目差异较大，没有通用的方法可循。所以说社会评价难度较大。

（6）项目不确定性分析及风险评价分析

项目评价中的各种数据源于预测和估算，实际上是在一定的假设前提条件下给出的假定数据，它们与实际结果数据可能会有差别，再加上项目运行环境条件又处在不断的变化之中，针对项目的不确定性因素和问题所开展的分析就是项目的不确定性分析。项目风险是指项目所处的环境和条件本身的不确定性，使项目最终结果与期望产生背离，给项目相关利益主体带来损失的可能性，这就造成了项目具有一定程度的不确定性。研究表明，项目风险评价是对于项目的不确定性及其可能带来的损失的一种全面评价，这也是项目评价的一个重要组成部分。由于任何项目在实施和运营过程中都存在各种各样的不确定性情况和事件，这些不确定性事件最终可能带来收益也可能带来损失，为了达到趋利避害的目的就必须对项目的所有风险进行全面的评价。项目风险评价的主要内容包括项目的风险识别和项目风险的度量，项目风险评价通常包括概率分析、仿真模拟、盈亏平衡分析、敏感性分析等多种方法。项目风险评价在很大程度上可以缩小人们的主观分析和预测与项目实际情况的偏差，提高项目的抗风险能力和预备好各种项目风险的应变措施，从而消除项目的风险或者使项目风险事件发生时的损失降低到最低程度。

2．项目综合评价分析

研究表明，项目的单项评价是初步的、分散的，甚至各个单项评价指标之间存在着不一致性，甚至是矛盾。所以，从总体上进行项目综合评价是十分必要的。项目综合评价是对项目各专项评价内容所作的汇总性和综合性的分析，提出结论性意见，给项目决策提供一个简单、直观、科学的判断依据，且许多方法横向交叉和纵向相联，呈现出五彩缤纷的景象。进行项目综合评价主要出于以下考虑：

（1）客观上需要在专项评价基础上进行项目综合评价

项目评价是一项结构复杂、涉及面广、因素众多的系统。从评价内容来看，涉及运行环境、技术、财务、国民经济、环境影响、社会影响和不确定性分析与风险等专项评价；从评价指标来看有静态指标、动态指标、不确定性和风险指标；从评价方法来看，有定量方法、定性方法、混合方法。专项评价从不同角度分析项目可行性程度，但分项内容具有一定的独立性、专业性，尚未形成完整的结论性意见。

（2）从整体上形成一个结论性的项目评价意见

专项评价的结论一般有两种情况：一是各专项评价的结论一致。即其结论都认为是可行的或不可行的，这种情况的总体结论比较容易得出。二是各专项评价的结论相反或具有一定的差异，即有的专项评价结论认为项目是可行的，而有的专项评价结论则认为项目是不可行的，同时，这种"可行"与"不可行"在程度上往往有一定的差异。在现实评价中，有不少项目属于这种情况。这种情况的总体结论难以得出，需要进行综合分析论证才能对项目从整体上形成一个科学的结论性的总体评价结论。

（3）基于专项评价方案中存在的问题提出改进性意见

对项目进行综合评价，项目评价人员可以根据各专项评价投资方案中的问题，从项目总体目标出发，分析综合，提出一些改进性意见。国外开发银行在项目评价中总结出"重新组合"概念可以借鉴，即对项目的某些内容加以修改，重新组合项目。

3. 项目专项评价与项目综合评价的关系比较

研究表明，专项评价和综合评价的辨证统一表现为：其一，专项评价与综合评价的相互依存、相互渗透中，综合评价以专项评价的阶段结果为基础，没有专项评价的结果支持，对项目总体的综合评价只能是表层的、抽象的、空洞的；只有专项评价而没有综合评价，评价只能是囿于枝节之见，不能统观项目整体与全局。其二，专项评价是项目整体的一种"拆零"，而综合评价，则是一种"组装"，但不是机械地叠加和拼凑，需要按照总体项目的性质、目标和各专项评价的含义，以及专项评价内容的有机联系，选取适宜的综合集成合并原则构建综合模型。其三，专项评价与综合评价的相互转化过程中，人的认识是一个由现象到本质、由具体到抽象的飞跃过程。人们对项目评价整体的认识从简单的专项评价—综合评价—再专项评价—再综合评价的过程中不断飞跃。

7.2.2 基于知识的项目评价方法选择

基于项目评价知识维度的微观内容分析,可以看出,项目评价内容广泛,涉及财务、国民经济、运行条件、技术、环境影响、社会影响、不确定性分析与风险等专项评价和整体综合评价。不同的评价内容,所选择的评价方法各异。

1. 基于项目评价知识的常用评价方法比较

不论是项目专项评价还是综合评价,所涉及的评价方法可以分为三类,即定性评价方法、定量评价方法、综合集成评价方法,每类再由相应的具体方法组成。常用的项目评价方法比较与选用如表7-6所示。

表7-6 常用的项目评价方法比较与选用

方法类别及名称		方法描述	方法优点	方法缺点	适用项目对象
定性评价方法	同行评议	同行专家对项目面对面交流讨论,做客观深度评选	操作简单,发挥专家知识、智慧	主观性较强,且难避免关系影响	立项决策、确定指标等
	德尔菲法	专家匿名,多轮咨询,背对背统计分析、汇总、反馈、收尾	匿名背对背咨询,发挥每个专家作用	多人参与咨询,评价结论难收尾	定评价指标、权重
	层次分析法	递阶层次结构,两两对比,构建比较判断矩阵,解特征根,排序	可靠性比较高,误差小	评价因素不能过多,群体AHP难收尾	定权重
定量评价方法	主成分分析法	基于数据筛选,简化评价指标体系	全面性、可比性、合理性	需要大量统计数据	定指标体系、权重
	数据包络法	对多输入多输出的系统,用数学模型计算相对效率	可评价多输入多输出的项目	只表明评价单元的相对发展	用于多目标立项决策
	灰关联分析法	不完全信息(灰色)的指标白化处理	指标相关性测度	只能用于静态评价	指标权重
	模糊综合评价法	用数学方法处理模糊性、不分明信息、多目标问题	用隶属度将约束条件量化	不能解决评价指标间相关性造成的信息重复问题	指标权重、多目标问题
	风险不确定性分析	用敏感分析、概率分析、盈亏分析等处理不确定性信息的项目	用概率化偶然性为一定确定性	只能是宏观问题粗略估计	立项方案选择
	专家评分法	组织专家面对面,以打分方式化定性为定量	简单操作,发挥专家经验智慧	主观判断多,多人结论难收尾	立项决策

续表

方法类别及名称		方法描述	方法优点	方法缺点	适用项目对象
定量评价方法	数学规划法	单一目标或多目标准则的最优化、定量评价方法	对评价对象描述比较精确	数据收集要齐全	评价模型
	经济评价法	时间性—投资回收期、价值性—净现值、比率性—内部收益率、利润—盈亏平衡分析等	方法含义明确、可比性强	适用评价因素少的项目	指标值确定
	成本效益分析	费用效益率、投资净现值、投资回报率等具体方法	方法易于操作	只适用于简单的因素项目	立项决策、指标值
	技术经济预测	市场调查、定量时间序列、因果分析	可行性、可靠性分析	时间序列数据难寻	技术项目或指标值预测
	价值工程	用最低成本实现必要功能	简单，操作性强	数据要求精确	产品开发立项
综合集成评价方法	物-事-人理方法WSR	东方系统方法论的运用"三结合"	综合运用各种单一方法	操作程序需待改进	各学科领域的综合评价
	综合集成方法	专家体系、数据信息体系、机网体系结合，定性定量结合	适用于复杂性系统项目	方法操作待简化	复杂项目综合评价
	MCDM	多决策者、多目标、多准则冲突，且指标无公度性的动态决策方法	适用于非共识项目评价	操作繁杂	复杂项目立项评价
	DHGF集成法	Delphi建指标体系、AHP法定权重、灰关联分析、统计专家评分、模糊综合评判得结论	多种方法综合运用，发挥各自优势	方法的适用性比较差	各阶段的复杂项目
	人工神经网络	大规模分布式，并行处理，非线性系统	运算操作自动化	需要庞大的硬件支持	复杂网络结构项目

2. 项目综合评价指标体系

由项目综合评价指标体系、准则层、指标和分指标构成四层次递阶评价指标体系。如图 7-4 所示。

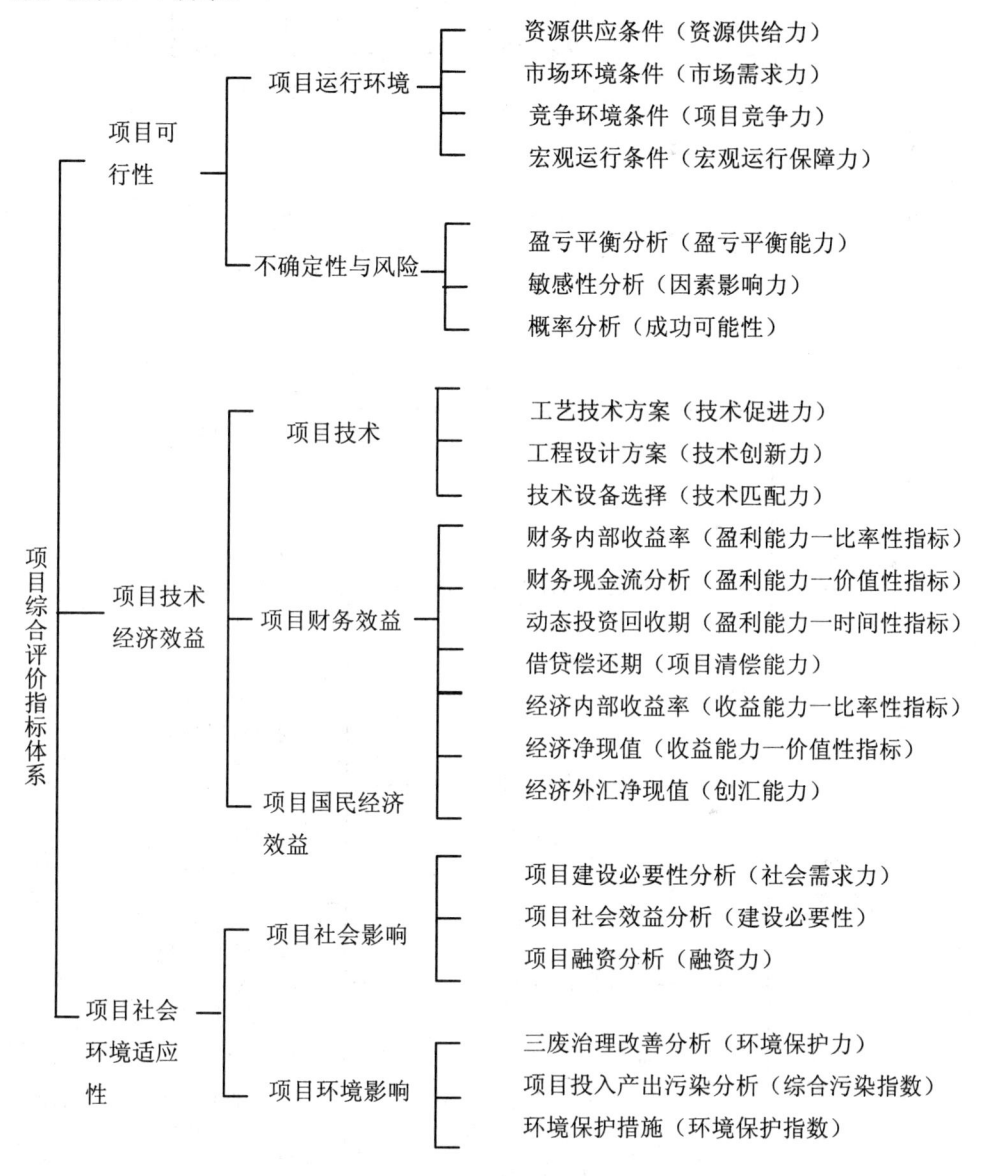

```
项目综合评价指标体系
├─ 项目可行性
│   ├─ 项目运行环境
│   │   ├─ 资源供应条件（资源供给力）
│   │   ├─ 市场环境条件（市场需求力）
│   │   ├─ 竞争环境条件（项目竞争力）
│   │   └─ 宏观运行条件（宏观运行保障力）
│   └─ 不确定性与风险
│       ├─ 盈亏平衡分析（盈亏平衡能力）
│       ├─ 敏感性分析（因素影响力）
│       └─ 概率分析（成功可能性）
├─ 项目技术经济效益
│   ├─ 项目技术
│   │   ├─ 工艺技术方案（技术促进力）
│   │   ├─ 工程设计方案（技术创新力）
│   │   └─ 技术设备选择（技术匹配力）
│   ├─ 项目财务效益
│   │   ├─ 财务内部收益率（盈利能力—比率性指标）
│   │   ├─ 财务现金流分析（盈利能力—价值性指标）
│   │   ├─ 动态投资回收期（盈利能力—时间性指标）
│   │   └─ 借贷偿还期（项目清偿能力）
│   └─ 项目国民经济效益
│       ├─ 经济内部收益率（收益能力—比率性指标）
│       ├─ 经济净现值（收益能力—价值性指标）
│       └─ 经济外汇净现值（创汇能力）
└─ 项目社会环境适应性
    ├─ 项目社会影响
    │   ├─ 项目建设必要性分析（社会需求力）
    │   ├─ 项目社会效益分析（建设必要性）
    │   └─ 项目融资分析（融资力）
    └─ 项目环境影响
        ├─ 三废治理改善分析（环境保护力）
        ├─ 项目投入产出污染分析（综合污染指数）
        └─ 环境保护措施（环境保护指数）
```

图 7-4 项目综合评价指标体系

3. 项目综合评价方法体系

以项目专项评价为基础，构建项目综合评价方法体系。如图 7-5 所示。

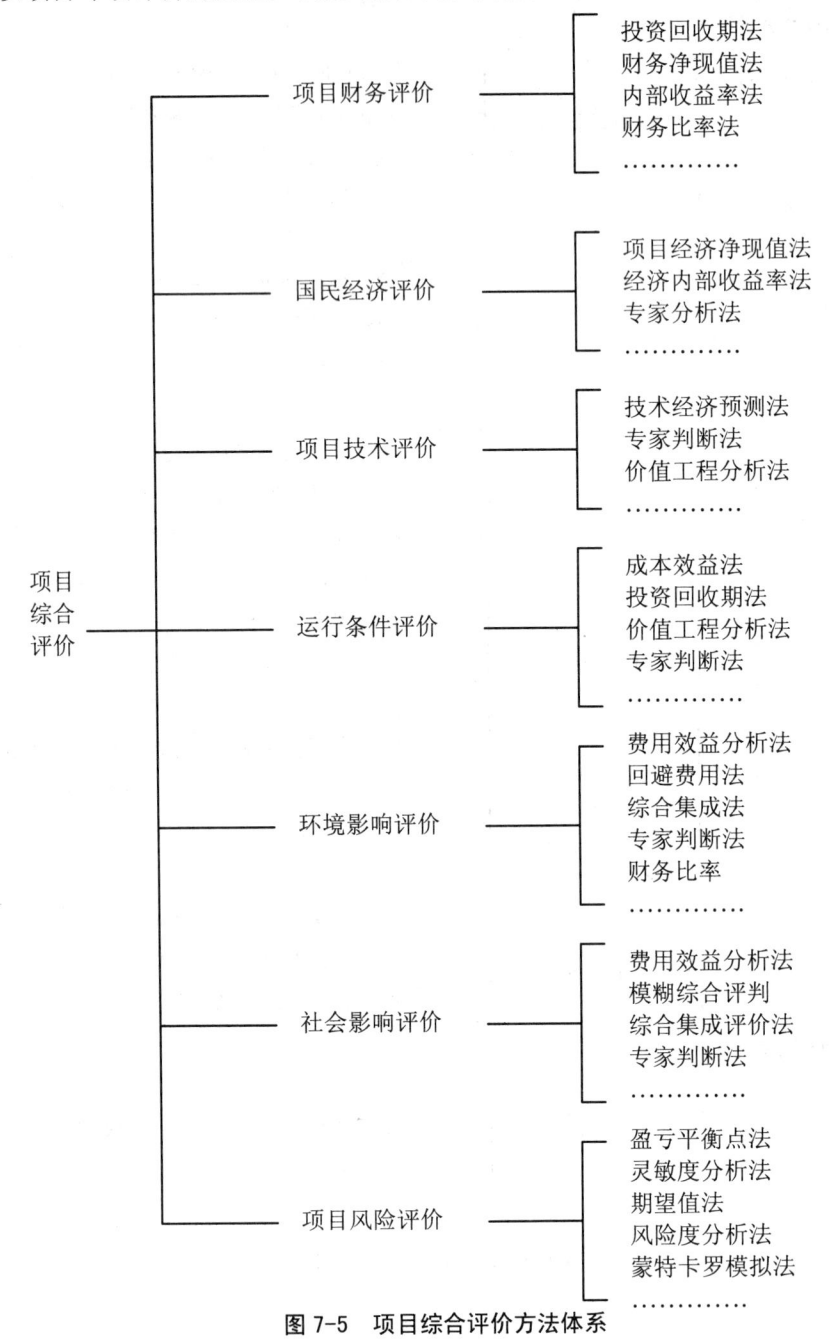

```
                          ┌── 投资回收期法
                          │   财务净现值法
            项目财务评价 ──┤   内部收益率法
                          │   财务比率法
                          └── ……………

                          ┌── 项目经济净现值法
            国民经济评价 ──┤   经济内部收益率法
                          │   专家分析法
                          └── ……………

                          ┌── 技术经济预测法
            项目技术评价 ──┤   专家判断法
                          │   价值工程分析法
                          └── ……………

项目                       ┌── 成本效益法
综合                       │   投资回收期法
评价 ────── 运行条件评价 ──┤   价值工程分析法
                          │   专家判断法
                          └── ……………

                          ┌── 费用效益分析法
                          │   回避费用法
            环境影响评价 ──┤   综合集成法
                          │   专家判断法
                          │   财务比率
                          └── ……………

                          ┌── 费用效益分析法
                          │   模糊综合评判
            社会影响评价 ──┤   综合集成评价法
                          │   专家判断法
                          └── ……………

                          ┌── 盈亏平衡点法
                          │   灵敏度分析法
            项目风险评价 ──┤   期望值法
                          │   风险度分析法
                          │   蒙特卡罗模拟法
                          └── ……………
```

图 7-5　项目综合评价方法体系

第三节 基于"物—事—人"的项目评价方法体系安排

物理—事理—人理系统方法论是由顾基发等人在20世纪90年代提出的,同样适合项目评价方法体系的分类与构建,本节主要包括物理—事理—人理的对比分析,基于物理—事理—人理评价过程分析和评价方法安排。

7.3.1 基于"物—事—人"的评价过程分析

1. 基于"物—事—人"理的项目评价内涵分析[1]

"物理"是指对客观物质世界的知识。主要涉及物质运动的机理,通常要用到自然科学知识,主要回答"物"是什么的问题,所追求的是真实性。"事理"是指宇宙中事物的机理,即做事的道理,主要解决如何配置"物",通常用到管理科学方面的知识,回答怎样做的问题。"人理"是指评价项目中涉及的人际关系,即做人的道理,处理任何事和物都离不开人去做,以及由人来判断这些事和物是否得当,通常要用到人文社会科学的知识,主要回答"应如何做"。三者的对比分析如表7-7所示。

表7-7 基于物理—事理—人理的对比分析

	物 理	事 理	人 理
内容	探求客观规律,求真	探求做事的道理,求善	探求人事物和谐,求美
对象	客观物质世界	组织、系统	人、事、物协调关系
原则	诚实,真理尽可能正确	协调有效,尽量平滑	人性,效果与公平

"物理—事理—人理"的特点,主要有以下几点:其一,它是自然科学技术、社会科学技术和人文科学技术的综合集成。这种综合集成不是简单的拼凑、叠加,而是三者深层次的交叉、渗透、融合与贯通。其二,它是专家群体与决策者相结合,经验智慧与现代数学方法相结合,定性判断与定量科学结论相结合,以及人的智慧与计算机核心工具相结合的产物。其三,它是一个包含许多方法的总体方法集,即包括已有的所有"硬"、"软"方法、模型的方法群、模型库等。其四,它的评价机理可以概括为:从实践到认识、再实践、再认识,循环往复、螺旋上升的实践论观点,是认识论观点的具体体现。其五,它以计算机(网络)作为评价的核心工具,利用计算机(网络)建立数据信息库、知识库、方法库、模型库,并随时吸收、调整、适应内外条件变化,有效地实现评价目标。

2. 基于"物—事—人"的评价过程分析

---

[1] 顾基发. 物理—事理—人理系统方法论. 交通运输系统工程与信息, 1995 (3): 25~28

物理—事理—人理是一个统一的过程，并不能绝对划分，其主要过程包括理解领导意图、调查分析、形成目标、建立模型、协调关系和方案建议。具体过程如图7-6所示。

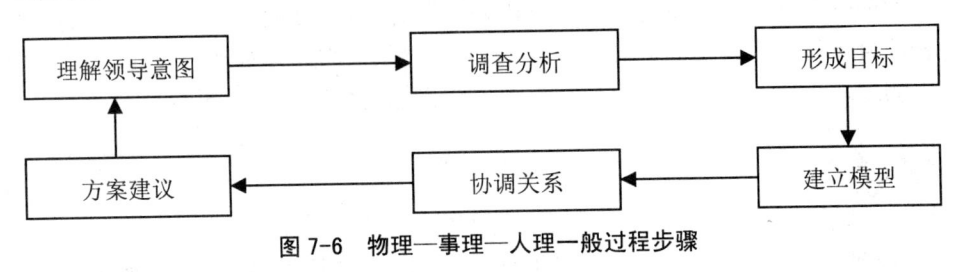

图 7-6　物理—事理—人理一般过程步骤

（1）理解领导意图。这里的领导是广义的，既包括管理人员和技术决策人员，也可以是一般用户。只有理解领导意图，才能从整体上把握所开展评价活动的目的性与方向性，防止脱离轨道。

（2）调查分析。这是一个物理分析过程。深入实际和邀请有实际经验的专家提出意见和看法对于管理工作的成功非常重要。

（3）形成目标。一个复杂的问题，刚开始时拟解决到什么程度，领导者和评价分析者并不是非常清楚。对于领导的意图，经过调查研究后，问题到底能解决到什么程度，应有一个初步共识，形成目标。

（4）建立模型。模型既包括数学评价模型也包括概念评价模型，甚至是一套可以运作的步骤，这些模型经过人们的抽象、理智，包括合乎情理的思考后形成，这个过程主要运用"事理"。

（5）协调关系。为处理问题时，由于不同人所拥有的知识不同、立场不同、利益不同，对同一个问题、同一个目标、同一个方案往往会有不同的看法和感受，因此必须进行协调，这是"人理"的问题。

（6）提出建议。在综合了物理、事理和人理分析后要提出解决问题的建议。建议一要可行，二要尽可能使各方面满意（有时需要妥协和折衷），最终还要让领导从更高一个层次进行综合与权衡，决定是否采用。

7.3.2　基于"物—事—人"的项目评价方法体系

按照前面的分析，物理阶段是探求客观规律——求真；事理阶段是探求做事的道理——求善；人理阶段是探求人事物和谐——求美。物理、事理、人理阶段的划分为项目评价方法的分类提供了新的思路。

1. 物理阶段

理解评价对象的最基本的属性和特征，按照特定的评价目标建立最能表征的评价指标体系，尽可能详尽、全面地收集有关的信息和原始数据，包括项目价值主体的信息、项目价值客体的信息、项目环境的信息等，在此基础上确定指标值。这一阶段是整个评价过程的基础，要充分体现客观性、真实性和完备性。

2. 事理阶段

基于物理阶段获得的可靠信息和确立的项目评价指标体系的基础，组织项目评价专家，选择合适的评价方法、评价模型和评价参照体系，确定指标的权重，按照规范的项目评价程序，测度评价对象。这一阶段要体现规范性、有效性和一致行。

3. 人理阶段

协调项目各个相关利益主体之间，评价主体、价值主体、评价客体、价值客体之间的关系，多方面协调权衡之后，给出最终的评价结果报告。这一阶段注重综合性、全局性和协调性。

结合不同阶段的具体特点和评价过程分析，借鉴大量的项目评价方法应用研究成果，对项目评价方法进行安排，形成基于"物理—事理—人理"的项目评价方法体系。如表 7-8 所示。

表 7-8 基于"物理—事理—人理"的项目评价方法体系

阶段	评价过程		评价方法
物理阶段	收集信息		文献检索计量
	明确目标		专家评分法
	形成指标体系		德尔菲法（Dephi 法）
事理阶段	确定指标的权重		专家评分法
			灰关联分析法
			主成分分析法
			层次分析法（AHP）
			德尔菲法（Dephi 法）
			……
	单项评价	财务评价	费用—效益分析（CBA） （投资利润率、投资回收期、财务净现值、财务内部收益率、财务折现率、动态投资回收期法；追加投资回收期和追加投资效果系数、差额内部收益率等）
		经济评价	经济费用—效益分析（ECBA） （投资收益率、经济折现率、经济净现值、经济内部收益率等）
		社会评价	社会费用—效益分析（SCBA） （投资社会收益率、社会折现率、社会净现值、社会内部收益率等）
		风险评价	风险及不确定性分析 （概率分析、敏感性分析法、盈亏平衡分析、蒙特卡罗模拟法等）
		技术评价	成本效益分析、同行评议法
		环境评价	环境影响分析（EIA）、战略环境影响分析（SIA）、积累影响分析（CIA）、

续表

阶段	评价过程	评价方法
人理阶段	综合与综合集成评价	人工神经网络法
		模糊综合评判法
		数据包络法（DEA）
		数学归纳法
		模糊聚类分析法
		MCDM
		DHGF
		……

第四节 项目评价方法综合集成

基于时间和知识的项目评价方法的逻辑安排，以及第六章项目评价过程集成研究（实质是逻辑维），本节从项目评价方法的总体逻辑安排进行分析，建立项目评价方法体系框架，构建项目评价综合集成模型。

7.4.1 项目评价方法集成体系的构建

本书第五章提出项目评价方法论三维结构，即时间维，表明项目生命周期三个阶段（立项评价、实施评价、绩效评价）；逻辑维，表明项目各个阶段内项目评价过程的各个逻辑步骤；知识维，表明评价各阶段、各步骤所用的知识、方法，以及评价项目所属的知识领域，主要是自然科学技术、社会科学技术、人文科学技术等。经研究表明，特定的项目评价方法具有特定的适用范围和条件，项目评价方法与三维结构中具体评价内容具有一定的内在关系。

1. 项目评价方法体系结构分析

三维结构的时间维由立项评价、实施评价、绩效评价组成；知识维由自然工程、社会经济和人文组成；逻辑维由评价目的标准、指标体系和方法模型组成。其中每个组成部分又可细分为各个专项。

时间维度的立项评价中专项评价分别是机会评价、必要性评价、可行性评价和方案决策；实施评价的专项评价分别是实施进展评价、时间进度评价、未来发展评价、环境变化评价；绩效评价中专项评价分别是项目绩效评价、运营管理评价、持续发展评价和前评价的再评价。

知识维度由自然评价、社会评价、人文评价三部分构成，其中自然评价中的专项评价分别是环境影响评价、项目技术评价、风险和不确定性评价等；社会评价中的专项评价是社会研究评价、运行条件评价等；人文评价中的专项评价主要是人文环境评价。

逻辑维度由目标标准、指标体系和方法模型三部分构成，其中各自的专项评价分别是明确目的和目标、确定评价标准；构建指标体系，界定指标权重、指标量化与规一化；选择评价方法、构建评价模型。

2．项目评价方法体系结构

以时间维、知识维和逻辑维的每一专项为横坐标，以常用的 20 种评价方法为纵坐标，构成三维评价方法体系的矩阵表。如表 7-9 所示。

表 7-9　基于时间维度、知识维度和逻辑维度的项目评价方法体系

评价方法 \ 评价内容	时间维度 立项评价 项目机会评价	时间维度 立项评价 必要性评价	时间维度 立项评价 可行性评价	时间维度 立项评价 项目整体评价	时间维度 实施评价 实施进度评价	时间维度 实施评价 时间进度评价	时间维度 实施评价 未来发展评价	时间维度 实施评价 环境变化评价	时间维度 绩效评价 运营管理评价	时间维度 绩效评价 项目绩效评价	时间维度 绩效评价 持续发展评价	时间维度 绩效评价 前评价再评价	知识维度 自然评价 环境影响评价	知识维度 自然评价 项目技术评价	知识维度 社会评价 社会影响评价	知识维度 社会评价 运行条件评价	知识维度 人文 人文环境评价	逻辑维度 目标标准 明确目的目标	逻辑维度 目标标准 确定评价标准	逻辑维度 指标体系 建立指标体系	逻辑维度 指标体系 界定指标权重	逻辑维度 指标体系 指标量化规范	逻辑维度 方法模型 选择评价方法	逻辑维度 方法模型 构建评价模型
同行评议	△	△		△		△	△	△	△	△		△		△		△	△	△	△	△		△		
层次分析法 AHP				△						△											△		△	△
德尔菲法	△	△		△	△	△		△		△											△			
模糊综合评价				△		△		△		△		△		△		△								△
灰关联分析法										△		△												
主成分分析法														△							△			
净值分析法					△	△																		
价值工程 VE			△																					
技术经济预测法		△	△											△	△									
成本效益分析						△	△		△															
经济评价方法		△	△																					
数学规划法					△				△														△	△
风险不确定性分析	△	△			△	△																		
物-事-人理方法				△												△	△							△
MCDM				△		△										△								
DHGF 集成法				△	△											△	△	△		△	△			△
……																								

7.4.2 项目评价方法综合集成过程模型的构建

综合集成是吸取了还原论方法和整体论方法的长处，用于研究复杂问题的方法论。研究表明，复杂大型项目的评价问题需要综合集成评价来解决。下面主要是对项目评价综合集成的实质进行分析，并建立从定性到定量综合集成的逻辑模型。

1. 项目评价综合的实质分析

项目评价综合的实质是，定性分析与定量分析相结合，项目评价专家与项目决策者相结合，经验判断与现代化数学方法相结合，人与计算机网络相结合。

（1）定性分析与定量分析相结合

客观存在的一切评价事物都有质的规定性和量的规定性，质和量的规定性是质和量的辩证统一体。要认识和把握事物质的规定性，就要了解评价事物的性质和主要关系，并确定事物发展的目标和主要原则，这就是定性分析。要认识和把握评价事物量的规定，就要准确了解评价事物多种量的规定和关系，建立事物的量化模型，这就是定量分析。

定性分析建立概念模型，提出经验假设与定性判断，为定量分析建立基础，得出定量描述。定量分析建立数学模型是定性分析的精确化和优化。如项目评价，通过专家咨询（专家评分法、德尔菲法、同行评议等）对决策者提出的项目定性分析建立对象评价总体（评价目标）及各子系统（评价指标）的概念模型（项目评价指标体系），然后通过指标量化和归一化处理以及权重确定（如 AHP 方法、模糊综合评判、灰关联分析、主成分分析等方法）将它们转化为数学模型求解或计算机模拟运算得到定量的科学结论。

（2）项目评价专家与决策者相结合

所有项目评价都是为项目决策提供支持和服务的。决策是提出目标、选择方案的分析判断过程。决策过程一般分为 4 个阶段，即界定问题、提出目标，拟订可供选择的项目方案，比较、研究、分析、选择最优方案，执行决策方案并作出对决策过程的反馈。项目决策是决策理论在项目管理领域的应用，是对项目所进行的拍板活动，是项目相关利益主体为实现项目目标，对项目方案实施优选的过程。

项目评价通常由项目决策者提出课题，然后由评价专家负责组织领导。但一定要有一些与项目评价相关的知识学科领域的专家参与，而且与评价专家相互了解、相互尊重，发挥群体专家沟通、组合和协调的优势。评价项目的相关利益决策者提出课题后，要参与项目总体框架的制定和方案的选择讨论，如决策者与专家共同参加的群体层次分析法，选择项目评价指标和确定指标权重等。

（3）经验判断与现代数学方法相结合

经验是一切认识的起点，但只有上升到理论认识才能把握事物的本质，正确地认识和改造世界。在项目评价中要发挥评价专家和相关知识学科范畴专家群体的作用。他们直接从实践得来的经验中判断对项目论证、评价、决策，特别是对项目总体设计的评审、分析统计数据及项目案例的比较研究、预测项目未来的发展趋势等具有十分重要的作用。

数学是专门研究量的变化及量间相互关系的科学。应用现代数学方法论证评价项目，就是要根据项目对象质的特点，分别地或综合地运用现代数学各个分支所提供的概念、方法、技巧进行数量方面的描述，建立数学模型，计算和推导出对项目论证、评价和决策的定量科学结论。

经验与现代数学方法的结合，可应用于项目生命周期全过程的各个阶段，应用于综合集成以及许多评价方法中。例如，在项目目标分析和建立项目总体框架（如多属性递阶层次结构的综合评价）过程中应用 Delphi 法，其特点是多重匿名函询（充分发挥专家的经验判断）、统计反馈（运用数理统计、数学方法集思广益）和结果趋同。又如，应用 AHP 方法确定指标权重，其特点是将复杂问题分解为优化的层次结构进行描述，由专家（决策者也可参加）经验判断建立比较判断矩阵，使用数学分析获得指标相对重要性的权重。

(4) 人与计算机技术网络相结合[1]

从思维科学角度分析，人脑和计算机（网）都能有效处理信息，但两者有极大的差别。从信息处理来看，人脑思维，一种是逻辑思维（抽象思维），是定量微观的信息处理方法；另一种是经验思维（或形象思维），是定性、宏观信息处理方法。人的创造性思维是经验（形象）思维与逻辑思维（抽象）的结合，也是定性与定量相结合、宏观与微观相结合，它是人脑创造性的源泉。计算机（网）的特长是在逻辑思维方面，确实能做许多事情，比人脑做得还快还好还准确可靠。但它的经验思维还不能给我们以任何有效帮助。从这个角度上说，期望完全依靠机器（计算机网）来解决复杂项目评价问题，至少目前是行不通的。但其逻辑思维有其巨大优势。把人脑与机器结合以人为主，优势更加明显，人机各有所长，相辅相成，取长补短，和谐地形成人帮机、机帮人的合作方式，形成更强的创造性以及更强的认识和改造世界的能力。目前人机（网）的决策支持系统、人工神经网络、非线性多目标最优化系统以及智能决策支持系统等，突显了人机结合的巨大威力。

2. 从定性到定量综合集成过程逻辑模型的构建

20 世纪 80 年代末到 90 年代初，我国著名科学家钱学森先生先后提出"从定性到定量综合集成方法"，"从定性到定量综合集成研究厅体系"[2]。作者基于钱学森

---

[1] Cousins J. B., Whitmore E. Framing participatory evaluation. New Directions for Evaluation, 1998, 80:5–23.
[2] 于景元. 钱学森的现代科学技术体系与综合集成方法论. 中国工程科学，2001（11）：10

先生的系统思想，对项目评价综合集成的分析如下：

（1）定性综合集成

定性综合集成是指由不同学科、不同领域组成的专家体系，把多学科交叉领域专家们的科学理论、经验、知识、智慧结合起来。通过结合、磨合、融合，从不同领域（自然、社会、人文）、不同角度研究同一对象系统，提出定性经验性判断，如猜想、思路、对策、方案、设想等，这一过程以形象思维、经验思维为主，是信息、知识和智慧的定性综合集成。

（2）定量综合集成

定量综合集成基于研究对象系统相关数据信息资料建立数据信息体系，基于对研究系统的系统分析构建评价指标体系，基于对象系统的结构、功能、特征建立和选用评价模型和方法体系，在计算机网络体系支持下，通过模型运作、仿真试验等手段完成对象系统整体的定量描述。

（3）定性与定量结合的综合集成

定性与定量结合的综合集成是基于定性综合集成提出的经验假想与定性判断，为了用严谨的科学量度去验证经验性判断的正确性，需要把定性描述上升到整体的定量描述，这种定量描述可以用描述性指标或评价指标或其他数据关系表达。实现这一步，即为定量定性相结合综合集成。可以用计算机网络丰富信息资源，通过模型运作、仿真试验等手段完成。

（4）从定性到定量的综合集成

从定性到定量的综合集成的核心是，从定性综合集成提出定性经验判断到人机结合的定性定量相结合的综合集成得到定量描述，再到从定性到定量综合集成得到定量科学结论，实现从经验性的定性认识到科学的定量认识——科学认识，实现认识的飞跃过程。作者在参考大量文献的基础上，结合评价过程从定性、定量、定性与定量综合到综合集成的发展，联系具体的评价实践，提出从定性到定量综合集成过程。如图 7-7 所示。

图 7-7 表明，从定性到定量综合集成过程由虚线分割为三部分，即定性综合集成过程、定性定量相结合综合集成过程和从定性到定量综合集成过程。图的左边第一部分，是专家体系、理论、经验、智慧，经定性综合集成，得出定性经验判断；图的右上角部分是人（第一部分的定性经验判断）、机（计算机网络）和数据信息（三个支撑体系：数据体系、指标体系、模型方法体系）定性定量相结合综合集成，得出定量描述；图中下部是定性经验判断与定量描述，经系统仿真试验（是一个不断反馈的过程，如双箭线所示），完成从定性到定量的综合集成过程，从而得出定量的科学结论。

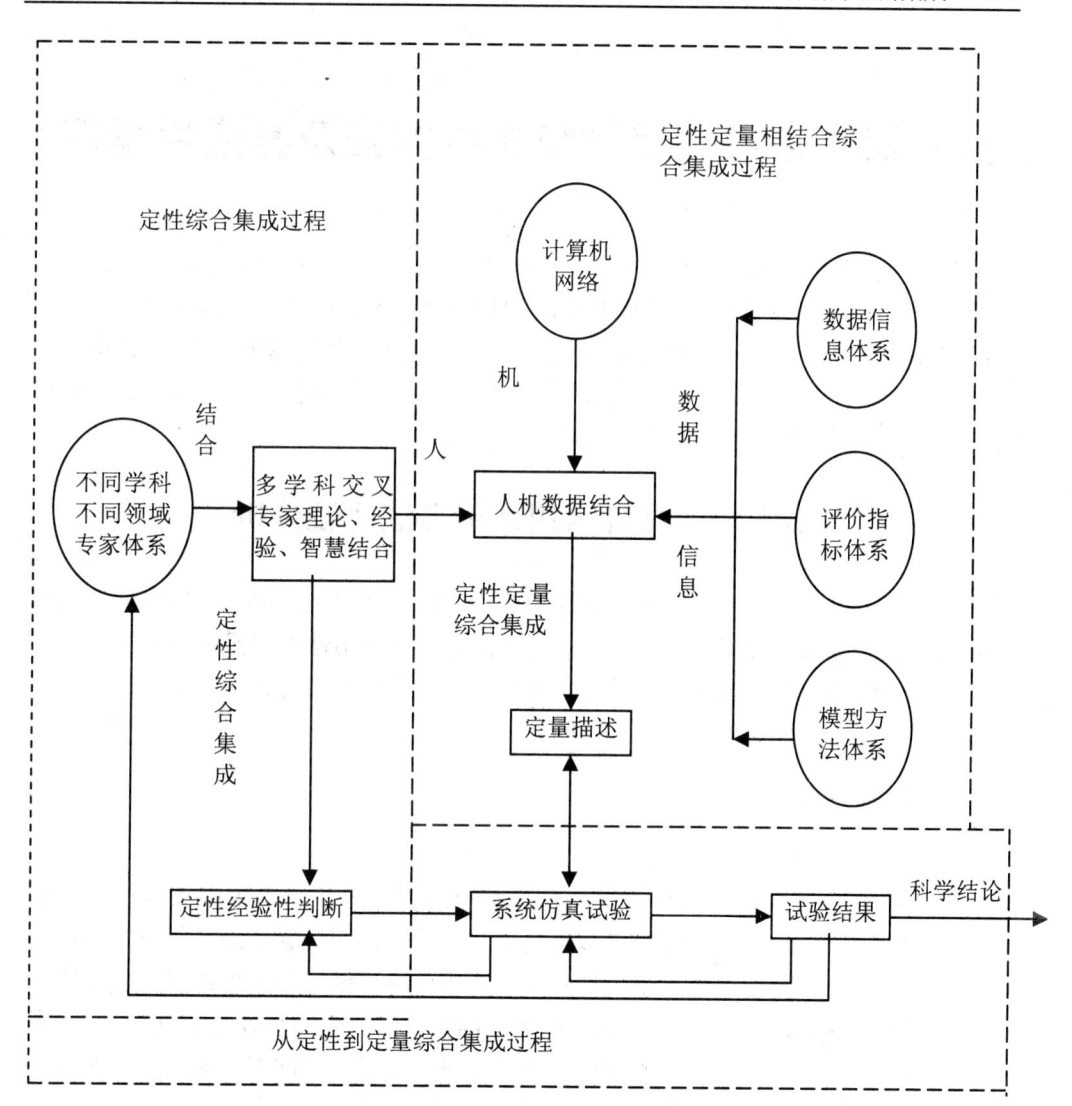

图 7-7 从定性到定量综合集成过程模型

第八章　常用项目评价主要方法及其应用案例

对于项目评价来说，无论是基于时间维度的前评价、中评价、后评价，还是基于项目评价内容的专项评价、综合评价，项目评价所涉及的评价方法可以分为三类，即：定性评价方法（主观信息为主）、定量评价方法（客观信息为主）、综合集成评价方法。不同方法有其不同的适用条件，本章结合第七章所提及的评价方法，重点阐述常用项目评价的主要方法及其应用案例。

第一节　几种常用评价方法比较分析

项目的多样性、复杂性、不确定性的特点决定了对项目评价方法的多样性，不能说哪种方法（哪类方法）好还是不好，不同的方法适用性不同而已。凡是将方法统一化的试图是没有必要的，也是注定要失败的；不加思索地将定量法置于优先地位或将定性法置于优先地位都是不对的。[①]

8.1.1　定性评价方法

1. 同行评议法

对于研究项目来说，同行评议法是最常用的评价方法。美国国家科学基金会（NSF）是根据 1950 年《国家科学基金会法》而设立的一个独立的联邦机构，自成立以来，时常采用同行评议方法受理科学研究项目的申请，积累了许多宝贵经验，引起许多国家效仿，1994 年又实施了网络化同行评议；在此基础上 1997 年又颁布了新的评审规则，产生了明显的效果。德意志研究理事会（DFG）成立于 1951 年，是德国最大的科学研究资助机构，它由独立的科学家领导，采用会员制，通过学会推荐和直接选举相结合的方法产生同行评议委员会，并以匿名同行评审方式为主要形式，备受关注。澳大利亚研究理事会（ARC）成立于 1988 年，ARC 同行评议的一大特色是特别注重同行评议专家评审意见的反馈，这种反馈机制保证了申请者与评审组织之间的有效沟通，增强了同行评审的公正性和有效性。中国国家自然科学基金委员会（NSFC），对各类基金项目主要采用同行评议，自国家自然科学基金委员会成立以来，获得了许多经验。同行评议方法最早是由英国皇家学会为其出版物

---

① 雷蒙·布东著，黄建华译，社会学方法，上海人民出版社，1984 年，第 107 页

的论文审稿时所采用的方法。

(1) 同行评议基本原理

同行评议是指某一或若干领域的专家采用一种评价标准，共同对相关对象进行的科学评价活动。[①] 同行评议隐含表达的是对研究项目的评价是科学共同体的"专属领地"，对于"什么是有价值的研究"、"谁更适合于从事何种研究"等问题，只有科学家同行才最有资格和最有能力作出准确的判断，而判断的依据是科学家的专业知识和依据专业知识所进行的逻辑推理。[②] 同行评议通过科学家代表来进行集体决策，假设科学真理只能在多数人一边。所谓公正就是少数服从多数，让多数人满意。

(2) 具体步骤

同行评议的实施步骤具体概括如下：一是由评议机构对收到的项目申请建议或需要进行评价的项目进行程序性审查，使其符合同行评议项目立项的基本要求；二是选择与被评价项目的科学领域相近的若干名专家作为评审人；三是评审专家根据要求和标准评阅项目；四是评审专家将意见反馈给组织者；五是综合专家评审意见，给项目以综合评价值；六是综合评议结果和现实情况，决定是否立项、予以资助或投资。

(3) 同行评议简单定量描述

设有 M 个专家，对 N 个项目进行评议，最终要求专家给每个项目打分，E_{ij} 表示第 i ($i=1,2,\cdots,M$) 个专家给第 j ($j=1,2,\cdots,N$) 个项目的得分，则第 j 个项目最终得分的平均值为：

$$\bar{E}_j = \sum_{i=1}^{M} E_{ij} \Big/ M \tag{8-1}$$

然后比较 $\bar{E}_1, \bar{E}_2, \cdots, \bar{E}_{j-1}, \bar{E}_j, \bar{E}_{j+1}, \cdots, \bar{E}_{N-1}, \bar{E}_N$ 的大小，按从大到小排列。若可用于资助项目的资金总额为 S，每个项目的资金需求为 P_i，使得前 K 个被选项目的资金需求值 P_i 的和满足

$$\sum_{j=1}^{K+1} P_j \geqslant S \geqslant \sum_{j=1}^{K} P_j \tag{8-2}$$

则排序为前 K 个的项目被选择立项。

[①] 钟书华. 同行评议：科学共同体的民主决策机制解析. 社会科学管理与评论, 2002. 第 1 期
[②] 朱作言. 同行评议与科学自主性. 中国科学基金, 2004. 第 5 期. 第 257 页

2. 德尔菲法（Delphi）

德尔菲法是在 20 世纪 40 年代由赫尔默（Helmer）和戈登（Gordon）首创，后由美国兰德（Rond）公司完善发展而成。兰德公司于 1946 年把这种方法用于技术预测，故借用古希腊传说中能预卜未来的神谕之地 Delphi 来命名。随后这种方法逐步成为进行评价、决策、预测和技术咨询的一种有效的方法。

（1）德尔菲法的基本原理

德尔菲法是一种多专家、多轮咨询的方法，具有三个特点：匿名性、多次反馈、结论的统一性。

匿名性。匿名是德尔菲法的极其重要的特点，从事预测的专家彼此互不知道其他有哪些人参加预测，专家们是在完全匿名的情况下进行信息交流，完全消除了相互之间的影响。

多次反馈。小组成员的交流是通过回答组织者的问题来实现的。协调人对每一轮的咨询及结果作出统计，并将其作为反馈材料发给每一个咨询专家，供下一轮咨询参考，它一般要经过若干轮反馈才能完成预测。

结论的统一性。采用数理统计方法对咨询结果进行处理。德尔菲法本质上是一种反馈匿名函询法。其做法是，在对所要预测的问题征得专家的意见之后，进行整理、归纳、统计，再匿名反馈给各专家，再次征求意见，再集中，再反馈，直至得到稳定的意见。

（2）德尔菲法的具体步骤

德尔菲法的调查表不仅突出问题还兼有向被调查者提供信息的责任，它是专家们交流的工具。在德尔菲法过程中，始终有两方面的人在活动：一是组织者；二是被选出的咨询专家。具体实施步骤如下：

第一步，组成专家小组。按照课题所需要的知识范围，确定专家。专家人数的多少，可根据项目的大小和涉及面的宽窄而定。

第二步，向所有专家提出所要预测（或评价）的问题及有关要求，并附上有关这个问题的所有背景材料，同时请专家提出还需要什么材料。然后，由专家做书面答复。

第三步，专家根据所收到的材料，提出自己的预测或评价意见，并说明自己是怎样利用这些材料的。

第四步，将各位专家第一次判断意见汇总，并进行对比分析，再分发给各位专家，让专家比较自己同他人的不同意见，修改自己的意见和判断。逐轮收集意见并为专家反馈信息是德尔菲法的主要环节。在向专家进行反馈的时候，只给出各种意见，但并不说明发表各种意见的专家的姓名。这一过程重复进行，直到每一个专家不再改变自己的意见为止。一般要经过 3~4 轮。

第五步，对专家的意见进行综合处理。

（3）德尔菲法的主要特点

德尔菲法的主要优点是：其一，德尔菲法较为严密和完善，它经大量实验得出专家的意见分布接近于正态分布的结论，由此作为对数据进行处理的数学基础；其二，它考虑了咨询指标的重要度、专家权威系数和积极性系数；其三，通过计算专家的集中度、协调系数和变异系数进行显著性检验；其四，操作简单，可以充分利用专家的知识、智慧，结论易于使用。

德尔菲法的缺点是：其一，主观性比较强，多人咨询评价的结论难收敛；其二，此法按过程要求所需的时间较长，耗费人力物力较多；其三，实际操作中专家为"熟人"的情况使评价难于公平。

3. 层次分析法（AHP）[1]

层次分析法（The Analytic Hierarchy Process，简称 AHP）是一种把定性分析与定量分析相结合的系统分析方法，是将人的主观判断用数量形式表达和处理的方法。该方法是由美国运筹学家匹兹堡大学教授萨蒂（T.L.Salty）于 20 世纪 70 年代初，在为美国国防部研究"根据各个工业部门对国家福利的贡献大小而进行电力分配"课题时，应用网络系统理论和多目标综合评价方法，提出的一种层次权重决策分析方法。

（1）层次分析法的基本原理

层次分析法是在对复杂的决策（评价）问题的本质、影响因素及其内在关系等进行深入分析的基础上，利用较少的定量信息使决策的思维过程数学化，从而为多目标、多准则或无结构特性的复杂决策问题提供简便的决策（评价）方法。尤其适合于对决策结果难于直接准确计量的场合。层次分析法是将与决策有关的元素分解成目标、准则、方案等层次，在此基础之上进行定性和定量分析的决策方法。

（2）层次分析法的步骤

第一步，建立递阶层次结构模型，见图 8-1。

第二步，构造出各层次中的所有判断矩阵。

第三步，层次单排序及一致性检验。

第四步，层次总排序及一致性检验。

---

[1] 杜栋、庞庆华. 现代综合评价方法与案例分析. 清华大学出版社，2005. 第 9~16 页

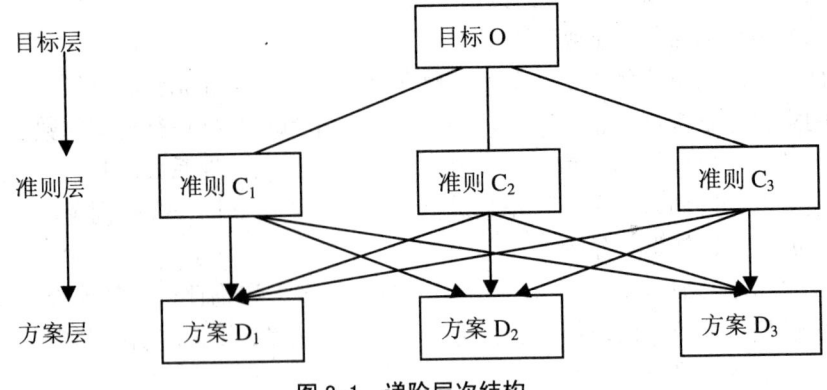

```
目标层          目标 O

准则层     准则 C₁    准则 C₂    准则 C₃

方案层     方案 D₁    方案 D₂    方案 D₃
```

图 8-1 递阶层次结构

(3) 层次分析法的定量描述

① 判断矩阵的构建

层次结构反映了因素之间的关系，但准则层中的各准则在目标衡量中所占的比重并不一定相同，在决策者的心中，它们各占有一定的比例。在确定影响某因素的诸因子在该因素中所占的比重时，遇到的主要困难是这些比重常常不易定量化。此外，当影响某因素的因子较多时，直接考虑各因子对该因素有多大程度的影响时，常常会因考虑不周全、顾此失彼而使决策者提出与他实际认为的重要性程度不相一致的数据，甚至有可能提出一组隐含矛盾的数据。萨蒂（T.L.Salty）等人建议可以采取对因子进行两两比较建立成对比较矩阵的办法，即每次取两个因子 x_i 和 x_j，以 a_{ij} 表示 x_i 和 x_j 对 Z 的影响大小之比，全部比较结果用矩阵 $A = (a_{ij})_{n \times n}$ 表示，称判断矩阵。由此容易看出，若 x_i 与 x_j 对 Z 的影响之比为 a_{ij}，则 x_j 与 x_i 对 Z 的影响之比应为 $a_{ji} = \dfrac{1}{a_{ij}}$。

显然比较判断矩阵具有如下性质：

$$a_{ij} > 0; \quad a_{ij} = 1/a_{ji} \ (i \neq j); \quad a_{ii} = 1 \quad (i, j = 1, 2, 3)$$

上述比较判断矩阵常根据一定的比率标度将判断定量化。常用 1～9 标度方法，如表 8-1 所示，标度 2、4、6、8 介于单数标度之间。

计算各层元素对系统目标的合成权重，进行总排序，以确定递阶结构图中最底层各个元素的总目标中的重要程度。

② 单一准则下元素相对权重的计算以及判断矩阵的一致性检验

已知 n 个元素 $u_1, u_2, \cdots, u_n$ 对于准则 C 的判断矩阵为 A，求 $u_1, u_2, \cdots, u_n$ 对于准则 C 的相对权重 $\omega_1, \omega_2, \cdots, \omega_n$，写成向量形式即为 $W = (\omega_1, \omega_2, \cdots, \omega_n)^T$。

表 8-1 判断矩阵标度及其含义

序列	重要性等级	a_{ij} 赋值
1	i,j 两元素同等重要	1
2	i 元素比 j 元素稍重要	3
3	i 元素比 j 元素明显重要	5
4	i 元素比 j 元素强烈重要	7
5	i 元素比 j 元素极端重要	9
6	i 元素比 j 元素稍不重要	1/3
7	i 元素比 j 元素明显不重要	1/5
8	i 元素比 j 元素强烈不重要	1/7
9	i 元素比 j 元素极端不重要	1/9

第一，权重计算方法。

计算出某层元素相对于上层次中某一元素的重要性权重。这种排序计算称为层次单排序。从理论上讲，层次单排序计算问题归结为计算判断矩阵的最大特征根及其特征向量的问题，计算方法有几何平均（根）法、特征根法、最小二乘法等。这里给出一种简单计算方法——几何平均法。

几何平均法是将 A 的各个行向量进行几何平均，然后归一化，得到的行向量就是权重向量。其公式为：

$$\omega_i = \frac{(\prod_{j=1}^{n} a_{ij})^{\frac{1}{n}}}{\sum_{k=1}^{n}(\prod_{j=1}^{n} a_{kj})^{\frac{1}{n}}} \qquad i=1,2,\cdots,n$$

计算步骤如下：

第一步，A 的元素按列相乘得一新向量，得：

$$M_i = \prod_{j=1}^{n} a_{ij} \qquad i=1,2,\cdots,n$$

第二步，将新向量的每个分量开 n 次方，得：

$$\overline{w}_i = \sqrt[n]{M_i}$$

第三步，对向量 $\overline{w}=(\overline{w}_1,\overline{w}_2,\cdots,\overline{w}_n)^T$ 归一化 $w_i = \overline{w}_i \Big/ \sum_{j=1}^{n}\overline{w}_j$，则 $w=(w_1,w_2,\cdots,w_n)^T$ 即为所求的特征向量。

第四步，计算判断矩阵的最大特征根 $\lambda_{\max}$，得：

$$\lambda_{\max} = \sum_{i=1}^{n} \frac{(Aw)_i}{nw_i}$$

其中 $(Aw)_i$ 表示向量 Aw 的第 i 个元素。

第二，判断矩阵的一致性检验。

判断思维的一致性是指专家在判断指标重要性时各判断之间协调一致，不至出现相互矛盾的结果。为了保证层次分析法得到的结论合理，需要对构造的判断矩阵进行一致性检验。

判断矩阵 A 的特征根问题 $Aw = \lambda_{\max} w$ 的解 w，经归一化后即为同一层次相应因素对于上一层次某元素相对重要性的排序权值，为进行判断矩阵的一致性检验需要计算如下的一致性指标。

判断矩阵偏离一致性指标，用

$$CI = \frac{\lambda_{\max} - n}{n - 1} \tag{8-3}$$

当判断矩阵具有完全一致性时，CI=0，从而有 CI=0，$\lambda_1 = \lambda_{\max} = n$ 判断矩阵具有完全一致性。

平均随机一致性指标，用

$$CR = \frac{CI}{RI} < 0.10 \tag{8-4}$$

即认为判断矩阵具有满意的一致性。

式中 RI 为判断矩阵平均随机一致性指标，对于 1～9 阶判断矩阵 RI 得知列入表 8-2 中。

表 8-2　平均随机一致性指标 RI 值

1	2	3	4	5	6	7	8	9
0.00	0.00	0.58	0.90	1.12	1.24	1.32	1.41	1.45

8.1.2　定量分析方法

1. 主成分分析方法

主成分分析是由 Hotelling 于 1933 年提出的，该方法是利用降维的思想，把多指标转化为几个综合指标的多元统计分析方法。

（1）主成分分析的基本原理

在多元统计分析中涉及多个变量，每个变量都在不同程度上反映了所研究问题的某些信息，并且变量之间彼此有一定的相关性，因而所得的统计数据反映的信息在一定程度上有重叠。在用统计方法研究多变量问题时，变量太多会增加计算量和增加分析问题的复杂性，人们希望在进行定量分析的过程中，涉及的变量较少，得到的信息量较多。主成分分析正是适应这一要求产生的。简言之，主成分分析法的出发点是删除掉携带信息少的指标变量，实现减少指标变量个数的手段是通过一个变换，即把原来存在相关关系的一组指标变量变换成一组新变量。变换的方法是根据新变量方差的大小及其在所有指标变量方差总和所占的份额来删除一些指标变量。主成分分析方法的实质是以损失少量信息为代价来换取指标变量个数的减少。

（2）主成分分析的简要计算方法

原指标向量（成分）为：$X=(x_1,x_2,\ldots,x_m)^T$；

新指标向量（成分）为：$Y=(y_1,y_2,\ldots,y_m)^T$，是 X 的线性组合，即：

$$Y = CX \tag{8-5}$$

其中，y_1 是线性组合的方差最大者，叫第一主分量；y_2 是方差次大者叫第二主分量；……而 C 是特征方程（协方差矩阵方程式）

$$|R-\lambda I|=0 \tag{8-6}$$

的 M 个特征值（$\lambda_1 \geq \lambda_2 \geq ,\ldots,\geq \lambda_m \geq 0$）所对应的特征向量，其元素数值反映了原指标属性相对应主分量作用的大小，即权重。R 是指标评价样本数据标准化处理后的相关系数矩阵。

（3）应用方法

①筛选简化指标体系的方法。选特征值最小的（其贡献率≈0，表示该主分量对总体几乎没有什么贡献）所对应特征向量中具有最大分量对应的原指标量（贡献最小的成分中其最大作用的指标量）删除掉，余下 M-1 个指标再做主成分分析，直到筛选出最佳指标子集为止。

②确定权重方法

由 $|R-\lambda I|=0$ 解出 M 个特征之后，如果第一主分量 y_1 的贡献率为：

$$A_1 = \lambda_1 \Big/ \sum_{j=1}^{M} \lambda_j > 0.85 \tag{8-7}$$

则对应的特征向量可以粗略地看成是原始指标的权重向量，依此类推。

2. 因子分析法

因子分析法是处理多变量数据的一种数学方法，它属于数理统计分析方法中的一种。它可以从为数众多的可观测变量中概括和推论出少数的重点"因素"，用最少的"因素"来概况和解释大量的观测事实，从而建立起最基本、最简洁的概念系统，揭示出事物之间最本质的联系。因素分析方法在自然科学和社会科学领域有着广泛的应用。

因子分析法与主成分分析法既有区别又有联系。因子分析是把变量表示成各因子的线性组合，而主成分分析则是把主成分表示成个变量的线性组合；主成分分析的重点在于解释个变量的总方差，而因子分析则把重点放在解释各变量之间的协方差；主成分分析不需要有假设，因子分析则需要一些假设。因子分析的假设包括：各个共同因子之间不相关，特殊因子之间也不相关，共同因子和特殊因子之间也不相关；在主成分分析中，当给定的协方差矩阵或者相关矩阵的特征值是唯一的时候，主成分一般是独特的；而因子分析中因子不是独特的，可以旋转得到不同的因子。

主成分分析通过线性组合将原变量综合成几个主成分，用较少的综合指标来代替原来较多的指标（变量）。在多变量分析中，某些变量间往往存在相关性。是什么原因使变量间有关联呢？是否存在不能直接观测到的、但影响可观测变量变化的公共因子？因子分析法是寻找这些公共因子的模型分析方法，它是在主成分的基础上构筑若干意义较为明确的公因子，以它们为框架分解原变量，以此考察原变量间的联系与区别。

3. 数据包络分析法

数据包络分析（Data Envelopment Analysis，简称 DEA）是著名运筹学家 A.Charnes 和 W.W.Cooper 等学者以"相对效率"概念为基础，根据多指标投入和多指标产出对相同类型的单位（部门）进行相对有效性或效益评价的一种新的系统分析方法。它是处理多目标决策问题的好方法。决策单元的相对有效性（即决策单元的优劣）被称为 DEA。有效 DEA 方法是评价规模有效性和技术有效性的运筹学新领域。[①]

（1）DEA 方法基本原理

对一组给定的决策单元（DMU）选定一组输入、输出的评价指标，求所关心的特定决策单元的有效性系数，以此来评定决策单元的优劣，即被评价单元相对于给定的那组决策单元中的相对有效性。

可以认为，DEA 是一个多输入—多输出的有效性综合评价问题。在处理多输入—多输出的有效性评价方面具有绝对优势。评价指标中可以包括人文、社会、心理等领域中的非结构化因素，但要给以量化赋值；决策单元的最优效率指标与投入指标值、产出指标值的量纲选取无关。

DEA 特别适用于多输入—多输出的复杂系统，主要体现在以下几点：一是 DEA 以决策单元各输入/输出的权重为变量，从最有利于决策单元的角度进行评价，从而避免了确定各指标在优先意义下的权重；二是 DEA 方法不必确定输出/输入之间的某种关系的表达式；三是 DEA 方法的每一输入/输出的权重不是根据评价者的主观

---

① 魏权龄．评价相对有效性的 DEA 方法．中国农业大学出版社，1988．第 80 页

确定，而是由决策单元的实际数据求得的最优权重，排除了很多主观因素，具有很强的客观性。

（2）DEA 方法的应用步骤

DEA 方法应用的一般步骤为：明确评价目的；选择 DMU 建立输入/输出评价指标体系；收集和整理数据；DEA 模型的选择和计算；分析评价结果并提出决策建议。分述如下：

①DEA 方法的基本功能是评价，特别是多个同类样本间"相对优劣性"的评价。需要研究的是哪些 DMU 能够一起评价，对什么样的输入/输出指标体系评价，选择什么样的 DEA 模型评价，因此明确评价目的是 DEA 方法的首要问题。

②选择 DMU。注意两点：用 DMU 的物理背景或活动空间来判断，即 DMU 具有相同的外部环境，相同的输入/输出指标，相同的目标任务等；用 DMU 活动的时间间隔来构造。

③建立输入/输出指标体系是应用 DEA 方法的一项基础性前提。为此，要考虑能够实现评价目的，能全面反映评价目的，要考虑输入向量、输出向量之间的关系。

④收集和整理数据资料。正确收集和科学整理决策单元的输入、输出数据成为 DEA 评价相对有效性的重要组成部分。

⑤选择 DEA 模型需要考虑，在可能情况下尽量选用不同类型 DEA 模型，分析结果相互比较。

⑥确定评价指标体系后选择合适 DEA 模型进行相对有效性评价最基本的是，利用 DEA 规划模型求解结果，判断决策单元的 DEA 模型有效性。

4．模糊综合评判

模糊综合评判法是美国控制论专家艾登（Eden）于 1965 年创立的。它是一种基于模糊数学的综合评价方法。该综合评价法根据模糊数学的隶属度理论把定性评价转化为定量评价，即用模糊数学对受到多种因素制约的事物或对象做出一个总体的评价。它具有结果清晰，系统性强的特点，能较好地解决模糊的、难以量化的问题,适合各种非确定性问题的解决。

模糊综合评判实质是以模糊数学为基础，应用模糊关系合成的原理，将一些边界不清、不易定量的因素定量化，从多个因素对被评价事物隶属等级状况进行综合性评价的一种方法。模糊综合评判作为模糊数学的一种具体应用方法主要分两步：第一步先按每个元素单独评判；第二步再按所有因素综合评判。其优点是：数学模型简单、容易掌握、对多因素多层次的复杂问题评判效果比较好。此种方法的特点是评判逐对进行，对被评价对象有唯一的评价值。

模糊综合评价模型与步骤：

（1）确定评价对象与评价等级

设 $U=(U_1, U_2,\cdots, U_m)$ 为被评价对象 m 中的因素，也就是评价对象的属性或性能，实际上就是评价指标，它们能综合反映出项目评价对象的质量。

设 $V=(V_1, V_2,\cdots, V_n)$ 为被评价对象的评判集，是等级的集合，是刻画评价对象每一元素所处的状态的 n 种决断。

上述 m 为评价因素，评价指标的个数，n 为评语的等级。

（2）构造评判矩阵和确定权重

① 单因素评判

对单因素集中的单因素 $U_i(i=1,2,\cdots, m)$ 作单因素评判，从因素 U_i 着眼该事物对选择等级 $V_j(j=1,2,\cdots, n)$ 中的隶属度 r_{ij}，这样就得出第 i 个因素 U_i 的单因素评判集：

$$r_i=(r_{i1}, r_{i2},\cdots, r_{in})$$

这样 m 个着眼因素的评价集就构造出一个总的评价矩阵，即每一个被评价对象确定从 U 到 V 的模糊关系 R，它是一个矩阵：

$$R=(r_{ij})_{m*n}=\begin{bmatrix} r_{11} & r_{12}\cdots r_{1n} \\ r_{21} & r_{22}\cdots r_{2n} \\ & \vdots \\ r_{m1} & r_{m2}\cdots r_{mn} \end{bmatrix} \qquad (8-8)$$

其中，r_{ij} 表示因素 U_i 被评为 V_j 等级的隶属度，即 r_{ij} 表示第 i 个因素 U_i 在第 j 个评语 V_j 上的频率分布，通常将其归一化使之满足 $\sum r_{ij}=1$，这样 R 矩阵本身是无量纲的，不需专门处理。

一般来说，用等级比重确定隶属矩阵的方法可以满足模糊综合评判的要求，但要注意：评价者人数不能太少，因为只有这样等级比重才能趋于隶属度；评价者必须对评价事物有相当的了解。

② 综合评判

由于对 U 中各因素有不同的侧重，需要对每个因素要性不同赋予不同的权重，拟引用 U 上的一个模糊子集 A，称权重或权数分配集，即 $A=(a_1, a_2,\ldots, a_m)$，其中 $a_i>0$ 且 $\sum a_i=1$，它反映对诸因素的一种权衡。权数表示的是因素重要性大小的量度值，所以在评价问题中，赋权是极其重要的。

在 R 与 A 求出之后，则综合评价模型为 $B=A*R$，记 $B=(b_1, b_2,\ldots, b_m)$，它是 V 上的一个模糊子集（*为算子符号），称之为模糊交换。

其中：

$$b_j = \bigvee_{i=1}^{n}(a_i \wedge r_{ij}) \qquad (j=1,2,\ldots,m) \tag{8-9}$$

如果评判结果 $\sum_{j=1}^{m} b_j \neq 1$，就应对其结果进行规一化处理。

综上所述，模糊综合评判的主要步骤是建立单因素评判矩阵 R 和确定权重集 A，一般可采用统计试验或专家评分法求出。

8.1.3 综合集成评价方法

综合集成评价方法是泛指定性综合集成、定量综合集成、定性与定量综合集成评价方法之一。当评价对象比较复杂时，需要在基于定性综合集成提出的经验假想与定性判断的基础上，同时采用科学量度去验证经验性判断的正确性，进一步把定性描述上升到整体的定量描述，这种定量描述可以用描述性指标或评价指标以及其他数据关系表达。实现了这一步，即定量定性相结合综合集成，可以用计算机网络通过模型运作、仿真试验等手段完成。

选用德尔菲法（Delphi）、层次分析法（The Hierarchy Analytic Process）、灰色系统理论（Grey System Theory）和模糊数学（Fuzzy Mathematics）作为信息系统综合评价的数学工具，称为 DHGF 集成法。

DHGF 集成评价法采用 Delphi 构造综合评价指标体系，运用层次分析法确定评价指标的权重，用灰色关联统计专家打分，以确定单因素模糊评价矩阵，最后通过模糊综合评判得出综合评价结论。DHGF 方法的简要表达如下：

（1）用德尔菲法匿名函询，收集分析咨询专家对信息系统综合评价指标体系的意见，统计分析后经多轮反馈得出信息系统综合评价指标体系，即评价项目的因素集合：

$$X = (x_1, x_2, \cdots, x_N) \tag{8-10}$$

（2）基于上述指标体系，采用层次分析法，综合专家对各项评价准则和评价因素相对重要性判断，构建比较判断矩阵，通过解特征值问题或简化算法，确定评价对象各因素相对重要性权重（模糊加权子集），即 X 上的模糊加权子集 w：

$$w = (w_1, w_2, \cdots, w_N)$$

其中，w_i 为评价因素集合 X 中的第 i 个因素 x_i 的权重，且：

$$\sum_{i=1}^{N} w_i = 1 \qquad 0 < w_i < 1$$

（3）基于测度理论和心理学原理，确定信息系统综合评价标准集合，即

$$V = (V_1, V_2, \cdots, V_M) \tag{8-11}$$

（4）确定评价样本矩阵。设有 P 位专家参加评价，即：

$E=(E_1, E_2, \ldots, E_P)$

第 1 位专家对第 i 个指标 x_i 的评价样本记为 d_{1i},将 P 位专家对所评价的信息系统评价数据构成评价量样本矩阵,即:

$$\begin{bmatrix} d_{11} & d_{12} & \cdots & d_{1N} \\ d_{21} & d_{22} & \cdots & d_{2N} \\ \vdots & \vdots & \vdots & \vdots \\ d_{p1} & d_{p2} & \cdots & d_{pN} \end{bmatrix} \tag{8-12}$$

(5)由 M 个确定的评价标准(灰数的白化函数)求出 d_{ki} 属于第 j 类评价标准的权值 $f_i(d_{ki})$。据此求出评判矩阵的灰色统计数(记为 n_{ij})和总灰色统计数(记为 n_i),即:

$$n_{ij} = \sum_{k=1}^{p} f_j(d_{ki}) \tag{8-13}$$

$$n_i = \sum_{j=1}^{m} n_{ij} \tag{8-14}$$

(6)综合 P 个专家对第 i 个评价因素 x_i 主张第 j 种评价标准的灰色权值,即:

$$r_{ij} = n_{ij}/n_i \tag{8-15}$$

由 r_{ij} 构成单因素模糊评价矩阵 $\underset{\sim}{R}$,即:

$$\underset{\sim}{R} = \begin{bmatrix} r_{11} & r_{12} & \cdots & r_{1M} \\ r_{21} & r_{22} & \cdots & r_{2M} \\ \vdots & \vdots & \vdots & \vdots \\ r_{n1} & r_{n2} & \cdots & r_{nM} \end{bmatrix} \tag{8-16}$$

(7)由模糊加权矩阵和单因素模糊评判矩阵复合运算得模糊综合评判矩阵 $\underset{\sim}{B}$,它是 V 上的模糊子集。

$$\underset{\sim}{B} = w\underset{\sim}{R} = (b_1, b_2, \cdots, b_M) \tag{8-17}$$

$$\underset{\sim}{B} = (w_1, w_2, \cdots, w_N) = \begin{bmatrix} r_{11} & r_{12} & \cdots & r_{1M} \\ r_{21} & r_{22} & \cdots & r_{2M} \\ \vdots & \vdots & \vdots & \vdots \\ r_{n1} & r_{n2} & \cdots & r_{nM} \end{bmatrix} \tag{8-18}$$

其中: $b_j = \underset{i=1}{\overset{N}{\vee}}(w_i \wedge r_{ij}) \quad j=1,2,\cdots,M$ \hfill (8-19)

通过归一化处理，可使

$$\sum_{j=1}^{M} b_j = 1$$

（8）由科研管理者和同行专家，按照信息系统项目等级和授奖等级的需要确定评价对象的等级集合，即：

$$C = (C_1, C_2, \cdots, C_M)^T$$

（9）信息系统综合评价的 DHGF 数学模型为：

$$\utilde{Y} = (W * R)C \tag{8-20}$$

由 $\utilde{Y}$ 可以作出对信息系统的综合评价。

第二节　应用案例

8.2.1　基于灰色层次评价法的软件企业综合能力评价

软件行业作为信息产业的核心和灵魂，是决定 21 世纪国际竞争力的战略性先导产业。对软件企业进行专门的综合能力评估研究对促进我国软件行业发展，发掘该领域中存在的问题，提高软件企业的竞争力具有现实的意义。

1. 明确评价对象并构建评价指标体系

通过查阅文献资料，运用德尔菲法并参考已建立的软件企业综合能力评价指标体系，建立软件企业综合评价指标体系如下表 8-3 所示。

表 8-3　综合评价指标体系

软件企业综合能力	财务能力 U_1	资产负债率 V_{11}
		资产净利率 V_{12}
		应收账款周转率 V_{13}
		现今流量比率 V_{14}
		净利润增长率 V_{15}
	管理能力 U_2	经营管理 V_{21}
		风险管理 V_{22}
		企业文化凝聚力 V_{23}
		营销技能 V_{24}

续表

软件企业综合能力	市场能力 U₃	潜在竞争对手 V₃₁
		市场占有率 V₃₂
		潜在市场需求 V₃₃
		客户满意度 V₃₄
	产品能力 U₄	技术先进性 V₄₁
		技术适用性 V₄₂
		知识产权自主程度 V₄₃
	人才资源能力 U₅	智力资本比率 V₅₁
		管理者素质 V₅₂
		技术人员素质 V₅₃
	环境条件 U₆	宏观政策环境 V₆₁
		区域环境 V₆₂

U 代表一级评价指标 U_i 所组成的集合,记为 U={ $U_1, U_2, ..., U_m$}。

V 代表二级评价指标 V_{ij} 所组成的集合,记为 $V_i = \{V_{i1}, V_{i2}, ..., V_{in_i}\}$。

设有三个软件企业参评,即:t=1,2,3。

(由于篇幅所限,这里只列出了第一家软件企业综合评价的具体计算步骤)

2. 具体应用步骤如下

(1)计算一级评价指标 $U^{(t)}$ 的排序权向量:

$W = (0.07, 0.21, 0.14, 0.27, 0.28, 0.03)$

(2)分别计算二级评价指标层 V_{ij} 相对于一级评价指标层 U_i 的排序权向量,分别为:

W₁=(0.36, 0.20, 0.29, 0.11, 0.04)
W₂=(0.31, 0.28, 0.13, 0.28)
W₃=(0.11, 0.35, 0.19, 0.35)
W₄=(0.17, 0.39, 0.44)
W₅=(0.12, 0.32, 0.56)
W₆=(0.67, 0.33)

(3)结合实际情况,组织五位评价专家分别对三个软件企业的二级评价指标 V_{ij} 根据评分标准进行打分,并填写评价专家打分表。本算例根据实际需要,将评价等级划分为四级,分别为优、良、可、差,并赋予相应的分值,即 7、5、3、1,若介于相邻两评价等级之间,可赋分值 6、4、2。

具体评分情况如下：

$$D^{(1)} = \begin{bmatrix} 4 & 5 & 5 & 4 & 5 \\ 5 & 5 & 5 & 5 & 6 \\ 3 & 5 & 5 & 5 & 5 \\ 5 & 6 & 4 & 6 & 3 \\ 4 & 4 & 3 & 5 & 5 \\ 5 & 4 & 5 & 5 & 5 \\ 4 & 6 & 5 & 5 & 5 \\ 4 & 5 & 5 & 5 & 5 \\ 5 & 5 & 4 & 5 & 5 \\ 3 & 6 & 6 & 3 & 6 \\ 3 & 6 & 4 & 3 & 6 \\ 6 & 6 & 4 & 5 & 3 \\ 3 & 6 & 6 & 3 & 6 \\ 6 & 4 & 3 & 6 & 6 \\ 5 & 4 & 4 & 4 & 5 \\ 4 & 5 & 6 & 4 & 5 \\ 5 & 6 & 4 & 3 & 6 \\ 4 & 3 & 5 & 5 & 5 \\ 4 & 3 & 6 & 5 & 4 \\ 3 & 5 & 5 & 6 & 6 \\ 6 & 4 & 4 & 5 & 5 \end{bmatrix}$$

（4）确定评价灰类及计算灰色评价系数。

灰类的确定如上所述。

对评价指标 V_{11}，软件企业 1 属于第 e 个评价灰类，得灰色评价系数 $p_{11e}^{(1)}$。

$$e=1, \quad p_{111}^{(1)} = \sum_{k=1}^{5} f_1\left(d_{11k}^{(1)}\right) = f_1\left(d_{111}^{(1)}\right) + f_1\left(d_{111}^{(1)}\right) + f_1\left(d_{112}^{(1)}\right) + f_1\left(d_{113}^{(1)}\right) + f_1\left(d_{114}^{(1)}\right) + f_1\left(d_{115}^{(1)}\right)$$

$$= f_1(4) + f_1(5) + f_1(5) + f_1(4) + f_1(5) = \frac{4}{7} + \frac{5}{7} + \frac{5}{7} + \frac{4}{7} + \frac{5}{7} = 3.29$$

e=2, $p_{112}^{(1)} = 4.6$

e=3, $p_{113}^{(1)} = 2.33$

e=4, $p_{114}^{(1)} = 0$

对评价指标 V_{11}，软件企业 1 属于各个评价灰类的总评价灰数为：

$$p_{11}^{(1)}, \quad p_{11}^{(1)} = \sum_{e=1}^{4} p_{11e}^{(1)} = p_{111}^{(1)} + p_{112}^{(1)} + p_{113}^{(1)} + p_{114}^{(1)} = 3.29 + 4.2 + 2.33 = 10.22$$

所有评价专家就评价指标 V_{11}，软件企业 1 主张第 e 个灰类的灰色评价权：

$$r_{111}^{(1)} = p_{111}^{(1)} / p_{11}^{(1)} = 3.29/10.22 = 0.32 ; \quad r_{112}^{(1)} = p_{112}^{(1)} / p_{11}^{(1)} = 4.2/10.22 = 0.41$$

$$r_{113}^{(1)} = p_{113}^{(1)} / p_{11}^{(1)} = 2.33/10.22 = 0.23 ; \quad r_{114}^{(1)} = 0$$

所以，软件企业 1 的评价指标 V_{11} 对于各灰类的灰色评价权向量为：

$$r_{11}^{(1)}, \quad r_{11}^{(1)} = \left(r_{111}^{(1)}, r_{112}^{(1)}, r_{113}^{(1)}, r_{114}^{(1)} \right) = (0.32, 0.41, 0.23, 0)$$

同理，可计算其他指标项对于各灰类的灰色评价权向量 $r_{ij}^{(1)}$，从而得项目 1 的 V_1、V_2、V_3、V_4、V_5、V_6 所属指标对于各评价灰类的灰色评价权矩阵 $R_1^{(1)}$、$R_2^{(1)}$、$R_3^{(1)}$、$R_4^{(1)}$、$R_5^{(1)}$、$R_6^{(1)}$。

$$R_1^{(1)} = \begin{bmatrix} r_{11}^{(1)} \\ r_{12}^{(1)} \\ r_{13}^{(1)} \\ r_{14}^{(1)} \\ r_{15}^{(1)} \end{bmatrix} = \begin{bmatrix} 0.32 & 0.41 & 0.23 & 0 \\ 0.37 & 0.49 & 0.14 & 0 \\ 0.32 & 0.45 & 0.23 & 0 \\ 0.37 & 0.42 & 0.21 & 0 \\ 0.29 & 0.42 & 0.29 & 0 \end{bmatrix} ; \quad R_2^{(1)} = \begin{bmatrix} r_{21}^{(1)} \\ r_{22}^{(1)} \\ r_{23}^{(1)} \\ r_{24}^{(1)} \end{bmatrix} = \begin{bmatrix} 0.34 & 0.46 & 0.20 & 0 \\ 0.36 & 0.47 & 0.17 & 0 \\ 0.33 & 0.47 & 0.20 & 0 \\ 0.33 & 0.47 & 0.20 & 0 \end{bmatrix}$$

$$R_3^{(1)} = \begin{bmatrix} r_{31}^{(1)} \\ r_{32}^{(1)} \\ r_{33}^{(1)} \\ r_{34}^{(1)} \end{bmatrix} = \begin{bmatrix} 0.38 & 0.40 & 0.22 & 0 \\ 0.33 & 0.39 & 0.28 & 0 \\ 0.36 & 0.43 & 0.21 & 0 \\ 0.38 & 0.40 & 0.22 & 0 \end{bmatrix} ; \quad R_4^{(1)} = \begin{bmatrix} r_{41}^{(1)} \\ r_{42}^{(1)} \\ r_{43}^{(1)} \end{bmatrix} = \begin{bmatrix} 0.39 & 0.42 & 0.19 & 0 \\ 0.31 & 0.43 & 0.26 & 0 \\ 0.35 & 0.45 & 0.20 & 0 \end{bmatrix}$$

$$R_5^{(1)} = \begin{bmatrix} r_{51}^{(1)} \\ r_{52}^{(1)} \\ r_{53}^{(1)} \end{bmatrix} = \begin{bmatrix} 0.36 & 0.43 & 0.21 & 0 \\ 0.31 & 0.43 & 0.26 & 0 \\ 0.32 & 0.41 & 0.27 & 0 \end{bmatrix} ; \quad R_6^{(1)} = \begin{bmatrix} r_{61}^{(1)} \\ r_{62}^{(1)} \end{bmatrix} = \begin{bmatrix} 0.37 & 0.45 & 0.18 & 0 \\ 0.35 & 0.45 & 0.20 & 0 \end{bmatrix}$$

（5）对一级指标 U_i 进行综合评价。

对软件企业的 U_1、U_2、U_3、U_4、U_5、U_6 作综合评价，其综合评价结果为：

$$H_1^{(1)} = W_1 \cdot R_1^{(1)} = (0.3343, 0.4391, 0.2122, 0)$$

$$H_2^{(1)} = W_2 \cdot R_2^{(1)} = (0.3415, 0.4669, 0.1916, 0)$$

$$H_3^{(1)} = W_3 \cdot R_3^{(1)} = (0.3587, 0.4022, 0.2391, 0)$$

$$H_4^{(1)} = W_4 \cdot R_4^{(1)} = (0.3412, 0.4371, 0.2217, 0)$$

$$H_5^{(1)} = W_5 \cdot R_5^{(1)} = (0.3216, 0.4188, 0.2596, 0)$$
$$H_6^{(1)} = W_6 \cdot R_6^{(1)} = (0.3634, 0.4500, 0.1866, 0)$$

（6）对项目进行综合评价。

由 $H_1^{(1)}$、$H_2^{(1)}$、$H_3^{(1)}$、$H_4^{(1)}$、$H_5^{(1)}$、$H_6^{(1)}$ 得软件企业 1 的总灰色评价权矩阵：

$$R^{(1)} = \begin{bmatrix} H_1^{(1)} \\ H_2^{(1)} \\ H_3^{(1)} \\ H_4^{(1)} \\ H_5^{(1)} \\ H_6^{(1)} \end{bmatrix} = \begin{bmatrix} 0.3343 & 0.4391 & 0.2122 & 0 \\ 0.3415 & 0.4669 & 0.1916 & 0 \\ 0.3587 & 0.4022 & 0.2391 & 0 \\ 0.3412 & 0.4371 & 0.2217 & 0 \\ 0.3216 & 0.4188 & 0.2596 & 0 \\ 0.3634 & 0.4500 & 0.1866 & 0 \end{bmatrix}$$

于是，对软件企业 1 的综合评价结果为：

$$H^{(1)} = W \cdot R^{(1)} = (0.3274, 0.4338, 0.2267, 0)$$

软件企业的综合评价值：

$$A^{(1)} = H^{(1)} \cdot C^T = (0.3274, 0.4338, 0.2267, 0) \cdot (7, 5, 3, 1)^T = 5.1409$$

同理，可以计算出软件企业 2 的综合评价值为：$A^{(2)} = 4.3296$，$A^{(3)} = 5.3248$

3. 结论

由评价结果可得：$A^{(3)} > A^{(1)} > A^{(2)}$，因此，我们可以知道软件企业 3 的综合评价值最高，位于良与优之间，经营状况和企业潜力最佳，软件企业 1 次之，软件企业 2 的综合评价值位于良下，与其他两家企业相比，企业的整体综合实力欠佳，有待提高。

8.2.2 区域创新能力综合评价

现实问题：基于某一时段的中国沿海 10 省市的创新能力综合评价。

由于沿海城市的相关数据容易获得，为了能对区域创新能力进行系统、综合的评价，本案例利用 SPSS 统计软件，采取因子分析方法对指标进行降维处理，并通过提取主因子及主因子得分对省、市创新能力状况进行较全面的评估。

1. 区域创新能力指标体系的构建

建立指标体系注重如下原则：

（1）科学性与现实性原则

指标体系的设计必须建立在科学的基础上，客观真实地反映各省市知识和技术的现状存量和运行效率以及未来知识产业的潜在发展能力，反映地区知识经济创新的目标构成、目标和指标之间的真实关系，同时，指标体系的建立也要考虑现实性原则。鉴于我国创新的实际，应立足于国情、省情，从科学的角度出发，尽可能选取能够反映地区创新发展能力的衡量指标，以求对地区的区域创新能力有一个真实、可靠的评价。

（2）系统整体性原则

构造区域创新能力评价指标体系是一项复杂的系统工程，必须真实地反映各省市研究发展、教育培训、社会环境、产业结构、政府政策等各个侧面的基本特征。各指标间既相互独立又相互联系，共同构成一个有机整体。指标体系从宏观到微观层层深入，形成一个完善的评价系统，反映不同地区从综合到分类的创新能力。

（3）可操作性原则

创新能力评估还处在探索阶段，同时，由于各个地区的经济、社会、科技教育等条件与水平的不同，创新所面对的问题也就不同。而要对区域间创新能力进行比较，就要求指标具有统一性。因此，指标的选取要在较准确反映各地区创新能力发展的基础上，尽量选取具有共性的综合性指标，力求数据的可操作性。一方面指标资料要易于获取，另一方面定量指标可直接量化，而定性指标能间接赋值量化。

（4）动态连续性原则

创新能力是一个动态发展、不断提高的过程。因此，指标体系必须能够反映各地区知识部门和产业发展的现状、潜力以及演变趋势，并能揭示其内在发展规律。指标选取时静态与动态指标相结合，利用静态指标反映待测领域区域创新的现状水平，利用动态指标预测区域创新能力的发展前景。

要全面地评价地区创新能力，必须要对地区拥有知识和技术的现状及其使用效率有一个较为全面的把握。目前国际组织对国家创新能力评估已提出了几种方法，主要有：主导因素法、系统分析法和学习过程法。这几种方法分别从影响创新能力因素、知识的流动效率和社会的广泛参与角度对国家的创新能力进行了评估。

指标体系的建立应该是从区域创新系统建设及以上原则出发，以研究开发、教育培训为核心，并综合考虑相应的宏观社会经济环境。据此，本书构建了由4个一级指标、10个二级指标、45个三级指标构成的综合评价指标体系（见表8-4）。

表8-4　区域创新能力综合评价指标体系

一级指标	二级指标	三级指标	
区域研究发展能力 x_1	区域创新基础水平 x_{11}	x_{111}	每万人口中科学家和工程师数（人/万人）
		x_{112}	科研与综合技术服务业新增固定资产占全社会新增固定资产比重（%）
		x_{113}	每百万人口专利申请量（件/百万人）

一级指标	二级指标	三级指标	
	区域创新投入能力 x_{12}	x_{121}	科技活动人员中科学家和工程师比重（%）
		x_{122}	R&D 经费与 GDP 比例（%）
		x_{123}	地方财政科技三项费用支出比例（%）
		x_{124}	从事科技活动人员数占从业人员比重（人/万人）
		x_{125}	企业技术开发经费占产品销售收入比重（%）
	区域产学研合作水平 x_{13}	x_{131}	校办产业利润总额（百万元）
		x_{132}	国家指导性计划项目当年落实资金数（千元）
		x_{133}	技术转让额（万元）
		x_{134}	高校和研发机构来源于企业的科研经费比例（%）
	区域创新产出能力 x_{14}	x_{141}	每万名科技人员科技论文数（篇/万人）
		x_{142}	获国家级科技成果奖励数（项）
		x_{143}	国内专利申请受理数量（件）
		x_{144}	高技术产业增加值占全国比重（%）
		x_{145}	高新技术产品出口额（百万美元）
		x_{146}	新产品销售收入占全部产品销售收入比重（%）
区域教育培训能力 x_2	区域教育投入能力 x_{21}	x_{211}	万人拥有教师数（人/万人）
		x_{212}	教育科技经费占 GDP 比重（%）
	区域教育产出能力 x_{22}	x_{221}	文盲率（%）
		x_{222}	平均受教育程度（%）
		x_{223}	大专学历以上人口比例（%）
		x_{224}	普通高等学校在校学生数（人）
区域创新服务支撑能力 x_3		x_{31}	县以上政府部门属科技信息和文献机构数（个）
		x_{32}	上市公司数（个）
		x_{33}	股票市场成交额（百万元）
		x_{34}	证券机构数（个）
		x_{35}	技术合同成交额（万元）
		x_{36}	职业介绍机构数（个）
区域宏观创新环境指数 x_4	宏观经济环境指数 x_{41}	x_{411}	人均 GDP（元/人）
		x_{412}	区位优势度
		x_{413}	城市化率
		x_{414}	人均利用外资额（美元/人）
		x_{415}	社会福利状况（%）
	创新基础设施指数 x_{42}	x_{421}	期刊、图书、报纸总印数（亿册）
		x_{422}	每百万人拥有公共图书馆、文化馆和博物馆数（个/百万人）
		x_{423}	人均邮电业务量（元/人）

一级指标	二级指标	三级指标
		x_{424} 每百户拥有移动电话数（台）
		x_{425} 每百户拥有电脑数（台）
		x_{426} 每万人口中使用因特网人数（人/万人）
	自然和人文环境指数 x_{43}	x_{431} 自然条件状况指数
		x_{432} 环境污染治理指数（%）
		x_{433} 人均公共绿地面积（平方米）
		x_{434} 城镇社区服务设施数（个）

区域创新能力评价指标体系有关指标解释：

（1）科学家和工程师数：指具有大学本科及以上学历和虽不具备上述学历但有高、中级职称的人员。

（2）科技活动人员：包括直接从事研究与实验发展课题活动的人员，以及为研究与实验发展活动提供直接服务的人员。

（3）国家指导性计划项目当年落实资金数（x_{132}）：指火炬计划和科技成果重点推广计划当年落实资金数之和。

（火炬计划：以贷款和自筹为主、国家拨款为辅，资助科研院所、高校和企业科研成果产业化。科技成果重点推广计划：以国家贷款和自筹为主、国家地方拨款为辅资助企业科研成果的市场导入）。

（4）万人拥有教师数（x_{211}）仅包括普通高等学校、普通中等学校和小学教师数。

（5）文盲率（x_{221}）由文盲、半文盲人口数/15 岁以上人口数 计算得到。

（6）平均受教育程度（x_{222}）由（1*大专以上人口数+0.6*高中学历人口数+ 0.4*初中学历人口数+0.2*小学毕业人口数）/6 岁及 6 岁以上人口数 计算得到。

（7）证券机构数（x_{34}）：指各地区证券公司、兼营证券业务的信托投资公司、证券营业部、证券投资机构数量和。

（8）区位优势度（x_{412}）：该指标从吸引率（外资）、通达率（交通）、潜势率（交通通讯投资）三方面综合考虑。

（9）社会福利状况（x_{415}）：指抚恤、社会福利救济费和社会保障补助支出之和占财政支出比例。

（10）自然条件状况指数（x_{431}）：从土地资源、水资源、气候资源、生物资源四方面综合考虑。

2. 数据收集

相关指标数据见表 8-5 所示。

表 8-5 1999年沿海十省市区域创新能力分指标原始数据

	全国	北京	天津	河北	辽宁	上海	江苏	浙江	福建	山东	广东
x_{111}	269	1742	718	252	517	1020	361	222	200	150	315
x_{112}	0.78	5.93	0.62	0.43	0.85	0.51	0.65	0.17	0.45	0.55	0.34
x_{113}	87	614	210	50	145	312	98	183	102	97	231
x_{121}	54.9	72.46	62.55	61.27	62.48	64.28	51.17	63.27	59.60	52.75	57.76
x_{122}	0.83	5.59	0.90	0.32	0.72	1.27	0.60	0.23	0.28	0.42	0.78
x_{123}	1.04	1.10	1.47	1.24	1.66	1.89	1.18	1.62	1.55	1.45	1.36
x_{124}	33	278	139	21	68	194	57	21	21	40	31
x_{125}	1.35	2.08	0.72	0.93	1.03	1.93	1.61	0.73	1.81	1.45	1.46
x_{131}	147.23	1665.46	347.32	52.96	331.71	595.80	208.34	128.50	29.86	63.68	23.89
x_{132}	1064670	687992	375720	668153	1940435	940283	3430767	2121856	1133869	1344579	8734306
x_{133}	29415	72287	13774	34026	29877	37687	79640	28647	12664	106566	105316
x_{134}	13.68	8.62	24.07	9.31	24.69	23.05	20.15	31.30	24.45	14.49	11.21
x_{141}	697	1488	781	563	594	995	629	1148	937	447	918
x_{142}	17.58	214.53	36.75	25.47	40.53	52.15	59.47	12.09	5.62	44.08	24.00
x_{143}	3547	7723	2016	3330	6065	4605	7091	8177	3381	8589	16802
x_{144}	3.23	7.36	2.53	2.25	3.46	9.71	11.47	4.16	5.81	3.37	28.42
x_{145}	797	1103	1632	43	902	3304	3253	351	1062	450	12030
x_{146}	13.24	21.50	10.48	7.29	7.68	27.81	18.43	15.16	22.18	12.67	15.67
x_{211}	85	126	111	93	91	87	77	73	99	93	86
x_{212}	3.6	6.93	3.52	2.75	2.71	3.73	2.98	2.85	2.55	2.39	3.49
x_{221}	15.14	6.45	8.03	11.42	7.18	8.68	16.79	15.70	18.46	20.15	9.23
x_{222}	30.95	50.26	40.61	32.15	36.69	44.83	32.14	30.77	28.62	29.20	33.02
x_{223}	3.09	19.13	7.90	2.82	5.74	11.06	4.02	2.48	2.26	1.67	3.68
x_{224}	133360	236252	91900	180748	239722	188098	333193	141450	103638	225809	229583
x_{31}	13	41	11	11	16	12	16	13	14	22	15
x_{32}	31	44	14	25	27	124	41	42	37	29	58
x_{33}	01001.25	31920.79	5858.88	8708.22	35115.05	26710.54	49187.75	70131.96	02535.94	18153.26	00117.95
x_{34}	90	126	100	48	150	471	153	138	76	103	387
x_{35}	168856	921889	220296	153795	301546	366324	416683	188496	80868	275121	344528
x_{36}	975	359	203	1784	1396	458	2106	1754	1068	1430	1368
x_{411}	6505	19846	15976	6932	10086	30805	10665	12037	10797	8673	11728
x_{412}		41.65	39.91	22.28	25.52	68.12	33.41	29.66	51.61	22.78	75.63
x_{413}		88.86	80.64	14.25	62.92	99.99	26.61	17.66	16.50	25.25	38.62
x_{414}	33.71	157.14	183.94	15.75	25.46	192.45	84.26	27.54	121.35	27.75	177.34

续表

	全国	北京	天津	河北	辽宁	上海	江苏	浙江	福建	山东	广东
x_{415}	5.59	3.15	7.62	5.73	12.37	1.92	3.64	3.01	3.24	4.38	2.92
x_{421}	13.55	9.50	7.20	14.3	14.6	22.9	28.2	20.5	9.0	22.9	37.4
x_{422}	5.6	5.6	6.7	5.4	6.3	5.8	4.0	5.3	7.2	3.7	5.0
x_{423}	253	1260	625	181	382	1108	292	483	523	198	722
x_{424}	7.14	12.90	3.60	2.80	6.67	16.40	5.54	10.75	17.08	6.82	30.88
x_{425}	5.91	23.50	11.20	3.20	3.91	19.60	5.26	7.77	4.17	4.88	17.20
x_{426}	71	1504	249	35	91	677	73	90	72	52	158
x_{431}		31.74	24.55	22.90	29.33	35.82	29.43	42.40	44.91	26.46	44.02
x_{432}		21.25	22.57	19.35	18.18	23.40	21.44	21.68	20.42	23.89	20.34
x_{433}	6.54	7.96	4.87	6.16	6.09	3.44	7.99	6.96	7.02	7.30	10.11
x_{434}	5075	573	2266	10434	5056	10006	13572	13094	3265	10618	5542

数据来源：结合 2000 年全国科技进步统计监测及综合评价与 2000 年《中国科技统计年鉴》等资料整理。

3. 综合评价过程

本案例以区域教育培训能力的评价过程为例说明用因子分析法进行综合评价的步骤，即对 x_{211}、x_{212}、x_{221}、x_{222}、x_{223} 和 x_{224} 六个指标进行评价（区域创新能力、研究发展能力、创新服务支撑能力和宏观创新环境指数的评价步骤类似，过程略）。

（1）建立指标数据库，指标原始数据见表 8-5 所示。

（2）数据标准化。

由于各个指标间数量差异较大，使得不同指标很难在量上直接进行比较。因此，需要对各个指标值进行数据标准化处理。

常用的数据标准化的方法有以下几种：

①以距离的比例来标准化。计算公式为：

$$x'_{ij} = \frac{x_{ij} - \min x_{ij}}{\max x_{ij} - \min x_{ij}}, \quad j \in I_1 \tag{8.21}$$

$$x'_{ij} = \frac{|x_{ij} - \beta_j|}{\max |x_{ij} - \beta_j|}, \quad j \in I_2 \tag{8.22}$$

式中，I_1 为指标值越大越好的指标集合，I_2 为越接近某一固定值越好的指标集合。

②通过减去平均值再除以标准方差来标准化。其公式为：

$$x'_{ij} = \frac{x_{ij} - \overline{x}_j}{\sqrt{\frac{1}{n}\sum_{i=1}^{n}(x_{ij} - \overline{x}_j)^2}}, \quad i=1,2,\cdots,n; j=1,2,\cdots,m \quad (8.23)$$

③以其在总量中的比例来标准化。公式为：

$$x'_{ij} = \frac{x_{ij}}{\sum_{i=1}^{n} x_{ij}}, \quad i=1,2,\cdots,n; j=1,2,\cdots,m \quad (8.24)$$

在实际处理数据时，本文采用第二种方法进行数据标准化。对"成本型"的指标，即"越小越好"指标（如"文盲率"），先对原始数据取倒数，再标准化。对"效益型"指标，即"越大越好"指标，则直接用式（8.23）进行标准化。标准化处理后的数据见表 8-6 所示。

表 8-6　1999 年沿海省市区域创新能力指标原始数据标准化值

	北京	天津	河北	辽宁	上海	江苏	浙江	福建	山东	广东
x'_{111}	2.389431	0.337282	-0.59661	-0.06553	0.942506	-0.37816	-0.65673	-0.70082	-0.80102	-0.47035
x'_{112}	2.829875	-0.24935	-0.35953	-0.11598	-0.31314	-0.23196	-0.51031	-0.34794	-0.28995	-0.41172
x'_{113}	2.502963	0.035425	-0.94182	-0.36158	0.658417	-0.64864	-0.12948	-0.62421	-0.65475	0.163688
x'_{121}	1.936831	0.296459	0.084584	0.284872	0.582821	-1.58724	0.415638	-0.19185	-1.32571	-0.49642
x'_{122}	2.788222	-0.13135	-0.49241	-0.2434	0.098979	-0.3181	-0.54843	-0.51731	-0.43015	-0.20605
x'_{123}	-1.45803	0.074558	-0.87813	0.861563	1.814253	-1.12666	0.695878	0.405929	-0.00828	-0.38108
x'_{124}	2.160987	0.588332	-0.74673	-0.21497	1.210606	-0.33942	-0.74673	-0.74673	-0.53176	-0.63359
x'_{125}	1.418074	-1.3175	-0.8951	-0.69395	1.116357	0.472691	-1.29739	0.874982	0.150859	0.170974
x'_{131}	2.647839	0.005148	-0.585	-0.02615	0.503317	-0.27349	-0.43356	-0.63132	-0.56351	-0.64328
x'_{132}	-0.58297	-0.70854	-0.59095	-0.07936	-0.48153	0.51991	-0.00641	-0.40368	-0.31896	2.652487
x'_{133}	0.56454	-1.06763	-0.50272	-0.61845	-0.4006	0.769646	-0.65276	-1.0986	1.520726	1.485858
x'_{134}	-1.35825	0.637658	-1.26912	0.717753	0.505889	0.131252	1.571667	0.686748	-0.59994	-1.02366
x'_{141}	2.025446	-0.21905	-0.91113	-0.81272	0.460329	-0.7016	0.946055	0.276197	-1.2794	0.215878
x'_{142}	2.72918	-0.24635	-0.43515	-0.18309	0.011398	0.133914	-0.65909	-0.76738	-0.12367	-0.45975
x'_{143}	0.225533	-1.13635	-0.82279	-0.17012	-0.51853	0.074716	0.333873	-0.81062	0.43219	2.392093
x'_{144}	-0.06281	-0.67693	-0.71253	-0.55868	0.235985	0.459764	-0.46968	-0.25989	-0.57013	2.614906
x'_{145}	-0.36785	-0.2193	-0.6655	-0.42429	0.250193	0.235872	-0.57901	-0.37936	-0.55121	2.700455
x'_{146}	0.840736	-0.80988	-1.28769	-1.22927	1.785871	0.3809	-0.10889	0.942589	-0.48185	-0.0325
x'_{211}	2.076847	1.115344	-0.03846	-0.16666	-0.42306	-1.06406	-1.32046	0.346141	-0.03846	-0.48716
x'_{212}	2.679274	0.098391	-0.48439	-0.51466	0.257331	-0.31031	-0.4087	-0.63576	-0.75686	0.075686
x'_{221}	1.561286	0.770094	-0.20571	1.139317	0.506363	-0.94416	-0.83866	-1.10239	-1.20789	0.321752

续表

	北京	天津	河北	辽宁	上海	江苏	浙江	福建	山东	广东
x'_{222}	1.998207	0.662007	-0.50942	0.119219	1.246335	-0.5108	-0.7005	-0.9982	-0.91789	-0.38895
x'_{223}	2.386798	0.351544	-0.57357	-0.0185	0.906613	-0.38855	-0.75859	-0.75859	-0.75859	-0.38855
x'_{224}	0.542638	-1.45495	-0.22544	0.590657	-0.12373	1.884137	-0.76926	-1.29252	0.398124	0.45035
x'_{31}	2.655738	-0.67782	-0.67782	-0.12223	-0.56671	-0.12223	-0.45559	-0.34447	0.544482	-0.23335
x'_{32}	-0.00327	-0.98333	-0.62397	-0.55864	2.610235	-0.10127	-0.0686	-0.23195	-0.4933	0.454096
x'_{33}	0.083635	-0.83228	-0.76543	-0.41997	2.137413	-0.34676	-0.2378	-0.58945	-0.50821	1.478852
x'_{34}	-0.35366	-0.54056	-0.91435	-0.18114	2.126294	-0.15958	-0.2674	-0.71308	-0.51899	1.522478
x'_{35}	2.554209	-0.45791	-0.74342	-0.10909	0.169023	0.385227	-0.59444	-1.05651	-0.22254	0.075447
x'_{36}	-1.27336	-1.51165	0.903386	0.310701	-1.12213	1.395253	0.85756	-0.19033	0.362638	0.26793
x'_{411}	0.867333	0.316306	-0.97142	-0.52234	2.42772	-0.4399	-0.24454	-0.4211	-0.72352	-0.28854
x'_{412}	0.031661	-0.06124	-1.00254	-0.82955	1.444946	-0.40829	-0.60851	0.563445	-0.97584	1.845919
x'_{413}	1.266692	1.017178	-0.99805	0.479297	1.604537	-0.62287	-0.89455	-0.92976	-0.66416	-0.25832
x'_{414}	0.759516	1.124027	-1.16355	-1.03148	1.239773	-0.23174	-1.00319	0.27273	-1.00034	1.034259
x'_{415}	-0.52753	0.903335	0.298338	2.423833	-0.92126	-0.37068	-0.57235	-0.49872	-0.1338	-0.60116
x'_{421}	-0.95535	-1.19549	-0.45418	-0.42286	0.443741	0.997112	0.193158	-1.00755	0.443741	1.95768
x'_{422}	0.091035	1.092415	-0.09103	0.728277	0.273104	-1.36552	-0.18207	1.547588	-1.63862	-0.45517
x'_{423}	1.866861	0.130183	-1.08413	-0.5344	1.451152	-0.78055	-0.25818	-0.14878	-1.03763	0.39547
x'_{424}	0.182832	-0.90993	-1.00393	-0.5492	0.594087	-0.68198	-0.0698	0.673988	-0.53158	2.295508
x'_{425}	1.80446	0.15195	-0.92285	-0.82746	1.280493	-0.64609	-0.30887	-0.79253	-0.69714	0.958053
x'_{426}	2.5947	-0.11013	-0.57136	-0.45066	0.812312	-0.48946	-0.45282	-0.49161	-0.53472	-0.30626
x'_{431}	-0.17294	-1.05109	-1.25261	-0.46729	0.325367	-0.45507	1.129013	1.435571	-0.81781	1.326871
x'_{432}	-0.00113	0.745807	-1.07627	-1.73833	1.215474	0.106382	0.242189	-0.4708	1.492746	-0.51607
x'_{433}	0.641167	-1.05217	-0.34524	-0.3836	-1.83582	0.657607	0.093161	0.126041	0.279483	1.819379
x'_{434}	-1.47258	-1.10967	0.641244	-0.5116	0.549497	1.313914	1.211448	-0.89552	0.680687	-0.40742

（3）计算各观察变量之间的相关系数。

各观察变量之间的相关系数矩阵 R 为：

$$R=[r_{jk}]_{m \times m}$$

$$r_{jk} = \frac{1}{n-1} \sum_{i=1}^{n} \frac{(y_{ij} - \overline{y}_j)(y_{ik} - \overline{y}_k)}{s_j s_k} \tag{8.25}$$

式中，j、k 为变量 j 和变量 k；

y_{ij}、y_{ik} 为第 i 个地区对应变量 j 和 k 的标准值。

由上面的计算得到标准化变量的相关系数矩阵 R，如表 8-7 所示。

表 8-7　相关系数矩阵 R

	x_{211}	x_{212}	x_{221}	x_{222}	x_{223}	x_{224}
x_{211}	1.000	.701	.592	.634	.707	-.245
x_{212}	.701	1.000	.686	.852	.934	.152
x_{221}	.592	.686	1.000	.851	.798	.038
x_{222}	.634	.852	.851	1.000	.973	.053
x_{223}	.707	.934	.798	.973	1.000	.127
x_{224}	-.245	.152	.038	.053	.127	1.000

（4）求 R 的特征方程 $|R-\lambda E|$ 的特征向量、特征值及贡献率。

求解相关系数矩阵的特征方程，得到特征向量矩阵 μ_{ij}（略）和特征值 λ_i。贡献率 d_i 由公式（8.25）计算得出。特征值 λ_i、贡献率 d_i 和累计贡献率，如表 8-8 所示。

$$d_i = \lambda_i \Big/ \sum \lambda_i \tag{8.26}$$

表 8-8　特征值及贡献率

主成分 Component	特征值 Total	贡献率 % of Variance	累计贡献率 Cumulative %
1	4.114	68.574	68.574
2	1.132	18.863	87.438
3	.410	6.836	94.274
4	.253	4.211	98.485
5	8.760E-02	1.460	99.945
6	3.286E-03	5.477E-02	100.000

（5）因子载荷阵 A 的计算。

因子载荷阵 a_{ij} 由特征向量 μ_{ij} 和特征值 λ_i 计算，即：

$$a_{ij} = \sqrt{\lambda_i} \mu_i \tag{8.27}$$

由表 8-8 可见，前两个主成分的累计贡献率已达到 87.438%，说明前两个主成分基本包含了 6 项指标所包含的信息。因此，取前两个特征值及相应的特征向量，用式（8.27）计算，建立因子载荷阵 A，见表 8-9 所示。

表 8-9 因子载荷阵 A

指标	1	2
x_{211}	.787	-.392
x_{212}	.927	.114
x_{221}	.868	1.400E-02
x_{222}	.958	4.887E-02
x_{223}	.981	9.642E-02
x_{224}	5.022E-02	.976

（6）因子载荷矩阵的旋转。

为了便于对主因子做出正确、合理的解释，使其结构简化，也就是使每个因子载荷的平方按列向 0 或 1 两极分化，就要对因子载荷阵实行方差最大旋转。

先考虑两个因子的平面正交旋转，设旋转后的矩阵为 V，旋转的角度为 φ，因子载荷阵为：

$$A = \begin{pmatrix} a_{11} & a_{12} \\ a_{21} & a_{22} \\ \vdots & \vdots \\ a_{p1} & a_{p2} \end{pmatrix} \qquad \Gamma = \begin{pmatrix} \cos\varphi & -\sin\varphi \\ \sin\varphi & \cos\varphi \end{pmatrix}$$

记 $V = A\Gamma$

$$= \begin{pmatrix} a_{11}\cos\varphi + a_{12}\sin\varphi & -a_{11}\sin\varphi + a_{12}\cos\varphi \\ \vdots & \vdots \\ a_{p1}\cos\varphi + a_{p2}\sin\varphi & -a_{p1}\sin\varphi + a_{p2}\cos\varphi \end{pmatrix} = \begin{pmatrix} v_{11} & v_{12} \\ \vdots & \vdots \\ v_{p1} & v_{p2} \end{pmatrix}$$

旋转的角度 φ 需要满足：

$$\begin{cases} \tan 4\varphi = \dfrac{D - 2AB/p}{C - (A^2 - B^2)/p} \\ \text{记 } h_i^2 = \sum a_{ij}^2, \ \mu_i = (\dfrac{a_{i1}}{h_i})^2 - (\dfrac{a_{i2}}{h_i})^2, \ \eta_i = \dfrac{2a_{i1}a_{i2}}{h_i^2} \\ \text{则} A = \sum_{i=1}^{p} \mu_i, \ B = \sum_{i=1}^{p} \eta_i \\ C = \sum_{i=1}^{p}(\mu_i^2 - \eta_i^2), D = 2\sum_{i=1}^{p}\mu_i\eta_i \end{cases} \qquad (8.28)$$

经旋转后的正交因子表如表 8-10 所示。于是，可以得到 F_1、F_2 两个主因子。

表 8-10 正交因子表

	F_1	F_2
x_{211}	.783	-.400
x_{212}	.928	.104
x_{221}	.868	4.922E-03
x_{222}	.959	3.885E-02
x_{223}	.982	8.616E-02
x_{224}	6.043E-02	.976

（7）F_1、F_2 两个因子能反映 6 项指标信息总量的 87.438%，亦即用 F_1、F_2 两个主因子代表原来的 6 项指标评价区域教育培训能力已有 87.438% 的把握。两个主因子的线性组合如下：

$F_1=0.783x_{211}+0.928x_{212}+0.868x_{221}+0.959x_{222}+0.982x_{223}+0.060x_{224}$

$F_2=-0.400x_{211}+0.104x_{212}+0.0049x_{221}+0.0389x_{222}+0.0862x_{223}+0.976x_{224}$

设综合评价函数为 F，利用主因子对总信息量的贡献率（b_i）进行加权，可得

$F=\sum b_i F_i$

$=(0.68569/0.87438)F_1+(0.18869/0.87438)F_2$

（8）计算因子得分，并对沿海十省市区域教育培训能力进行评价和排序（见表 8-12）。

（9）根据因子得分，利用 SPSS 软件进行层次聚类分析（Hierarchical Cluster），结果见表 8-12。

4. 评价结果

本案例以省、市为基本评价单元，采用因子分析法对沿海十省市的区域创新能力以及其 4 个组成部分：研究发展能力、教育培训能力、创新服务支撑能力和宏观创新环境指数分别进行了评价。对其下属的二级指标，本文用线性加权的方法进行了评价（过程略），评价结果见表 8-11 至表 8-15。

表 8-11 沿海十省市区域创新能力综合评价排序表

地区	因子得分	排序	聚类
北京	1.038939	1	I
天津	-0.01847	4	III
河北	-0.60482	10	IV
辽宁	-0.23792	6	III
上海	0.473284	2	II
江苏	-0.25985	8	III
浙江	-0.17103	5	III
福建	-0.25887	7	III
山东	-0.4315	9	IV
广东	0.470234	3	II

表 8-12　沿海十省市区域创新能力分指标综合评价排序表

地区	区域研究发展能力 因子得分	排序	聚类	区域教育培训能力 因子得分	排序	聚类	区域创新服务支撑能力 因子得分	排序	聚类	区域宏观创新环境指数 因子得分	排序	聚类
北京	1.108979	1	I	1.633563	1	I	0.633968	3	II	0.591141	2	II
天津	-0.13394	5	III	0.072764	3	II	-1.01787	10	IV	-0.32473	7	III
河北	-0.76511	10	IV	-0.47626	8	III	-0.48126	8	III	-0.63032	10	IV
辽宁	-0.01316	4	III	-0.33509	7	III	-0.1797	7	III	-0.21674	6	III
上海	0.479141	3	II	0.824741	2	II	0.917347	1	I	0.973945	1	I
江苏	-0.18748	7	III	-0.15526	5	III	0.276774	4	II	-0.18253	5	III
浙江	-0.17992	6	III	-0.08733	4	III	-0.0996	5	III	0.072371	4	II
福建	-0.4152	8	IV	-0.62636	9	IV	-0.59973	9	III	-0.38349	9	III
山东	-0.43069	9	IV	-0.6835	10	IV	-0.1289	6	III	-0.35387	8	III
广东	0.537375	2	II	-0.16727	6	III	0.678972	2	II	0.454236	3	II

表 8-13　沿海十省市区域研究发展能力分指标综合排序

地区	区域创新基础水平 得分	排序	区域创新投入能力 得分	排序	区域产学研合作水平 得分	排序	区域创新产出能力 得分	排序
北京	2.57409	1	1.369216	1	0.31779	2	0.898373	2
天津	0.04112	3	-0.0979	5	-0.28334	8	-0.55131	8
河北	-0.63265	10	-0.58556	10	-0.73695	10	-0.8058	10
辽宁	-0.18103	4	-0.00118	3	-0.00155	7	-0.56303	9
上海	0.429263	2	0.964604	2	0.03177	5	0.370875	3
江苏	-0.41959	6	-0.57975	9	0.28683	3	0.09726	4
浙江	-0.43217	7	-0.29621	6	0.119735	4	-0.08946	5
福建	-0.55766	8	-0.035	4	-0.36171	9	-0.16641	6
山东	-0.58191	9	-0.42901	8	0.00958	6	-0.42901	7
广东	-0.23946	5	-0.30923	7	0.617853	1	1.238515	1

表 8-14 沿海十省市区域教育培训能力分指标综合评价排序

地区	区域教育投入能力 得分	排序	区域教育产出能力 得分	排序
北京	2.3780605	1	1.622232	1
天津	0.6068675	2	0.082174	4
河北	-0.261425	6	-0.378535	7
辽宁	-0.34066	7	-0.76675	9
上海	-0.0828645	3	0.63389525	2
江苏	-0.687185	9	0.010157	5
浙江	-0.14481	4	0.457673	3
福建	-0.86458	10	-1.03793	10
山东	-0.39766	8	-0.62156	8
广东	-0.205737	5	-0.00135	6

表 8-15 沿海十省市区域宏观环境指数综合评价排序

地区	区域宏观经济指数 得分	排序	区域创新基础设施指数 得分	排序	区域自然人文环境指数 得分	排序
北京	0.479534	3	0.930757	1	-0.25137	7
天津	0.346432	4	-0.14017	5	-0.61678	9
河北	-0.76744	10	-0.68791	10	-0.50822	8
辽宁	-0.66463	8	-0.34272	7	-0.77521	10
上海	1.159144	1	0.809147	2	0.06363	5
江苏	-0.20268	6	-0.49442	8	0.405708	4
浙江	0.103952	5	-0.17976	6	0.668953	1
福建	-0.69953	9	-0.03648	4	0.048823	6
山东	-0.4147	7	-0.66599	9	0.408778	3
广东	0.659924	2	0.807547	3	0.55569	2

8.2.3 基于灰色系统理论的物流企业绩效评价

随着物流业的蓬勃发展，物流企业的绩效评价也越加深入。物流企业绩效评价研究大多集中在指标的选取、权重的确定和评价方法的选择上，对客观真实地反映物流企业的绩效水平有很重要的作用。但是对于一个物流企业来说，了解自己和其他物流企业的差距及企业自身在每一阶段各方面的发展状况也是非常必要的,这决定了企业在未来一段时间的战略决策及对发展失衡的某一方面进行及时的分析调整,以保证物流企业在各方面稳定平衡的发展及在整个物流行业中的领先优势。传统的物流企业绩效评价一般研究的只是物流企业自身在某一阶段的绩效水平,对其在整个物流行业中的位置及各阶段的发展情况并不是很了解,为解决这一问题,作者结合平衡计分卡和灰色系统理论,对物流企业在不同时期各方面的发展情况及和其他物流企业在同一时期的比较进行研究,使物流企业管理者能全面地掌握企业各方面的发展信息,准确地对企业进行市场定位。灰色系统理论是结合数学方法发展出的一套解决信息不完全系统(灰色系统)的理论和方法。用灰色系统理论研究社会经济系统的意义在于把问题具体化、量化,从变化规律不明显的情况中找出规律,然后去分析事物的变化和发展。[①]

1. 基于平衡计分卡的物流企业指标体系的构建

平衡计分卡(Balanced Scorecard)是由哈佛商学院的罗伯特·卡普兰(Robert Kaplan)教授和诺兰诺顿的执行总裁戴维·诺顿(David Norton)两个人共同开发的。1992年,发表了第一篇论文《平衡计分卡:驱动业绩的评价指标》,标志着平衡计分卡的诞生;1996年,罗伯特·卡普兰关于平衡计分卡的第一本专著《平衡计分卡:化战略为行动》出版,意味着这一理论的成熟。平衡计分卡的核心思想就是通过财务、客户、内部业务流程、学习和成长四个层面指标之间互相驱动的因果关系,展现企业的战略轨迹,实现战略修正的目标。平衡计分卡方法是一种全方位的策略性评价指标体系,它把企业的使命和战略转变为具体的目标和评测指标,以实现战略和绩效的有机结合。平衡计分卡的优势和取得的成功,在我国经济不断与国际接轨的过程中,很多国内企业在绩效评价方面都运用了平衡计分卡。鉴于物流企业和一般企业相比有其自身的特殊性:物流活动是商业活动和其他活动的派生物,它的活动从上游的供应商到下游的客户都有所涉及,因此,除了客户、股东,还需要考虑供应商、环境保护群体、社区及政府等其他外部利益相关者。另外,随着计算机和网络的普及,及时获得有价值的信息对物流企业具有至关重要的作用,这里将平衡计分卡的四个层面拓展成更能全面地反映整个物流企业绩效情况的具有信息化层面和外部层面的六个层面,见表8-16所示。

---

① 邓聚龙.灰色系统理论教程[M].武汉:华中理工大学出版社,1990.第8页

表 8-16　基于平衡计分卡的物流企业绩效评价指标体系

层面	指标	计算公式
财务层面	净资产收益率	净利润 / 平均净资产×100%
	资产周转率	营业收入净额 / 平均资产总额×100%
	物流成本率	评价期支付的物流成本 / 评价期产品服务总量×100%
	资产负债率	负债总额 / 资产总额×100%
	流动比率	物流企业报告期内流动资产总额 / 流动负债总额×100%
	利润增长率	本期利润 / 上期利润×100%－1
客户层面	客户满意度	(物流企业总服务次数－客户抱怨数) / 物流企业总服务次数×100%
	客户保持率	(企业当期客户或业务量－企业当期新增客户或业务量) / 企业上期客户或业务量×100%
	客户获得率	当期新增客户或业务量 / 上期客户或业务量×100%
	准时交货率	准时交货次数 / 总交货次数×100%
	市场占有率	本期物流企业的营业额 / 本期物流市场的总营业额×100%
	客户利润率	该客户利润额 / 企业总利润额×100%
内部业务流程层面	产品破损率	物流过程货损货差数 / 产品总量×100%
	库存准确率	评价期内盘点账实相符数量 / 评价期内盘点总数量×100%
	车(船)满载率	车(船)实际装载能力 / 车(船)装载能力×100%
	系统纠错处理时间	
	增值业务比率	增值业务额 / 全部业务额×100%
	研究开发投入率	企业研究与开发的经费 / 销售收入×100%
学习和成长层面	员工满意度	
	员工保持率	1-员工离岗人数 / 员工总人数×100%
	薪资报酬率	员工产出 / 员工薪资×100%
	员工持续学习能力	
信息化层面	信息技术投入比重	信息技术投入费用 / 当期固定资产投资总额×100%
	网络规模、性能	
	企业数据库建设水平	
	企业重大决策取得信息支持程度	
外部层面	总资产税费率	上缴的税费额 / 企业平均资产总额×100%
	社会贡献率	对社区活动及社会公共事业的捐献额 / 企业销售收入×100%
	直接或间接解决就业的水平	企业解决就业人数 / 当地就业人数×100%
	环境治理率	用于环境治理的费用 / 企业销售收入×100%

2. 灰色关联评价模型的建立步骤

灰色关联评价模型可分为静态评价模型和动态评价模型。前者适用于同一期间的若干个物流企业之间某一层面绩效状况的比较，这是一种横向比较评价模型；后者适用于同一物流企业在不同期间某一层面绩效状况的比较，这是一种纵向比较评价模型。

（1）建立目标特征值矩阵

设有 m 个物流企业（静态评价模型）或同一物流企业在 m 个期间（动态评价模型）的某一层面有 n 项评价指标或因素，建立 m*n 阶目标特征值矩阵：

$$X = \begin{Bmatrix} X_1(1) & X_1(2) & \ldots & X_1(n) \\ X_2(1) & X_2(2) & \ldots & X_2(n) \\ & & \ldots\ldots & \\ X_m(1) & X_m(2) & \ldots & X_m(n) \end{Bmatrix} \quad (8\text{-}29)$$

在静态评价模型中，矩阵中的 $X_i(k)$ 表示第 i 个物流企业某一层面的第 k 项指标值；在动态评价模型中，矩阵中的 $X_i(k)$ 表示物流企业第 i 个时期的第 k 项指标值。

（2）规范化处理

指标一般包括三种类型：效益型指标（值越大效用越好）、成本型指标（值越小效用越好）、适中型指标（值越接近于某一固定值效用越好）。为了方便不同类型指标之间的比较，必须对这些指标进行规范化处理，即无量纲化。

通常无量纲化的计算公式有以下三种：

$$X_i(k) = [X_i(k) - \min X_i(k)] / [\max X_i(k) - \min X_i(k)] \quad (8\text{-}30)$$

$$X_i(k) = [\max X_i(k) - X_i(k)] / [\max X_i(k) - \min X_i(k)] \quad (8\text{-}31)$$

$$X_i(k) = 1 - |X_i(k) - U_i| / \max |X_i(k) - U_i| \quad (8\text{-}32)$$

其中，式（8-30）适用于效益型指标，式（8-31）适用于成本型指标，式（8-32）适用于适中型指标。U_i 为最接近指标最优值的实际值。

（3）确定各指标权重

权重也称权数或加权系数，它是指某一指标在整体评价中的相对重要程度。权重的确定方法主要是由专家根据经验主观判断而得到，常用的主观赋权法有：德尔菲法、层次分析法等。

（4）计算分析灰色关联度

首先，求出各比较系列 $X_i(k)$ 与参考系列 $X_0(k)$ 的绝对差 $\triangle X_i(k) = |X_0(k) - X_i(k)|$，并找出其最大值 $\triangle \max$ 和最小值 $\triangle \min$。

其次，选取灰色关联分辨系数 P 的值。P 为常数，其作用在于调整比较环境的大小，其取值范围在 0 至 1 之间。在实际应用中，通常取 $P=0.5$。

再次，计算各样本的关联系数和关联度。分别按下列各式计算而得：

$$\xi_i(k)=(\Delta min+P\Delta max)/(\Delta X_i(k)+P\Delta max) \tag{8-33}$$

$$r_i=\Sigma[w(k)*\xi_i(k)] \tag{8-34}$$

最后，进行灰色关联度分析。将求得的关联度按大小顺序进行排列，关联度越大则表明参考序列与比较序列之间关系越密切，这一层面的绩效状况越好。

3. 案例应用

现实需要对某市六家物流企业进行绩效方面的评估，首先按表 8-16 基于平衡计分卡的物流企业绩效评价指标体系的要求，进行数据的收集。其中所选取的财务层面指标分为六项，即：利润增长率、资产周转率、净资产收益率、资产负债率、流动比率、物流成本率，以下各表中分别用 S_1、S_2、S_3、S_4、S_5、S_6 表示。

（1）原始数据资料

原始数据资料见表 8-17 所示。

表 8-17　2007 年末六家物流企业财务层面指标原始数据

名称	X_1	X_2	X_3	X_4	X_5	X_6
利润增长率%（S_1）	83.88	11.92	56.51	16.70	-2.64	0.73
资产周转率%（S_2）	7.87	8.41	62.81	5.64	2.14	6.49
净资产收益率%（S_3）	17.07	10.09	19.87	11.66	5.25	1.47
资产负债率%（S_4）	69.13	40.07	37.88	26.56	34.40	5.50
流动比率%（S_5）	1.07	1.28	1.52	2.40	1.33	7.16
物流成本率%（S_6）	30.63	43.32	35.38	42.08	37.21	36.56

（2）建立目标特征值矩阵

对这六家物流企业的财务层面评价指标建立 6*6 阶目标特征值矩阵：

$$X=\begin{Bmatrix} 83.88 & 7.87 & 17.07 & 69.13 & 1.07 & 30.63 \\ 11.92 & 8.41 & 10.09 & 40.07 & 1.28 & 43.32 \\ 56.51 & 62.81 & 19.87 & 37.88 & 1.52 & 35.38 \\ 16.70 & 5.64 & 11.66 & 26.56 & 2.40 & 42.08 \\ -2.64 & 2.14 & 5.25 & 34.40 & 1.33 & 37.21 \\ 0.73 & 6.49 & 1.47 & 5.50 & 7.16 & 36.56 \end{Bmatrix}$$

考虑各个指标的内涵，上述六项财务指标中资产负债率和流动比率为适中型指标（资产负债率越接近 40%越好、流动比率越接近 2 越好），利润增长率、资产周转率、净资产收益率为效益性指标，物流成本率为成本型指标。故易得参考数列为：

$X_0=$（83.88, 62.81, 19.87, 40.07, 2.40, 30.63）。

（3）进行规范化处理

对不同类型的指标分别用式（8-30）至式（8-32）对其进行规范化处理，见表8-18所示。

表8-18 指标规范化处理结果

	S_1	S_2	S_3	S_4	S_5	S_6
X_0	1	1	1	1	1	1
X_1	1	0.09	0.85	0.16	0.72	1
X_2	0.71	0.1	0.47	1	0.76	0
X_3	0.68	1	1	0.94	0.82	0.63
X_4	0.22	0.06	0.55	0.61	1	0.99
X_5	0	0	0.04	0.84	0.78	0.48
X_6	0.04	0.07	0	0	0	0.53

（4）确定各财务指标的权重 W_k

W_k 为第 k 项财务指标在 n 项财务指标中所占的比重，反映该项财务指标对使用者的重要程度。通过有经验的专家对前述六项财务指标进行赋权，这六项财务指标赋予权重值分别为 0.2、0.2、0.15、0.1、0.1、0.25。

（5）灰关联度计算与分析

首先，求出无量纲化后比较系列与参考系列的绝对差，见表8-19所示。从表中找出绝对差中的最大值△max 为 1，绝对差中的最小值△min 为 0。

表8-19 各比较系列和参考系列绝对差

	S_1	S_2	S_3	S_4	S_5	S_6
X_1	0	0.91	0.15	0.84	0.28	0
X_2	0.29	0.9	0.53	0	0.24	1
X_3	0.32	0	0	0.06	0.18	0.37
X_4	0.78	0.94	0.45	0.39	0	0.01
X_5	1	1	0.96	0.16	0.22	0.52
X_6	0.96	0.93	1	1	1	0.47

其次，选取灰关联度分辨系数的值，$P=0.5$。

再次，利用公式（8-33）计算出各灰关联度系数的值。

接着由公式（8-34）计算出各物流企业的关联度。

最后，将求得的各物流企业的关联度按大小顺序进行排列，见表8-20所示。

表 8-20　各公司的关联度及排序

	S_1	S_2	S_3	S_4	S_5	S_6	关联度	排序
$W(k)$	0.2	0.2	0.15	0.1	0.1	0.25	-----	-----
ξ_1	1	0.35	0.77	0.37	0.64	1	0.74	2
ξ_2	0.63	0.36	0.48	1	0.68	0.33	0.52	4
ξ_3	0.61	1	1	0.89	0.74	0.57	0.78	1
ξ_4	0.39	0.35	0.53	0.56	1	0.98	0.63	3
ξ_5	0.33	0.33	0.34	0.76	0.7	0.5	0.45	5
ξ_6	0.34	0.35	0.33	0.33	0.33	0.52	0.38	6

（6）基于财务层面的物流企业关联度排序

表中各物流企业关联度的大小排序为：$r_3 > r_1 > r_4 > r_2 > r_5 > r_6$，因而可据此对这六家企业财务层面的综合状况进行排序，见表 8-21 所示。

表 8-21　物流企业财务状况排序

排序	1	2	3	4	5	6
物流企业	X_3	X_1	X_4	X_2	X_5	X_6

按照同样的步骤，结合所收集的基础数据对客户层面、内部业务流程层面、学习成长层面、信息化层面和外部层面分别进行计算处理，得出各个物流企业的每个层面的单项关联度排序，再按照一定的权重计算出物流企业的总排序。具体计算略。

第九章 结论、启示与展望

第一节 结论与创新点

人类的一切活动都是为了发现价值、创造价值、实现价值和享用价值，而评价就是人类发现价值、揭示价值的一种根本方法。项目评价方法论是基于项目评价问题的一般途径和方法体系的研究。随着自然科学方法论和社会科学方法论研究的深入发展，方法论的研究也经历着向广度和深度两个方向发展的过程。由于项目的广泛性、规模性、复杂性的不断提高，项目评价不当所造成的负面影响越来越严重，因此，项目评价方法论的研究具有重要的理论意义和现实意义。

9.1.1 结论

本书是在阅读、参考了几百篇前人所撰写的相关理论文献的基础上，经过认真地梳理、比较、分析、揣摩、推演之后，才完成的写作。项目评价方法论的研究在一定程度上丰富和发展了项目评价理论和方法，为进一步研究打下了基础。具体地说，在前人研究工作的基础上，主要取得了以下结论：

1. 项目评价方法论的研究是澄清人们对项目评价认识的理论基础

方法论是认识世界和改造世界的最根本方法，世界观决定着方法论。从哲学层面上澄清人们对评价的认识是指导人们进行正确评价实践的理论前提和基础。本书依据价值论、认识论和评价论的哲学理论，从价值论的角度分析了价值形成的前提条件、过程和结果及其价值形成的过程机理，提出和构建了价值形成过程动态逻辑结构模型；从认识论的角度分析了认知、评价与决策的关系，提出和构建了认识过程动态逻辑结构模型；从评价论的角度分析了评价构成要素和评价活动过程，构建了评价活动过程动态逻辑结构模型。基于三论的关联分析，提出和构建了包括主客体及三论的评价逻辑结构模型。为项目评价方法论进一步研究、提高人们对评价的认识奠定了哲学理论基础。

2. 项目评价方法论的研究是对项目评价方法论缺失的现实补充

本书基于项目评价组成系统的主客体、时空要素，构建要素间关联分析；基于对一般方法论的层次结构分析和项目评价方法论范式的转变分析，并借鉴霍尔三维结构的研究成果，提出和构建了项目评价方法论结构体系模型，亦即依据三个基础，即哲学基础（认识论、价值论、评价论）、理论基础（系统论）、方法论基础（系统集成），运用三个支撑（专家系统、机网系统、数据信息系统），生成三个维度（时间、知识、逻辑）的项目评价方法论结构体系。为项目评价方法论进一步研究提供了结构性框架。

3. 项目评价过程逻辑模型及其评价过程优化为项目评价过程的规范提供了有效支撑

无论是认识活动，还是实践活动，不仅需要正确的方法手段，而且还要有正确的程序和步骤。项目评价过程作为项目评价方法论的重要内容，本书在对项目评价流程分析和项目评价程序分析的基础上，构建了项目评价过程逻辑模型，并对项目评价过程的实现提出了具体的优化处理方式方法。为项目评价过程的规范提供了有效支撑，并丰富了项目评价方法论的内容。

4. 项目评价方法的综合集成和有序安排为项目评价实践提供了借鉴和参考

本书基于项目评价方法论的结构体系，借鉴和参考了大量的评价方法应用研究的相关文献，对项目评价方法进行具体的有序安排和优化选择，并提出了项目评价综合集成模型。主要包括基于时间维度（立项、实施、绩效）项目评价方法；基于知识维度的项目评价方法和基于物—事—人的评价方法；并提出了项目评价方法的总体逻辑安排，以及项目评价从定性到定量综合集成过程模型。为项目评价方法的选择提供借鉴和参考。

9.1.2 创新点

本书在借鉴前人研究成果的基础上，经过几年的精心研究，主要创新点表现在以下几个方面：

1. 基于价值论、认识论、评价论提出了项目评价动态逻辑结构模型

从价值论的角度分析了价值形成的前提条件、过程和结果，以及价值形成的过程机理，提出和构建了价值形成过程动态逻辑结构模型；从认识论的角度分析了认识、认知与评价的关系，提出和构建了认识过程动态逻辑结构模型；从评价论的角度分析了评价构成要素和评价活动过程，构建了评价活动过程动态逻辑结构模型；基于三论的关联分析，提出和构建了项目评价逻辑结构模型。为提高和规范人们对评价的认识提供了基础。

2. 提出和构建了项目评价系统逻辑结构和评价水平层次结构模型

在分析项目评价系统的本质、特点和构成要素的基础上，提出和构建了项目评价系统逻辑结构模型和项目评价系统水平层次结构模型。为项目评价方法论进一步研究提供了理论基础。

3. 提出和构建了项目评价方法论结构体系模型

基于对一般方法论的层次结构分析，结合项目评价方法论范式的转变研究，并借鉴霍尔三维结构的研究思路，提出和构建了项目评价方法论结构体系模型，即依据三个基础（哲学、理论、系统方法论），运用三个支撑（专家系统、机网系统、数据信息系统），生成三个维度（时间、知识、逻辑）的项目评价方法论结构体系。为项目评价方法论进一步研究提供了结构性框架。

4. 提出和构建了项目评价过程逻辑模型和评价方法体系

按照评价对象结构复杂性，把项目分为简单项目单目标评价、大型项目多目标多属性评价和复杂项目网络型指标评价，三种评价对象可以采用不同的评价过程、不同支持系统和不同的关联反馈环节。结合项目评价过程程序分析，借鉴系统理论知识，提出和构建了项目评价过程逻辑模型；结合时间维、知识维和逻辑维提出了项目评价方法体系，为规范项目评价过程提供支持。

第二节　启示与展望

项目评价方法论涉及内容广泛、复杂，尽管作者近几年一直致力于项目评价方面的研究，在撰写本书的过程中，也收集和查阅了大量的文献资料。但是，由于研究问题的复杂性，可查阅的资料的有限性和作者的阅历等限制，本书的重点是项目评价方法论的概念框架研究，项目评价方法论方面还有很大的研究空间，还有待于进一步地完善和提高。

9.2.1　启示

方法论的研究正经历着向广度和深度两个方向的发展和延伸。一方面，方法论研究正在经历着不断分化的过程，对具体科学方法论的研究；另一方面，它又在进行着综合的过程，对具体科学方法论进行概括归纳，探索研究各种方法论的共性问题。通过对项目评价方法论的概念模式研究，有以下几点启示：

1. 研究深度存在的不足

由于本书只是进行了项目评价方法论的体系、逻辑结构、集成模型的研究，研究深度所表现的不足主要包括：一方面，意味着从一般项目的方法论到具体项目方法论的研究有着深入的研究空间；另一方面，模型是对现实本质、规律和现象的科学抽象，反过来再对实践进行指导，本书提出的逻辑模型、结构模型、结构体系模型和集成模型等，其深入研究还需要实证数据的支持。

2. 研究广度存在的不足

本书的研究焦点是项目评价方法论的概念模型，包括逻辑模型、体系结构模型、过程集成模型等，所有模型的构建都需要对项目评价现存的理论、方法、规律和现象的把握，充分考虑影响项目评价的时间、空间、环境，以及项目评价主体、客体等要素。由于对现存理论、方法、规律把握的局限性，以及对项目评价要素考虑的不完备性，在构造模型时存在着研究广度上的不足。

9.2.2 展望

评价是人类实践中不可缺少的一种观念活动，选择是评价的外化，只要有选择就有评价。评价的普遍性、广泛性不容质疑，因此，评价的种类繁多，并且具体的评价都具有各自的标准、特点、程式，不能简单地同等对待，同时它们之间又具有一定的共性。所以，在项目评价领域，一方面需要进行评价方法论的深入研究，另一方面需要进行具体评价方法的分类、选择和应用研究。任何一个具体领域、具体类别的项目评价活动都有一套独特的评价指标体系。开展对具体领域独特评价指标体系的研究具有广泛的前景。

特定领域对具体评价的研究与哲学价值论对评价的研究是相互脱节的，各自对对方知之甚少，研究方法和原则方法都有着相当的差别。合理的局面应该是两者知识共融，优势互补，结成一种稳定的研究联盟，共同进行一些评价研究。但从目前看，离这一点还有相当的距离。哲学层面的评价研究，很少留意下层评价问题的研究，总结概括出来的东西空洞玄虚"有骨头没肉"，缺少评价实践经验根基的支持，而下层评价的研究又缺少哲学层面评价研究的理论指导。

人类的一切实践活动，尤其是各种各样的项目，从价值角度来讲，都是为了发现价值、创造价值、实现价值和享用价值，而项目评价就是人类发现价值、揭示价值的一种根本的方法。评价具有四种最基本的功能，即判断功能、预测功能、选择功能、导向功能。为了更好地实现项目评价的各基本功能，应按照项目评价方法论的层次对项目进行分门别类的深入研究，以便有效地指导项目评价实践。

项目评价的目的是为项目决策提供服务，其评价结果的可靠性和准确性主要取决于评价信息的拥有量和评价信息的可靠性。对评价信息（价值主体信息、价值客体信息、参照客体信息等）的获取、积累，需要建立和完善项目评价的相关数据库系统，需要构建及时有效的信息收集、处理和发布的渠道，为科学决策提供定量化的支撑。

在项目评价的实践过程中，存在着重视项目立项，轻视项目评价；重视决策速度，忽视决策质量；不按规范的决策程序进行评价与论证，先决策、后论证的情况时有发生。对项目评价机制和评价立法方面应加强研究与监管。

主要参考文献

英文参考文献

[1] Amir M. Sharif. Benchmarking performance management systems. An International Journal of Benchmarking, 2002, 9(1):62-85.

[2] Andersen E., Jessen S. Project maturity in organizations. International Journal of Project Management, 2003, 21(6):457-461.

[3] Andersen E., Jessen S. Project Evaluation Scheme: A tool for evaluating project status and predicting project results. Project Management, 2000,6(1):61-9.

[4] Brandon P. R. Stakeholder participation for the purpose of helping ensure evaluation validity: Bridging the gap between collaborative and non-collaborative evaluations. American Journal of Evaluation, 1998,19: 325-337.

[5] Campbell D. T. Retrospective and prospective on program impact assessment. Evaluation Practice, 1994, 15: 291-298.

[6] Cathryn G. Turrentine, Edward F. Lener, et al. A Qualitative Approach to Upward Evaluation of Leadership Performance: Pros and Cons. The Journal of Academic Librarianship, 2004, 30 (4): 304-313.

[7] Chelaka L. Abeyasinghe, David J. Greenwood, et al. An efficient method for scheduling construction projects with resource constraints. International Journal of Project Management, 2001,19:29-45.

[8] Chen H. T. Current trends and future directions in program evaluation. Evaluation Practice, 1994, 15:229-238.

[9] Chen-Fu Chien. A portfolio-evaluation framework for selecting R&D projects, R&D Management, 2002, 32(4):359-368.

[10] Cooke Davies T. The real success factors on projects. International Journal of Project Management, 2002, 20(3):185-190.

[11] Cousins J. B., Donohue J. J., et al. Collaborative evaluation in North America: Evaluators' self-reported opinions, practices, and consequences. Evaluation Practice, 1996, 17: 207-226.

[12] Cousins J. B., Whitmore E. Framing participatory evaluation. New Directions for

Evaluation, 1998, 80:5-23.

[13] Crawford P., Bryce P. Project monitoring and evaluation: a method for enhancing the efficiency and effectiveness of aid project implementation. International Journal of Project Management, 2003, 21(5): 363-373.

[14] Daniel L.,Stufflebeam. Evaluation Checklists: Practical Tools for Guiding and Judging Evaluations. American Journal of Evaluation, 2001,22(1): 71-79.

[15] David C. Novak,Cliff T. Ragsdale. A decision support methodology for stochastic multi-criteria linear programming using spreadsheets. Decision Support Systems, 2003,36: 99-116.

[16] Dimitras A.I., Slowinski R. Business failure prediction using rough sets. European Journal of Operational Research, 1999, 95:24-37.

[17] Elizabeth Barber. Benchmarking the management of projects: a review of current thinking. International Journal of Project Management, 2004,22:301-307.

[18] Erkki Ormala. Nordic experiences of the evaluation of technical research and development. Research Policy, 1989,18:333-342.

[19] Erling S. Andersen, Qinli Xiao Dyrhaug, et al. Evaluation of Chinese projects and comparison with Norwegian projects. International Journal of Project Management, 2002,20:601-609.

[20] EunHong Kim, William G. Wells, et al. A model for effective implementation of Earned Value Management Methodology. International Journal of Project Management, 2003, 21:375-382

[21] Fernie S, Green S, et al. Knowledge sharing: context, confusion and controversy. International Journal of Project Management, 2003, 21(3):177-187.

[22] Fitzpatrick J. Conversation with Marsha Mueller. American Journal of Evaluation, 1998, 19:87-99.

[23] Forss K., Cracknell B.,et al. Can evaluation help an organization to learn? Evaluation Review, 1994, 18: 574-591.

[24] Francescato D. A multidimensional perspective of organizational change,Systems Practice. 1992，5(2):129-146.

[25] Finna. G. Current and developing conceptions of use: Evaluation use TIG Funds. American Journal of Evaluation, Vol. 25, No. 2, 2004, pp. 141-160.

[26] Gardiner P. D., Stewart K. Revisiting the golden triangle of cost, time and quality: the role of NPV in project control, success and failure. International Journal of Project Management, 2000, 18:251-256.

[27] Gary T. Henry. Influential Evaluations, American Journal of Evaluation. 2003, 24 (4):515-524.

[28] Grasso P. G. Review of "Building effective evaluation capacity: Lessons from practice." American Journal of Evaluation, 2000, 21:385-387.

[29] Gredler M. E., Johnson R. L. Lessons learned from the directed evaluation experience. American Journal of Evaluation, 2001, 22: 97-104.

[30] Green, S. Top management support of R&D projects: a strategic leadership perspective. IEEE Transactions on Engineering Management, 1995, 42(3): 223-232

[31] Gregory A. J., Jackson M. C.. Evaluating organizations: A system of contingency approach. Systems Practice, 1992, 5(1):37-60.

[32] Gregory A. J. The road to integration. Reflections on the developmen t of organizational evaluation theory and practice. Omega. International Journal of Management Science, 1996, 24(3):295-370.

[33] Gregory A. J., Jackson M.C. Evaluation methodologies: a system of use, Journal of Operational Research Society, 1992, 43(1):19-28.

[34] Gu J. F., Tang X. J., et al. WSR system approach to the study of synthetic evaluation of commercial information system in China, Science and Systems Engineering. Scientific and Technical Document Publishing House, 1998:252-256.

[35] Gu J. F., Tang X. J. WSR system approach to a water resources management decision support system. Possibility For Cross-cultural Learning and Integration. University of Hull, 1995:41-48.

[36] Gu J. F., Zhu Z. C. The Wu-li Shi-li Ren-li approach (WSR): An oriental systems methodology. Possibility For Cross-cultural Learning and Integration. University of Hull, 1995:31-40.

[37] House E. The future perfect of evaluation. Evaluation Practice, 1994, 15:239-247.

[38] Jackson M. C., Keys P. Toward a system of system methodologies. Journal of Operational Research Society, 1984, 35:473-486.

[39] James R. Sanders. A Vision for Evaluation. American Journal of Evaluation, 2001, 22 (3):363-366.

[40] Jeffrey A. Bouffard, Faye S. Taxman. Improving process evaluations of correctional programs by using a comprehensive evaluation methodology. Evaluation and Program Planning, 2003, 26:149-161.

[41] Jenny Neale, John M. Owen, et al. Encouraging the use of codes of behaviour in evaluation practice. Evaluation and Program Planning, 2003, 126:29-36.

[42] Jinhai Li, Alistair R. Anderson, Richard T. Harrison, Total quality management principles and practice in China, *International Journal of Quality & Reliability Management*, 2003, 20（9）: 1026-1050.

[43] Jinhai Li, Manyi Wu, Yu Bai, Xinxin Li, On product development performance measures in manufacturing company, Proceedings of the 33rd international conference on computers and industrial engineering, March 25-27,2004,Korea.

[44] Johnson R. B. Toward a theoretical model of evaluation utilization. Evaluation and Program Planning, 1998, 21: 93-110.

[45] Kamal M.,Al-Subhi Al-Harbi. Application of the AHP in project management. International Journal of Project Management, 2001, 19:19-27.

[46] Kerssens-Van Drongelen. Design principles for the development of measurement systems for research and development processes. R&D Management, 1997, 127(4):345-357.

[47] Laura C. Leviton. Evaluation Use: Advances, Challenges and Applications. American Journal of Evaluation, 2003, 24(4):525-535.

[48] Leeuw F. Reconstructing program theories: Methods available and problems to be solved. American Journal of Evaluation, 2003, 24: 5-20.

[49] Lester D. Critical Success Factors for New Product Development. Research Technology Management, 1998, 14(1):36-43.

[50] Maidique M., Zirger B. A study of success and failure in product innovation: the case of US electronics industry. IEEE Transactions on Engineering Management, 1983, 31(6): 192-203.

[51] Mark Waysman, Riki Savaya. Mixed Method Evaluation: A Case Study. Evaluation on Practice, 1997,18(3): 227-237.

[52] Mathison S. Rethinking the evaluator role: Partnerships between organizations and evaluators. Evaluation and Program Planning, 1994, 17(3):299-304.

[53] Mathison, S.. Role conflicts for internal evaluators. Evaluation and Program Planning, 1991,14(3): 173-179.

[54] Michael Q. Patton. Evaluation, Knowledge Management, Best Practices, and High Quality Lessons Learned. American Journal of Evaluation, 2001, 22(3):329-336.

[55] Michael Scriven. Evaluation: Future Tense. American Journal of Evaluation, 2001, 22(3):301-307.

[56] Moser Martin R. Measuring performance in R&D settings. Research Management, 1985, 28(5): 31-33.

[57] Munns A., Bjeirmi B. The role of project management in achieving project success. International Journal of Project Management, 1996,14 (2):81-87.

[58] Naief Turki Ibn-Homaid. A comparative evaluation of construction and manufacturing materials management. International Journal of Project Management, 2002, 20:263-270.

[59] Oya Icmeli Tukel and Walter O. Rom. An empirical investigation of project evaluation criteria. International Journal of Operations & Production Management, 2001, 21(3):400-416.

[60] Pappas A, Remer S. Measuring R&D Productivity. Research Management, 1985,38(3):15-22.

[61] Pinto J.K. and Slevin D.P. Project success: definitions and measurement techniques. Project Management Journal, 1988, 19(3):67-73.

[62] Politis Y., Siskos Y. Multi-criteria methodology for the evaluation of a Greek engineering department. European Journal of Operational Research, 2004, 156: 223-240.

[63] Pratt C., McGuigan W.,et al. Measuring program outcomes: Using retrospective pretest methodology. American Journal of Evaluation, 2001, 21:341-350.

[64] Ray Pawson, Nick Tilley. Realistic Evaluation Bloodlines. American Journal of Evaluation, 2001, 22(3): 317-324.

[65] Raz T. Marshall B. Effect of resource constraints on float calculations in project networks. International Journal of Project Management,1996,14(4):241-248.

[66] Robert Picciotto. International Trends and Development Evaluation: The Need for Ideas. American Journal of Evaluation, 2003, 24(2): 227-234.

[67] Rosalie T. Torres, Hallie Preskill. Evaluation and organizational learning: past, present, and future. American Journal of Evaluation, 2001,22(3):387-395.

[68] Schainblatt Alfred H. How companies measure the productivity of engineers and scientists. Research Management, 1982,25(3):10-18.

[69] Schmitt. R. The Strategic Measure of R&D. Research Technology Management, 1991, 34(6):13-16.

[70] Schumann. P., Ransley D., et al. Measuring R&D Performance. Research Technology Management, 1995,38(3):45-54.

[71] Schwarz N., Oyserman D. Asking questions about behavior: Cognition, communication, and questionnaire construction. American Journal of Evaluation, 2001, 22: 127-160.

[72] Shenhar A.J., Levy O., et al. Mapping the dimensions of project success. Project Management Journal, 1997, 6:5-13.

[73] Shulha, L. M., & Cousins, B. Evaluation use: Theory, research, and practice since 1986. Evaluation Practice, 1997, 18(3):195-208.

[74] Simon H. A. The new science of management decision, New York: Harper and Row, 1977.

[75] Smith. M. F. Evaluation: Preview of the Future. American Journal of Evaluation, 2001, 22(3): 281-300.

[76] Smith. M. F. Evaluation: Review of the past, preview of the future. Evaluation Practice,1994, 15: 215-227.

[77] Soniya Carvalho, Howard White. Theory-Based Evaluation: The Case of Social survey results. Evaluation Practice, 1997,18: 209-225.

[78] Stufflebeam D. L. Lessons in contracting for evaluation. American Journal of Evaluation, 2000, 21: 293-314.

[79] Stufflebeam D. L. Lessons in contracting for evaluations. American Journal of Evaluation, 2001,21:293-314.

[80] Terry C. Davies. The 'real' success factors on projects. International Journal of Project Management, 2002, 20:185-190.

[81] Thiry M. Combining value and project management into an effective program management model. International Journal of Project Management, 2002, 20(3):221-227.

[82] Tipping James W. Doing a lot more with a lot less. Research Technology Management, 1993, 36(5):13-14.

[83] Torres, R. T., Preskill, H. S., et al. Communicating and reporting: Practices and concerns of internal and external evaluators. Evaluation Practice, 1997,18:105-125.

[84] Turner J., Cochrane R. Goals-and-methods matrix: coping with projects with ill defined goals and/or methods of achieving them. International Journal of Project Management, 1993, 11(2):93-101.

[85] Underdown R., Talluri S. Cycle of success: a strategy for becoming agile through benchmarking. International Journal of Benchmarking, 2002, 9(3): 278-292.

[86] Van der Meer F. Evaluation and the social construction of impacts. Evaluation,1999, 5:387-406.

[87] Weeks E. C. The value of experiential approaches to evaluation training. Evaluation and Program Planning, 1982, 5: 21-30.

[88] Weiss C. How can theory-based evaluation make greater headway? Evaluation Review, 1997, 21: 501-524.

[89] Weitzman B., Silver D., et al. Integrating a comparison group design into a theory of change evaluation: The case of the Urban Health Initiative. American Journal of Evaluation, 2002, 23: 371-386.

[90] Wen-Yau Liang. The analytic hierarchy process in project evaluation. Benchmarking: An International Journal, 2003, 10(5): 445-456

[91] Werner Bjorn M., Souder William E. Measuring R&D performance-State of the art. Research Technology Management, 1997, 40(2):34-42.

[91] Werner Bjorn M., Souder William E. Measuring R&D performance-U.S. and German practices. Research-Technology Management, 1997, 40(3):28-32.

[93] Woodworth B. M., Shanahan S. Identifying the critical sequence in a resource-constrained project. International Journal of Project Management, 1998, 6(2):89-96.

[94] Yalin Wang, Ihsin T. Phillips, et al. Table structure understanding and its performance evaluation. Pattern Recognition, 2004, 37:1479-1497.

中文参考文献

[1] 埃德加·莫兰著. 秦海鹰译. 方法:思想观念. 北京大学出社，2002

[2] 白思俊，王保强. 项目中评价初探. 管理工程学报，2000，14(2):65-66

[3] 柏杰，苏竣. 研究与开发评价方法述评. 科研管理，2000(5):70~75

[4] 彼得·罗西等著. 邱泽奇等译. 项目评估：方法与技术. 华夏出版社，2002

[5] 陈宝谦.层次分析的两种新排序方法.系统工程学报，1990，5(2):43~51

[6] 陈晓剑，梁梁. 系统评价方法及应用. 中国科学技术出版社，1993

[7] 陈新汉. 评价论研究20年. 哲学动态，1999(3):2~4

[8] 陈新汉. 我国认识论研究的几个生长点. 复旦学报，2000(4):54~62

[9] 程潮.方法论研究领域的新突破.现代哲学，1998，52(2):103~105

[10] 程乾生. 层次分析法AHP和属性层次模型AHM. 系统工程理论与实践，1997(11):26~29

[11] 丹尼斯·洛克著. 李金海等译. 项目管理. 南开大学出版社，2005

[12] 范徽. 知识资本评价体系. 工业工程与管理，2001(1):43~46

[13] 冯平. 评价论. 北京：东方出版社，1995

[14] 冯平.走出价值判断的谬误.哲学研究，1995(10):41~48

[15] 冯之俊等. 软科学新论. 浙江教育出版社，1987

[16] 高飞，顾基发. 关于物理—事理—人理系统方法之方法论库.系统工程的理论与

实践，1998(9):37~41
[17] 顾基发，高飞. 从管理科学角度谈物理—事理—人理系统方法论.系统工程的理论与实践，1998(8):1~5
[18] 顾基发，高飞. 关于大型社会项目管理的系统思考. 中国管理科学，1998，6(4):1~8
[19] 顾基发，唐锡晋. 从古代系统思想到现代东方系统方法论. 系统工程理论与实践，2002(1):89~92
[20] 顾基发，唐锡晋. 综合集成系统建模. 复杂系统与复杂性科学，2004，1(2):32~42
[21] 顾基发，唐锡晋. 综合集成与知识科学. 系统工程理论与实践，2002(10):1~7
[22] 顾基发，唐锡晋.从古代系统思想到现代东方系统方法论.系统工程理论与实践，2000(1):89~93
[23] 顾基发. 物理—事理—人理（WSR）系统方法论. 交通运输系统工程与信息，1995(3):25~28
[24] 顾基发. 系统工程方法论的演变.北京：科学技术文献出版社，1995.42~53
[25] 顾基发. 意见综合——怎样达成共识. 系统工程学报，2001，16(5): 340~348
[26] 郭亚军. 综合评价理论与方法. 科学出版社，2002
[27] 郭亚军. 综合评价结果敏感性问题及其实证分析.管理科学学报，1998(3):28~35
[28] 郭耀煌，贾建民.综合评价与排序.系统工程理论与实践，1990，10(2):26~30
[29] 韩民青. 现代思维方法学. 山东人民出版社，1989
[30] 贺元启，柳瑞禹. 常规业绩评价方法中存在的问题与解决方法. 科研管理，1999(3):21~25
[31] 黄荣兵，项建国，杨馒琳.R＆D项目选择模型和终止模型的比较. 科研管理，1999(1):108~112
[32] 姜圣阶，曲格平等. 决策学基础. 中国社会科学出版社，1986
[33] 蒋本铁，郭亚军.具有"三维"特征的综合评价方法.东北大学学报(自然科学版)，2000，21(2):140~143
[34] 克利弗德·格雷，埃里克·拉森著. 黄涛等译. 项目管理教程. 人民邮电出版社，2003
[35] 李常井. 杜威的评价理论. 中国台北，1989
[36] 李德顺. 价值论. 中国人民大学出版社，1988
[37] 李金海，刘辉，赵俊岭. 评价方法论研究综述. 河北工业大学学报，2004，33(2):128~134
[38] 李金海，刘炳胜，戚安邦.国外R＆D管理模式的演进对我国的启示.科学学与科学技术管理，2005，26(6):95~97

[39] 李金海，刘炳胜，戚安邦.基于大型工程项目的风险识别与应对模式研究.科技管理研究，2005, 25(4):48~52

[40] 李习彬.一般系统方法论研究. 系统工程理论与实践，1996(3):47~52

[41] 连燕华. 重大科技项目中评估研究. 科学学研究，1993(2):58~63

[42] 刘景江，郑刚，杨雪梅. 国内外 R&D 项目评价研究述评. 研究与发展管理，2001(8):40~45

[43] 刘树林，邱菀华. 多属性决策基础理论研究. 系统工程理论与实践,1998,18(1):38~43

[44] 刘树林. 多属性决策理论方法与应用研究. 北京航空航天大学,博士论文,1997

[47] 刘武，蔡业泉. 综合性科技计划评估的方法与实践. 科研管理，1999(6):50~55

[48] 刘雅娟，王岩. 用文献计量学评价基础研究的几项指标探讨. 科研管理，2000(1):14~18

[49] 马俊峰.评价论研究的几个理论问题.理论与现代化，1999(12):4~8

[50] 彼得·罗西著. 邱泽奇等译.项目评价方法与技术，华夏出版社，2002

[51] 戚安邦，李金海. 项目论证与评估.北京：机械工业出版社，2004.5

[52] 戚安邦著. 项目管理学. 南开大学出版社，2003

[53] 齐修远. 评社会科学方法论研究中的两个假设. 哲学研究，1996(7):10~16

[54] 钱学森,于景元,戴汝为. 一个科学新领域——开放复杂巨系统及其方法论. 自然杂志，1990, 13(1):3~10

[55] 尚卫平. 多指标综合评价方法的优选. 南京经济学院学报，2003，120(2):50~52

[56] 邵培基，熊辉. 科研成果评估决策支持系统.管理工程学报，1999, 13(3):45~48

[57] 沈清松. 哲学概念. 贵州人民出版社，2004

[58] 石果. 浅谈德国的科技评估. 全球科技经济瞭望，1997(11):20~24

[59] 宋庆克，汪希龄，胡铁牛. 多属性评价方法及发展评述. 决策与决策支持系统，1997，7(4):128~138

[60] 孙显元. 方法论的系统论和层次论. 学术界，2001，88(3):271~274

[61] 汤姆，科普兰著. 郝绍伦译. 价值评估. 电子工业出版社，2002

[62] 唐·埃思里奇著. 朱钢译. 应用经济学研究方法论. 经济科学出版社，1998

[63] 唐锡晋. 模型集成. 系统工程学报，2001，16(5):322~329

[64] 王凭慧. 科学研究项目评估方法综述. 科研管理，1999, 20(3):18~24

[65] 王青华，向蓉美，杨作廪. 几种常规综合评价方法的比较. 统计与信息论坛，2003，18(2):30~33

[66] 王玉梁. 当代中国价值哲学. 人民出版社，2004

[67] 韦诚. 关于科学方法论的界说及其历史考察.科学技术与辩证法, 1997, 14(3):8~11
[68] 沃野. 方法论研究的质的规定性. 社会科学研究, 1997(2):30~33
[69] 吴大军. 项目评估. 东北财经大学出版社, 2002
[70] 吴光远. 哲学与智慧. 中国社会出版社, 2004
[71] 吴述尧. 同行评议方法论. 科学出版社, 1996
[72] 席酉民, 尚玉钒. 和谐管理理论. 中国人民大学出版社, 2002
[73] 夏亚峰. 综合评价的聚类分析方法. 甘肃科学学报, 1997, 9(1):76~78
[74] 向清. 项目社会评价方法评介. 自然辨证法研究, 1997, Vol.13(6): 24~27
[75] 谢龙. 中西哲学与文化比较新论. 人民出版社, 1996
[76] 谢强华. R&D 绩效的度量与评价. 科研管理, 1998(5): 18~30
[77] 修国义. 企业技术评价方法研究. 哈尔滨理工大学学报, 1998, 3(2):59~62
[78] 徐玖平.多指标（属性）评价双基点优序法.系统工程, 1992, 10(4):39~44
[79] 徐维祥, 张全寿. 从定性到定量信息系统项目评价方法研究. 系统工程, 2001(3):125-127
[80] 许庆瑞, 王勇, 郑刚. 业绩评价理论：进展与争论. 科研管理, 2002(3):50~56
[81] 杨列勋. R&D 项目评估研究综述. 管理工程学报, 2001(2):60~65
[82] 杨列勋. 研究开发项目评估及应用. 科学出版社, 2002
[83] 伊·普里戈金, 伊·斯唐热. 从混沌到有序. 上海译文出版社, 1987
[84] 于景元, 刘毅. 复杂性研究与系统科学. 科学学研究, 2002, 20(5):449~453
[85] 于景元, 涂元季. 从定性到定量综合集成方法——案例研究. 系统工程理论与实践, 2002, 22(5):1~7
[86] 于景元, 周晓纪. 从定性到定量综合集成方法的实现和应用. 系统工程理论与实践, 2002(10):27~32
[87] 于景元. 钱学森的现代科学技术体系与综合集成方法论. 中国工程科学, 2001, 3(11):10~18
[88] 于景元. 软科学研究及其方法论. 软科学研究, 1997(6):68~71
[89] 余晓岭, 魏薇, 杨忠直. 技术项目评价与选择方法研究. 管理工程学报, 2000(1):31~34
[90] 赵馥洁. 中国传统价值论. 山东人民出版社, 1990
[91] 赵国杰. 技术经济学. 天津大学出版社, 1993
[92] 赵希男. 主成分分析法评价功能浅析. 系统工程, 1995(2):24~27
[93] 赵鑫珊. 科学、艺术、哲学断想. 三联书店, 1986

[94] 赵艳丽，顾基发. 东西方评价方法论对比研究. 管理科学学报，2000(3):87~93
[95] 周国平. 人生哲学语编. 上海辞书出版社，2003
[96] 周耀烈. 科研项目评分程序与方法. 科研管理，2000，21(5):76~83
[97] 朱成全. 经济学方法论. 东北财经大学出版社，2003

后 记

本书是在作者博士学位论文的基础上修改完成的。回顾从攻读博士学位到修文成书的这一研究过程，令我回味无穷。博士论文属于规范性的学术研究，研究是获得新的可靠知识的系统方法，是寻求解释的一个艰辛的探索过程。需要名师的指导，需要一种争辩、寻求和探索的学习氛围，需要自身的拼搏努力。在几年学习和研究的进程中，得到了导师戚安邦教授的精心指导，导师严谨治学的态度、精深广博的知识、平易近人的风范对我的工作和学习影响至深，使我受益匪浅。此时，我愿借此机会向我的导师表示衷心的感谢！

项目评价方法论研究是基于项目评价问题的一般途径和方式方法的体系结构的研究。方法论作为认识世界和改造世界的方法理论，经历着向广度和深度两个方向发展延伸。一方面，方法论研究经历着不断分化的过程，是对具体科学的方法论研究；另一方面，它又在进行着综合的过程，是对具体科学方法论进行概括归纳，探索研究各种具体科学方法论的共性问题。项目评价方法论的问题是随着人们认知水平的不断提高而处于不断完善和升华的过程之中，作者在从事这一主题研究和写作的过程中，大脑中不断地呈现出评价问题、评价方法论问题、项目评价方法论的问题，等等。然而，思量越多，越感到知之甚少，越想扑捉结果和追求究竟，越感到迷离失所，不知所措，整个研究和写作的过程既是不断学习提高的过程，又是不断否定与创新的过程，其中充满了兴奋与冲动，当然也不乏遗憾与失望。

尽管本书在写作过程中认真揣摩、反复推敲，但是由于作者的知识和经验有限，书中的疏漏、错误和不当之处在所难免，因此，本书作者恳求使用和参考本书的读者给予批评指正。

在本书的写作过程中，本人参考了大量的国内外相关文献，在此特向这些作者们表示衷心的谢意，同时也感谢南开大学出版社对本书出版给予的大力支持，感谢胡晓清编审的精心策划，感谢责任编辑童颖老师的辛勤工作。